经济新常态下广西中小企业供应链金融服务模式

夏泰凤　蔡幸　著

中国金融出版社

责任编辑：吕　楠

责任校对：孙　蕊

责任印制：丁淮宾

图书在版编目（CIP）数据

经济新常态下广西中小企业供应链金融服务模式（Jingji Xinchang-taixia Guangxi Zhongxiao Qiye Gongyinglian Jinrong Fuwu Moshi）／夏泰凤蔡幸著 . —北京：中国金融出版社，2015. 10
ISBN 978 - 7 - 5049 - 7961 - 2

Ⅰ . ①经…　Ⅱ . ①夏…②蔡…　Ⅲ . ①中小企业—融资模式—研究—广西　Ⅳ . ①F279. 243

中国版本图书馆 CIP 数据核字（2015）第 117096 号

出版 发行　**中国金融出版社**

社址　北京市丰台区益泽路 2 号
市场开发部　（010）63266347，63805472，63439533（传真）
网上书店　http：//www. chinafph. com
　　　　　　（010）63286832，63365686（传真）
读者服务部　（010）66070833，62568380
邮编　100071
经销　新华书店
印刷　北京松源印刷有限公司
尺寸　169 毫米×239 毫米
印张　20. 25
字数　304 千
版次　2015 年 10 月第 1 版
印次　2015 年 10 月第 1 次印刷
定价　38. 00 元
ISBN 978 - 7 - 5049 - 7961 - 2/F. 7521
如出现印装错误本社负责调换　联系电话(010)63263947

前　　言

　　中央深刻分析我国经济发展处于增长速度换挡期、结构调整阵痛期、前期刺激政策消化期"三期叠加"阶段的基本特征。经济进入新常态，意味着改革开放也进入一个全新的阶段。在这个阶段，改革的重点任务要适应经济发展新常态的要求，倒逼机制将发挥更大的作用。中小企业植根市场，活力最强，已经成为广西经济发展的最强劲动力，也是广西实现经济转型升级不可替代的力量。转型升级和结构调整是广西"十三五"规划的重要策略，中小企业是广西经济的主体和基础。在中小企业的生产运作过程中，由于自有资金的限制，可能难以根据市场需求实现自身最优数量，因此中小企业具有寻求融资服务、摆脱资金约束的动机。而中小企业融资难已经成为阻碍广西经济转型发展的最大障碍之一。广西金融发展规划将加强金融产品创新、探索中小企业融资模式、拓展中小企业融资渠道作为推进金融建设的重要内容。通过建立合理、高效的中小企业金融服务体系来破解中小企业融资难问题，既是经济走在前列的客观需要，也是推动广西社会转变经济发展方式的关键之举。

　　随着社会化大生产的不断发展和全球化进程的不断加快，社会生产的分工形式已经由过去的产品分工和产业分工发展到了产品内分工，产生了"供应链"的概念，供应链的产生为中小企业融资实施整体性解决方案奠定了基础，与之相关的供应链金融应运而生。供应链金融凭借制度创新，实现了融资关系中各方福利的优化，为中小企业融资困境和技术瓶颈提供了解决方案，为银行带来了新的盈利模式和理念脉络，对拓展第三方中介企业的业务模式进行了探索与创新。供应链金融依托实体经济中供应链上的真实交易关系，为供应链上下游中小企业提供一系列融资产品，可以有效降低整个供应链的融资成本。供应链金融实现了从对中小企业生产的静态考察到向动态经营考察的飞跃，风险防范方式实现了从实物担保向供应链中物权控制的飞跃，实现了从关注大企业融资向关注与大企业配套的中小企业融资的飞跃，解决了中小企业融资难问题。供应链金融具有巨大的市场潜力和良好的风险控制效果。《经济新常态下广西中小企业供应链金融服务模式》结合现今经济新常态，探讨广西中小企业融资现状和制度障碍，运用供应链金融的思路集合信息、资金、产品等多种资源，引入中小企业融资的新理念，提供打破中小企业融资技术瓶颈的新方案，将供应链作为一个整体提供链式融资，使中小企业在信贷市场具有更加广阔的通道，也有利于供应链条的顺畅运行，以金融手段打造链条的结构调整和产业升级。

《经济新常态下广西中小企业供应链金融服务模式》从广西中小企业融资现状及既有融资体系安排入手，研究中小企业供应链融资体系的现实需求，并以供应链金融的意义作为切入点，对中小企业供应链融资模式进行剖析，并将其与传统融资模式进行比较，凸显其独特优势。通过对中小企业供应链融资模式的研究，以期为解决中小企业融资难提供切时可行的融资创新途径，形成商业银行的中小企业金融服务特色，并提升供应链相关企业的核心竞争力。供应链金融作为一种新型的、具有共赢特征的金融服务产品，通过整合金融资源和各主体，逐渐迈入了中小企业融资的宽广网络大道，并形成了巨大的社会需求，具有良好的发展前景。本书的研究，在促进中小企业发展、推进经济转型升级、推动金融建设等方面具有积极意义。

本书是广西高校人文社会科学重点研究基地广西金融研究院的系列研究成果之一，同时得到《广西高等学校数理金融高水平创新团队及卓越学者计划》（桂教人［2014］49 号）的项目资助。感谢广西社会科学界联合会、广西区发改委、广西区工信委、广西区财政局、广西区人力资源和社会保障厅、广西区环保厅、广西区商务厅、广西区工商局、广西区政府金融办、广西区统计局、广西区工商联、全区各地商会给予的宝贵意见与鼎力支持，感谢广西各级政府、广西民建区委和广西多家非公经济企业给予的调研协助。广西财经学院教授周建胜给予了很多的指导与帮助，在此表示衷心感谢！最后，敬请读者批评指正。

著者

目　录

第一部分　背景分析

第二部分　理念剖析

第三部分　优势分析

第四部分　供应链金融产品创新模式

第五部分　发展前景及借鉴

第六部分 对策建议

第一部分　背景分析

中央深刻分析我国经济发展处于增长速度换挡期、结构调整阵痛期、前期刺激政策消化期"三期叠加"阶段的基本特征，全面深化改革，保持宏观政策的连续性和稳定性，创新宏观调控思路和方式，有针对性地进行预调微调，先后出台定向降准、非对称降息、定向再贷款和结构性减税等措施，支持实体经济，增强经济发展的动力和活力，已逐步形成了稳增长的政策体系，收到了一定的效果。中央领导特别强调，要适应经济发展新常态，跨越"三期叠加"阶段的根本出路是改革创新，要以全面深化改革推动各项工作。经济进入新常态，意味着改革开放也进入一个全新的阶段。在这个阶段，改革的重点任务也要适应经济发展新常态的要求，倒逼机制将发挥更大的作用。

中小企业的大量存在是一个不分地区和发展阶段而普遍存在的现象，是经济发展的内在要求和必然结果。中小企业在经济发展中占有重要地位，它在保障充分就业、维持市场竞争力、确保经济社会运行稳定、优化国民经济结构布局等方面发挥着难以替代的作用。改革开放30多年来，民营企业从无到有、从小到大。中国企业总数中的90%以上、整个城镇就业的80%以上、工业增加值的70%以上、投资总量的60%以上、整个税收的50%以上都是非公经济特别是民营经济贡献的。在这种情况下，党的十八届三中全会决定在明确坚持市场化改革方向的同时，特别提出公有制经济和非公有制经济都是社会主义市场经济的重要组成部分，都是我国经济社会发展的重要基础，必须毫不动摇地鼓励、支持、领导非公经济的发展，激发非公经济的活力和创造力，这从政治上进一步肯定了民营经济的地位。在中小企业的生产运作过程中，中小企业由于自有资金的限制，可能难以根据市场需求实现自身最优数量，进而导致中小企业不能实现最优收益，因此中小企业具有寻求融资服务、摆脱资金约束的动机。在传统的融资模式下，与大企业相比，中小企业利用信贷途径融资的难度更大，资金短缺已经成为制约中小企业发展的瓶颈。

有效解决中小企业融资问题，能很好地促进中小企业的健康发展，充分发挥中小企业在国民经济中的作用。目前，针对中小企业信贷融资难问题的研究主要集中在发展金融支持体系、进行融资制度建设和宏观政策建议等方面，考虑到目前国内金融市场的发展状况，要通过此途径来解决信贷融资难问题需要较长时间才能实现。商业银行等金融机构通过创新发展中小企业融资业务，针对企业的融资需求进行金融产品创新和融资方案设计，通过在信贷市场上寻找多个参与者或利益相关者，建立一种特殊的机制来缓解中小企业信贷融资困境的做法更加切实可行。随着社会化大生产的不断发展和全球化进程的不断加快，社会生产的分工形式已经由过去的产品分工和产业分工发展到了产品内分工，产生了"供应链"的概念，供应链的产生为中小企业融资实施整体性解决方案奠定了基础，与之相关的供应链金融应运而生。在物流业高速发展、供应链管理日益成熟的今天，从供应链金融入手为中小企业融资提供方案成了最佳思路。

1 广西中小企业融资难问题的探讨

1.1 中小企业发展的宏观背景研究

1.1.1 中小企业面临的机遇与挑战

中小企业发展充满了新的机遇。具体来说，有三个机遇：一是改革的红利。改革的目的是解放和发展生产力，党中央、国务院方针很明确，要通过加快改革、深化改革、加大改革的力度来激发经济的内生动力和市场潜力，比如行政审批制度改革、垄断行业改革、混合所有制改革等，都为民营经济发展提供机遇。二是创新的机遇。国家已经确定了创新驱动发展的新战略。中国经济虽然处于世界经济前列，是工业大国，但远远不是工业强国，很多产业处于世界中低端，传统高投资、高耗能、高污染的增长模式确实不可持续，必须通过创新驱动推动结构调整，这是一场战略性、结构性、创新性的调整，要在改造传统产业的同时大力发展新兴产业、高技术产业、新兴服务业，提高中国产品和服务在全球价值链的位置。中央决定设立新兴产业创业投资引导基金，规模400亿元，估计可拉动10倍以上的社会资本。鼓励民间资本发起设立产业投资基金和股权投资基金。2014年电子商务交易额达到了10万亿元，同比增长了25%；网上零售额1.8万亿元，同比增长35%；同时，电子商务物流每年增长50%～60%。这是一个全新的领域，竞争比较充分，政策比较宽松，市场环境比较好，是中小企业创新发展的机遇。三是结构调整的机遇和空间。结构调整既包括产业结构的调整，新兴服务业、战略新兴产业的发展，也包括地区性结构调整。近年来国家大力推进区域总体发展战略，推进"一带一路"、京津冀协同发展、长江经济带建设，积极稳妥地推进城镇化，一方面为我们国家经济提供了新的增长点、新的动力，另一方面也为民营经济提供了很好的空间。中小企业发展确实大有希望，特别是在当前的宏观经济形势下，在当前大的改革浪潮下，在当前中央一系列政策环境下，中小企业要抓住机遇做大做强，越来越好。

中央经济工作会议指出，新兴产业、服务业、小微企业在新常态下作用会更加凸显。生产小型化、智能化、专业化将成为新常态下产业组织的新特征。改善企业的经营状况，提高企业质量塑造水平，保持企业的创业创新活力，释放企业遵循市场经济规律、适应市场经济变化的活力，需要进一步优化营商环境，减轻企业，特别是民营、中小微企业的负担。在中小企业发展中存在的主要问题有：（1）企业的税费负担仍较重。"春江水暖鸭先知"，企业的税费负担，特别是名目繁多的缴费负担减轻了没有、减轻了多少，统计数字是一个方面，更重要的是企业自身的感知认同。（2）由于多层次的资本市场不健全，经济增长、企业发展过度依赖于银行信贷，民营企业特别是小微企业的融资难问题依然没有得到根本性的缓解。全国仅有22%的小微企业从金融机构获得资金支持，银行贷款难以获得，直接融资渠道不畅，非正规融资又给企业造成很重的财务负担和更大的财务风险。（3）中小企业不被信任、受挤压、遭排斥的心理负担；市场经济法律制度缺失造成的生存环境负担；各方以"承担社会责任"为名，行"抢吃唐僧肉"之实的社会性负担，依然在不同程度上如三座大山般压在中小企业头上，使中小企业在发展道路上举步维艰。（4）在政府推进转变职能、简政放权过程中，必然有一部分职能需要由行业商（协）会等社会中介组织承接。目前，我国中介组织的法律地位、职能作用、权利义务、行为规范、监督管理等方面都亟待明确和完善。必须抓紧中介组织的培育，否则这些中介组织就可能成为"二政府"，或形成政府职能"转得出"，但中介组织"接不住"或者"接不好"的局面，给企业造成新的，甚至更重的社会性负担。由于长期以来政府主导的惯性，市场与政府、企业与政府的良性互动，还需要一个较长时间的磨合和持续推进的过程，对此，应有清醒的认识和适当的心理预期。目前，建立健全健康有序的市场经济体制，仍需要政府的"作为"。更好地发挥政府作用，更需要"有为"的政府。在新常态下优化营商环境，减轻企业负担，政府是可以而且应当有所作为的。

1.1.2　中小企业的界定及其在国民经济中的作用

对于中小企业的定义，各国由于社会历史背景及所处的经济发展阶段不同而有所差异。我国通过完善现行的大中小企业的划分标准，力图正确把握小企业的规模结构和行业特征，为制定和实施小企业扶持政策提供依据。我国现行中小企业划分标准依据的是 2011 年 6 月 18 日发布的《中小企业划型标准规定》。结合行业特点，我国中小企业划分标准由职工人数、销售额、资产总额三个主要要素构成（见表 1－1）。职工人数是各行业中小企业标准均采用的指标，具有简单明了、容易界定企业规模等优点，可突出中小企业在解决就业和稳定社会方面的重要作用。销售额可以客观反映企业在市场上的经营规模和市场竞争能力，也是我国现行统计指标中数据比较齐全的指标。资产总额可以从资源占用和生产要素投入的层面上反映企业规模。在金融信贷的实际工作中，2007 年，中国银监会印发《银行开展小企业授信工作指导意见》的通知。该指导意见所界定的授信小企业泛指银行对单户授信总额 500 万元（含）以下和企业资产总额 1000 万元（含）以下，或授信总额 500 万元（含）以下和企业年销售额 3000 万元（含）以下的企业，各类从事经营活动的法人组织和个体经营户的授信。

表 1－1　　　　　　　　　　我国中小企业界定标准　　　　　　　　单位：人、元

行业	职工人数	销售额	资产总额	备注
工业	300 ~ 2000	3000 万 ~ 3 亿	4000 万 ~ 4 亿	中型企业必须同时满足三项指标下限，其余为小型企业
建筑业	600 ~ 3000	3000 万 ~ 3 亿	4000 万 ~ 4 亿	
批发和零售业	100 ~ 200	3000 万 ~ 3 亿	—	中型企业必须同时满足两项指标下限，其余为小型企业
	100 ~ 500	1000 万 ~ 1.5 亿	—	
交通运输和邮政	500 ~ 3000	3000 万 ~ 3 亿	—	
	400 ~ 1000	3000 万 ~ 3 亿	—	
住宿和餐饮业	400 ~ 800	3000 万 ~ 1.5 亿	—	

资料来源：国家发展和改革委员会网站。

中小企业是我国国民经济和社会发展的重要力量。"十二五"时期是中小企业平稳较快发展的五年。在党中央、国务院的正确领导下,各地区、各有关部门积极实施中小企业成长工程,加强政策支持,完善社会服务,不断优化发展环境。中小企业积极应对国际金融危机,加快调整结构,转变发展方式。在政策支持和市场机制的共同作用下,中小企业发展质量和素质跃上新台阶,在促进经济发展、扩大社会就业、深化改革开放、改善人民生活和全面建设小康社会等方面发挥了重要作用。

党的十一届三中全会以来,国家大力支持中小企业经济发展,经过30多年的锻造、锤炼,非公经济从无到有、从小到大,不断发展,已经占据了国民经济的半壁江山,在促进经济增长、繁荣城乡市场、扩大就业渠道、提高财政收入、加快农村剩余劳动力转移、优化经济结构、提升社会经济的总体质量等方面发挥了不可替代的作用。大力发展中小企业,是完全遵循世界经济发展规律的体现,我国近几年相继出台了"非公经济36条"、"中小企业29条"、"民间投资36条"等政策,大力扶持了中小企业的发展。党的十八大报告明确提出"要毫不动摇鼓励、支持、引导非公有制经济发展,保证各种所有制经济依法平等使用生产要素、公平参与市场竞争、同等受到法律保护"。随着党中央伟大部署的进一步落实,我国中小企业必将迎来一个快速发展的春天。

从广西的情况来看,"十二五"期间非公经济企业继续呈现出加快发展的良好势头,对促进全区经济增长、扩大就业渠道、增加财政收入、满足社会需要作出了积极的贡献,已成为全区经济中极富活力的新的增长点。2013年,广西全年固定资产投资(不含农户)1138.93亿元,比上年增长21.8%。其中,民间投资7262.80亿元,同比增长29.6%,占固定资产投资的比重为63.8%。固定资产投资较快增长,民间投资增势良好。从这些年的数据来看,民间资本投资已经成为广西固定资产投资的主要力量。目前,广西规模以上非公有工业企业达4319家,拥有资产总额5338.62亿元,占规模以上工业企业资产总额的比重为52.4%。2013年,非公有制工业增加值占全区GDP的30%左右,从业人员占全区城镇以上单位从业人员的比重达40%以上,非公有制工业成为推动经济社会发展的重要力量。预计今后,在国有经济投资比重将继续下降的大格局下,中小企业将成为投资增长的重要来源和经济自主增长的重要动力。

但在国际政治和经济格局发生深刻变化、国内经济下行压力增大和物价上涨压力并存的形势下，广西中小企业的发展面临着严峻的挑战。随着中小企业实现了原始的发展和粗放式的增长方式，在经济转型和结构调整的今天，集约化的发展方式对中小企业提出了严峻挑战。中小企业数量尽管多但规模偏小、总体发展水平较低、技术创新能力弱、产业结构不合理、缺乏具备全国性竞争力的大型企业集团和产业集群等弱点显而易见。这些不利因素极大地制约了广西中小企业的加速发展。

自治区明确提出"翻两番、跨两步、三提高、奋力推进'五区'建设"的"2235"战略目标任务。可以说，在宏观政策的引导下，广西中小企业又迎来一轮蓬勃发展的新机遇。本书结合党的十八大精神中"发展中小企业"的理念，通过正确的机制创新、发展模式优化、融资机制、政策调整，为广西中小企业发展创造更加宽松的发展环境，促进中小企业做大做强、做优做久，为在"十三五"乃至更长的时期内推进广西中小企业大转型、大跨越、大发展奠定坚实的基础。

1.2　广西中小企业总体发展现状

1.2.1　总体规模扩张迅速但发展质量不高

从中小企业数量来看，2011 年，广西有私营企业 10.5 万户，占全区企业户数的比重达 69.81%，2012 年，有私营企业 13.3 万户，比 2011 年增长了 27.13%，占全区企业户数的 73.75%，成为占比最大的企业类型。截至 2013 年底，全区私营企业达 27.02 万多户（如表 1 - 2 所示），从业人员 248.29 万余人，注册资本 5195.75 亿元，分别比上年同期增长 24%、3.7%、25.6%。其中，本期新增注册资本超过 242 亿元，同比增长 24.61%。广西中小企业持续快速增长，规模迅速扩大。

从中小企业总产值方面看，2011 年，全区规模以上中小企业总资产规模大幅增长，比 2010 年增加了 2419.7 亿元，根据同比增长速度核定达到

了 24.3%，增加值占比达到了 59.15%。2012 年，全区规模以上中小企业
总资产规模大幅增长，比 2011 年增加了 6676 亿元，占全区生产总值的
52%，增加值同比上涨 18.3%。2013 年，工业对经济增长的贡献率超过
50%，非公工业对工业增长的贡献率超过 80%，私营企业实有户数增长
20% 以上。

从中小企业固定资产投资规模方面看，近年来，广西中小企业投资在
发展经济、增加就业、活跃市场方面表现十分活跃，成为实现富民强桂的
重要力量（见表 1 - 3）。2011 年，广西非国有固定资产投资增幅仍然高于
全社会固定资产投资 8.5 个百分点，其中民营企业投资上升到 3836.54 亿
元，同比增长了 49.0%，增幅高于全社会固定资产投资 11.3 个百分点，
充分展示了广西中小企业投资的内在活力。2012 年，非国有固定资产投资
7709.89 亿元，同比增长 30.2%，其中民间投资 7393.46 亿元，同比增长
31.7%。2013 年，非国有固定资产投资 7531.78 亿元，其中民间投资
7244.86 亿元，两个指标稍有回落。从这些年的数据来看，民间固定资产
投资已经成为广西固定资产投资的重要力量。

表 1 - 2　　最近三年广西按登记注册类型分组的企业法人单位

单位：户、%

年份	2010		2011		2012	
	企业数	占全区比重	企业数	占全区比重	企业数	占全区比重
合计	117814	100.00	149836	100.00	180309	100.00
国有企业	5456	4.63	5667	3.78	5362	2.97
集体企业	5327	4.52	5307	3.54	5062	2.81
股份制合作企业	1396	1.18	1460	0.97	1470	0.82
联营企业	404	0.34	493	0.33	412	0.23
有限责任公司	13092	11.11	17243	11.51	21419	11.88
股份有限公司	3750	3.18	4251	2.84	4183	2.32
私营企业	80780	68.57	104603	69.81	132977	73.75
其他企业	6011	5.10	9138	6.10	7713	4.28
港澳台商企业	808	0.69	892	0.60	903	0.50
外商投资企业	789	0.67	782	0.52	748	0.41

资料来源：根据历年《广西统计年鉴》整理。

表 1-3　2011 年至 2014 年上半年广西民营经济固定资产投资情况

单位：亿元、%

年份	非国有固定资产投资	增长率	民间投资	增长率
2011 年	5923.3	42.6	5615.4	46.5
2012 年	7709.9	30.2	7393.5	31.7
2013 年	7531.78	28.1	7262.80	29.6
2014 年上半年	4284.76	18.2	4157.34	19.1

资料来源：广西壮族自治区发改委。

但是，我们通过调研发现，近年来，广西的中小企业不断发展壮大，已成为经济社会发展的重要基础和力量，只是与发达省区相比，广西壮族自治区的中小企业仍存在一定差距，企业发展质量不高。2013 年 9 月，全国工商联在北京发布"2013 中国民营企业 500 强名单"，广西壮族自治区仅有 1 家入围，而浙江、江苏、山东、广东、湖北省的上榜企业数分别为 139 家、93 家、54 家、21 家和 18 家，同为少数民族自治区的内蒙古也有 17 家企业上榜。

以中小工业企业为例，与规模以上公有工业企业相比，广西壮族自治区规模以上中小工业企业规模偏小，抗市场风险能力较差，融资难度大。2013 年，在工业领域以规模以上非公企业作为统计口径，小微企业占据整体规模的 78.0%，而大规模企业仅仅占据 2.3% 的席位，中小企业成为工业经济发展的生力军。仍然以工业作为统计标准，规模以上的非公经济分别实现了工业总产值均值 2.63 亿元，仅占公有制经济的 31.4%，中小企业每户平均收入 2.38 亿元，数值也仅占公有制经济的 18%，而中小企业的每户平均资产仅有 1.48 亿元，占到了公有制经济的 32.9%。与此同时，2013 年在工业领域中小企业实现快速发展、盈利水平整体提升的背景下，仍然存在着中小企业亏损率逐渐上升、亏损的额度也呈现不断增大的趋势。2013 年亏损中小企业已经达到了 686 家，同比增长 32 家，整体的亏损率更是达到了 14.8%，亏损额 60.51 亿元，同比增加 11 亿元。

1.2.2　产业结构不断优化但同构现象仍然存在

一是三大产业结构调整有新变化，2012 年全区的产业结构比是 11.6:

51.7:36.7，2013 年实现了 11.0:51.1:37.9（见表 1 – 4），可以看出第三产业所占的比重大幅增加，其增加值整体占比达到了 37.9%，同比增加 1.2%，同时相比 2012 年其对 GDP 的贡献率增加了 0.9%。中小企业主要集中于第三产业，随着中小企业的发展，其对经济增长的贡献率持续增长，产业结构更加合理和优化。

表 1 – 4　　　　2013 年广西城镇私营个体产业固定资产投资和
新增固定资产情况　　　　单位：个、万元

指标	施工项目	投产项目	投资完成额	新增固定资产
总计	6628	6178	2808640	2443694
第一产业	113	102	74123	64547
第二产业	962	827	1059830	915477
第三产业	5553	5249	1674687	1463670

资料来源：《广西统计年鉴》（2013 年）。

二是实现了工业结构的优化。中小企业是国民经济中最活跃的细胞，是承载技术创新能力提升的主体，2013 年非公经济领域中高科技产业的增加呈现勇猛的势头，与 2012 年相比达到了 19.2% 的增长率，而相同口径统计的工业增加速度要比高科技产业慢 6.3%。在高科技产业中，计算机技术、通讯技术、金融产品、物流企业等产业的增长更为迅速，达到了 26.5% 的增长率。中小企业的发展势头勇猛，其中以工业领域统计的增加值增速达到了 17.4%，而同时期的工业增加值增速要慢 4.5%，非公经济对规模以上工业增长的贡献率达到 88.6%。

三是投资结构进一步改善。固定资产投资是投资结构的重要领域，广西壮族自治区在 2013 年实现了固定资产总体 5337.92 亿元的投资规模，与 2012 年相比实现了 22.9% 的增长率。其中，中小企业的投资呈现了良好的增长和发展势头，民间投资实现了 27.2% 的增长率，相比总体的投资规模增加了 4.3%，民间资本在社会总体的投资中占据了较大的规模，达到了 65.4%（见表 1 – 5），成为固定资产投资的重要组成部分，与 2012 年相比增加了 2.2%。另一方面，对设备更新和技术改造的投资呈现递增的发展趋势，整体的规模比 2012 年增加 28%，而同时全区整体投资的增长速度则要低 5.1%，这也切合国家实行经济结构调整和产业转型升级的宏观政策，顺应了政策和经济发展的潮流。同时，民间资本在高能耗行业的投资呈现逐渐递减的趋势，整体投资规模比 2012 年下降了 0.7%，这也能更加完善地发挥民间资本的引导作用和示范作用，实现新型工业化发展道路的进程。此外，中小企业的产业链实现了整合，使得整体供应链条的竞争力增强，制糖企业是广西的特色产业，在制糖产业的发展中，企业在提升自身先进技术和工艺的同时，还注意整合其上下游的企业，从单纯的制糖流程向糖纸、糖酒以及精制糖等综合性、多元性的方向发展，实现了整个供应链条的协作共赢。

但由于广西绝大多数中小企业所在产业的市场结构集中度低（见表 1-6），这种市场结构的典型特征是行业进入门槛低和产品同质化现象严重，伴随大量的市场需求，需求—供给的价格机制导致大量的中小企业进入此市场进行竞争，而由于其自主创新能力不足，缺乏核心技术竞争力，导致了市场竞争是在产品同质化基础上的低层次的价格之争，此行业竞争处于初级阶段，从业的企业很多都在低价位、低标准、低层次上竞争，极易发生恶性竞争。

表 1-5　　2011—2014 年上半年广西民营经济固定资产投资情况表

年份	非国有投资（亿元）	增长率（%）	其中：民间投资（亿元）	增长率（%）
2011	5923.3	42.6	5615.4	46.5
2012	7709.9	30.2	7393.5	31.7
2013	7531.78	28.1	7262.80	29.6
2014 年上半年	4284.76	18.2	4157.34	19.1

资料来源：广西壮族自治区发改委。

表 1-6　　　　　　　　桂中北地区中小企业产业范围一览表

序号	地区	非公企业主要涉及产业范围
1	柳州	汽车及零部件制造业、机械、冶金、轻工、化工、造纸、建材、生物制药等
2	桂林	交通运输、批发零售、住店和餐饮、房地产、旅游、新材料、环保等
3	来宾	蚕丝绸、石材加工、汽车零部件、造纸、交通运输、仓储和物流、商品批零、餐饮、农产品初级加工等
4	河池	商品批零、餐饮、矿产品、茧丝绸加工、绿色长寿食品、建材、矿产品加工等

1.2.3　对经济增长的贡献突出但效益有待提高

据广西工商行政管理局统计，2013 年广西中小企业占广西企业数量的近80%，非公有制工业对规模以上工业增长的贡献率达到88.6%，在上缴税收、安排就业、规模以上工业增加值、外贸进出口总额、社会消费品零售额等多项指标中所占比重越来越大，中小企业已经成为广西经济发展重要的推动力之一。2013 年纳税百强中，上榜中小企业共计 27 家（见表 1 -7）。

表 1 -7　　　　　2013 年纳税百强注册类型分布情况　　单位：户、万元

序号	注册类型	上榜户数	税额
		100	4313128.02
1	国有企业	16	1588405.37
2	股份有限公司	21	1443861.54
3	其他有限责任公司	32	544144.69
4	外商投资股份有限公司	3	335835.31
5	合资经营企业	4	96593.27
6	港澳台商独资经营公司	6	89906.18
7	中外合资经营企业	7	70029.09
8	外资企业	4	58865.29
9	国有独资公司	4	38892.42
10	股份合作企业	2	31607.02

资料来源：《广西统计年鉴》（2013 年）。

广西中小企业具有管理机制灵活、决策果断、灵活等优点，特别是在2008 年国际金融危机爆发后，中小企业迅速调整进出口策略，保持进出口贸易快速发展。2013 年实现进出口总额 133.5 亿美元，同比增长 16.2%。其中，出口 95.3 亿美元，同比增长 21.3%；进口 38.2 亿美元，同比增长 5.2%。

从现状来看，整体来讲，广西中小企业的经济效益有待进一步提高。经济效益是衡量经济活动的最终综合指标，经济效益核算企业的生产总值同生产成本之间的比例关系。但现阶段，由于广西中小企业处于发展的初

级阶段，缺少先进技术和核心竞争力，大多仍采用落后的管理方法和方式，在增长方式上单纯依靠资源和成本的投入取得产值，属于粗放式的增长方式，这就造成了广西中小企业的整体效益不高，提高经济效益也是当今转型升级背景下的必然要求。

1.2.4　制度环境不断改善但所面临形势依然复杂严峻

2004 年以来，广西壮族自治区人民政府为贯彻落实党的十六届三中全会和自治区党委八届全会的精神，加快中小企业的发展，出台了《广西壮族自治区党委自治区人民政府关于加快民营经济发展的决定》。2008 年广西党委、政府修订通过并公布施行了《广西壮族自治区私营企业条例》、《广西壮族自治区个体工商户条例》。2009 年针对广西民营企业在国际金融危机中受到严重冲击，遇到诸多困难，自治区人民政府陆续出台了《广西壮族自治区人民政府关于进一步加快非公有制工业经济发展的意见》、《广西壮族自治区人民政府关于支持台资企业发展若干政策措施的通知》、《广西壮族自治区人民政府关于进一步支持中小企业融资的意见》三个文件。2010 年出台了《广西壮族自治区人民政府关于进一步促进民营经济发展的若干措施》，2012 年出台了《广西壮族自治区人民政府关于印发加快推进微型企业发展工程实施方案的通知》。2013 年，区工商局下发了《2013 年全区工商系统服务非公有制经济发展工作方案》，确定了支持非公有制经济发展的十一项措施，保证非公有制经济在经济发展过程中与公有制经济处于同一起跑线，享有同等的机会和权利。这些政策的出台为广西非公有制经济发展明确了指导思想，同时放宽了其市场准入，在技术、财税、信贷等方面给予大力支持。自治区党委统战部参与或牵头起草了《中共广西壮族自治区委员会、广西壮族自治区人民政府关于进一步优化环境促进非公有制经济跨越发展的若干意见》、《广西非公有制强优企业培育计划 (2014—2017 年)》、《广西非公有制强优企业发展目标奖励办法》等政策文件，并列出了 100 家非公有制强优企业培育计划名单，为非公有制经济发展创造了良好的政策条件。

虽然广西在发展中小企业经济制度方面进行了重大突破，但中小企业面临的形势依然复杂严峻。不同所有制经济在经济政策方面不能被"一视同仁",使中小企业与公有制经济在市场竞争、社会经济和政治生活中处于不平等的地位。上述分析表明,广西中小企业为广西经济社会发展作出了重大的贡献,进而成为广西振兴的重要支撑点和经济社会发展的生力军。广西中小企业的兴衰关系着广西各地区的发展、社会的进步和西部大开发使命的完成。从广西经济加速增长、直追猛进的态势来看,再从广西占有区位优势、交通便捷、资源丰富、人民勤劳朴实的优越条件来看,广西中小企业的发展已经到了蓄势待发和跃跃欲试的地步。所以,广西因中小企业腾飞而强盛,因中小企业腾飞而民富。

1.3　广西中小企业融资特点及存在的问题

1.3.1　广西中小企业融资方式选择

企业融资主要分为内源融资、外源融资和其他融资三种方式。内源融资是企业稳定与发展必不可少的重要手段,合理的融资应以内源融资为主,主要包括企业留存利润、企业职工持股等。但是,由于企业自身积累能力有限,内部资金往往难以满足需求,尤其是中小企业处于快速扩张期,投资多、回报少,仅靠内源融资必然会制约企业的发展,企业不得不转向能迅速筹集大量资金的外源融资。在高度货币化、信用化和证券化的现代市场经济中,外源融资已成为企业融资的主导方式,主要包括债权融资和股权融资。债权融资主要包括债券融资(主要是信贷融资)、信托融资,股权融资主要包括资本市场融资(主要是公开发行股票)、私募股权融资。从市场经济国家企业融资结构来看,一般规律是内源融资—外源融资(间接融资—直接融资)—其他融资。广西中小企业在外源融资上主要有以下几种方式。

(1)银行贷款:银行贷款按贷款信用程度可以划分为信用贷款、担保贷款和票据贴现。银行贷款可以说是中小企业的首选融资方式,但是由于种种客观条件的制约,这种首选方式并没有给中小企业资金问题提供很好的解决方案。

（2）发行股票、债券：发行股票、债券是指公司为了募集资金而出售、分配自己的股份或者卖出债权的行为。一般来说，发行股票和债券是大型企业的融资方式，但是金融市场的快速发展以及中小企业的迫切需要也催生了如创业板这样的股票交易平台，为中小企业的融资开辟了一条全新的途径。

（3）风险投资的引入：风险投资一般是指风险投资人以高新技术为投资基础，对生产与经营技术密集型产品的企业以参股的形式进行投资的行为，其投资的主要对象是处于启动期或发展初期却快速成长的中小型企业，但也不仅限于此。风险投资是一种具有高风险、高潜在收益的投资方式，但同时对于中小企业来说又是一种比较成熟的融资方式。

（4）信托投资的引入：信托投资是指集合不特定的投资者，将社会闲散并期待增值的资金集中起来，委托信托投资公司管理、运作，投资于某个特定的项目，共同分享投资收益的行为。中小企业可以通过和信托投资公司合作，通过引入信托投资，利用信托资金来解决企业融资难的问题。

（5）融资租赁：融资租赁是一种集信贷、贸易、租赁于一体，以租赁物件的所有权与使用权相分离为特征的新型融资方式。出租人根据承租人选定的租赁设备和供应厂商，以对承租人提供资金融通为目的而购买该设备，承租人通过与出租人签订融资租赁合同，以支付租金为代价，获得该设备的长期使用权。融资租赁在解决中小企业融资问题方面具有其他融资手段所不具备的特殊优势，是解决当前我国中小企业融资难的可行选择。

（6）典当融资：典当融资是以实物为抵押，以实物所有权转移的形式取得临时性贷款的一种融资方式。在中小企业存在商品滞销积压的情况下，典当行可以帮助中小企业利用闲置资产筹措到流动资金，从而在盘活企业存量资产、促进商品流通方面发挥积极的作用。

（7）信用担保贷款：信用担保是一种介于银行与企业之间的中介服务。担保的介入分散和化解了银行贷款的风险，银行资产的安全性得到保证，企业的贷款渠道也变得通畅起来。在国家政策和有关部门的大力扶持下，信用担保贷款将会成为中小企业另一条有效的融资之路。

间接融资方式无疑是广西中小企业主要的融资方式，其中担保贷款和抵押贷款均构成中小企业最主要的融资方式。由于中小企业自我积累、自我发展能力仍然较弱，尤其是在创业初期，企业规模小，经营不稳，"发展力缺口"较大，依赖内源融资是现实的选择。据调查，广西有 74.6% 的中小企业存在资金不足的问题，有 85.3% 的企业需要再融资①，这些小企业对融资方式的选择主要是银行贷款。对南宁、柳州、桂林、北海 4 个地区的中小企业资金需求调查结果显示，有 60% 的企业需要从银行贷款，30% 靠自筹，7.5% 通过内部集资方式筹资，只有 2.5% 表示依靠股票筹资。

在债权融资方式方面，广西中小企业均对集合债券融资进行尝试，选择具有一定资信水平的中小企业进行自助式的"抱团融资"，但受制度的局限，进行这方面尝试的受益企业数量十分有限。在股权融资方面，虽然当地政府积极搭建股权融资服务平台，促进地方中小企业股份制建设，但由于国内中小企业板和创业板刚刚起步，市场容量有限，实现公开市场股权融资的中小企业仍是凤毛麟角。

广西中小企业在融资途径方面主要有以下几个特点。

第一，内源融资比例有所降低但比重依然过高。广西中小企业主要靠自身积累发展壮大，内源融资是中小企业融资的首选方式，无论是在初创时期还是发展阶段，都过于依赖自我融资渠道。对柳州等地区的一项民营中小企业调查显示，民营中小企业无论是在初创时期还是发展时期，都高度依赖自有资本融资，其中至少 62% 的资金依靠业主自有资金或企业前期利润解决。这表明，内源融资仍是广西中小企业融资的主要手段，比重偏高，超过五成。② 一般来说，中小企业普遍处于创业初期，企业规模小，经营不稳，加上其本身往往存在着一些先天的不足，从金融机构等渠道获取外源融资较困难，因此依赖内源融资是一种现实的选择。而从长期来看，随着企业规模、实力的扩大和资金需求量的增大，外源融资应逐渐成为一种重要的融资形式。

第二，外源融资方式单一，银行贷款是主要的外源融资方式，但获得

----

① 喻平，黎玉柱．浙江中小企业融资难的原因及对策 [J]．科技创业，2008 (1)．

② 金迎春，陆江涛．浙江中小企业融资困境的成因及解决途径 [J]．中共杭州市委党校学报，2009 (3)：53 - 59．

的信贷支持不够。据调查，广西有 74.6% 的中小企业存在资金不足的问题，有 85.3% 的企业需要再融资，而这些中小企业对融资方式的选择主要是银行贷款。另据对南宁、柳州、桂林、北海 4 个地区的中小企业资金需求调查，有 60% 的企业需要从银行贷款，30% 的企业靠自筹，7.5% 的企业通过内部集资方式筹资，2.5% 的企业表示依靠股票筹资；有 16.27% 的中小企业认为从银行获得贷款较容易，有 60.47% 的中小企业认为从银行获得贷款较难，有 23.26% 的中小企业认为从银行获得贷款十分困难，即 83.73% 的中小企业贷款需求没有得到满足，贷款难成了制约中小企业发展的瓶颈。受货币政策从紧的影响，第一季度商业银行贷款增速明显放缓，本来就面临贷款难的中小企业，贷款就更加困难了。

第三，外源融资中的直接融资比例较小，股市融资、债券融资、私募股权融资等难度很大。广西中小企业由于自身实力弱、规模比较小等原因，缺少在资本市场直接融资的途径。我国公司法、证券法对公司上市设立了比较高的门槛，如我国对公司上市除了要求连续 3 年盈利之外，还要求企业有 5000 万元的资产规模，因此对大多数中小企业来说，很难达到上市发行股票的门槛。我国债券品种结构严重失衡，国债和金融债所占的比例较高，截至 2014 年 10 月国债和金融债票面总额占整个债券总额的 80% 以上。[①] 企业债发行比例偏低，再加上国家对企业发行债券的门槛要求过高，对于缺乏实力的众多中小企业来说，很难通过发行债券来融资。我国的风险投资业起步于 20 世纪 80 年代中期，近几年，私募股权融资发展非常迅速，但比例依然偏低，再加上私募股权融资时，风险投资机构重点关注处于成长期的企业，非常看重所投资的行业、所投资企业的管理团队、所投资企业的市场机会是否具有独特的优势等。广西众多中小企业所从事的行业大部分是附加值较低的加工业，技术含量较低，产业前景缺乏诱人之处，竞争比较激烈。同时，大部分中小企业实行家族式管理，没有专业、职业化的管理团队，没有建立现代化的企业管理制度，再加上大部分中小企业尚处于创业初期，一般很难获得

---

① 刘光溪. 中国企业融资途径现状、问题及展望 [J]. 理论视野，2008（2）.

风险投资机构的青睐。①

　　第四，非正规金融渠道的民间融资（借贷）比例较高，融资风险大、成本高。由于中小企业无法通过正规的金融机构借款，因此只好舍弃融资效率较高的银行贷款而求助于融资效率较低的民间借贷。据调查，在中小企业获得外部资金的各种渠道中，有部分企业表示曾利用民间借贷。在经济发达的南宁、柳州地区，这一现象尤为严重。随着连续加息和银根紧缩等国家宏观调控措施的深入实施，民间借贷利率一路高企。2014 年 6 月中国人民银行南宁中心支行监测的数据显示，当月南宁地区的民间借贷加权月利率达到 1.2%，比上年同期增加 0.3 个百分点。而这仅仅是开始，目前，广西的民间借贷年利率有的高达 120%。企业的融资成本提高了几倍甚至十几倍，不但完全侵吞了企业的利润，还有可能导致企业遭受灭顶之灾。从笔者调查的情况看，企业规模越小，民间借贷的比例越高，企业风险越大。本身在融资方面就处于弱势的广西中小企业受影响较大，很多企业贷不到款，资金链断裂，造成经营困难，甚至倒闭关门。同时，民间融资（借贷）多以半公开、半地下的方式运行，信息不透明，潜在金融风险大，经济纠纷甚至犯罪行为时有发生。

1.3.2　广西中小企业融资存在的主要问题

　　从广西中小企业融资现状分析可以看出，广西多数中小企业内源融资比例过高；外部融资主要依靠银行信贷，融资方式单一，且银行信贷困难重重；直接融资门槛高，难度大，比例小；民间融资风险大，成本高，难以满足中小企业生产经营需求，融资难已经成为制约广西中小企业可持续发展的瓶颈。

　　首先，内源融资比例偏高。广西中小企业主要依靠自身积累发展壮大，内源融资是中小企业融资的首选方式，无论是初创时期还是发展阶段，都过于依赖自我融资渠道。调查显示，广西 50 人以下的小企业在全部资金来源中，自有资金或股权资金所占的比重最高为 67.5%，其中所有者

---

　　①　金迎春. 浙江中小企业融资途径现状、成因及解决方案 [J]. 经营管理者，2009（9）.

提供的资金占43.2%。① 世界银行对柳州等地区的一项民营中小企业调查显示，民营中小企业无论是在初创时期还是发展时期，都高度依赖自有资本融资，其中至少62%的资金依靠业主自有资金或企业前期利润解决。这表明，内源融资仍是广西中小企业融资的主要手段，比重偏高，超过五成。一般来说，中小企业普遍处于创业初期，企业规模小，经营不稳，加上其本身往往存在着一些先天的不足，从金融机构等渠道获取外部融资较困难，因此依赖内源融资是一种现实的选择。中小企业在短时期内完全或大部分依赖内源融资未尝不可，但是随着企业规模、实力的扩大和资金需求量的增大，内源性融资已经不能满足企业的资金需要；并且，企业进入困难期后，自有资金一旦匮乏，必将给企业带来重大影响。因此，内源融资比例偏高必然会制约中小企业的可持续发展。

其次，外源融资方式单一，间接融资困难重重。

广西中小企业的融资结构性问题仍然比较突出，中小企业可选择的融资路径较少。中小企业外源融资方式中，银行信贷是主要的融资路径，民间借贷所占比例较小，其他途径的发展尚未完善，如风险投资、创业基金等。同时，银行信贷作为主要的外源融资方式，其融资困难较大，主要体现在中小企业获得的信贷支持不够。据调查，广西有74.6%的中小企业存在资金不足的问题，有85.3%的企业需要再融资，而这些中小企业对融资方式的选择主要是银行贷款。另据对南宁、柳州、桂林、北海4个地区的中小企业资金需求调查，有60%的企业需要从银行贷款，30%的企业靠自筹，7.5%的企业通过内部集资方式筹资，2.5%的企业表示依靠股票筹资；有16.27%的中小企业认为从银行获得贷款较容易，60.47%的中小企业认为从银行获得贷款较难，23.26%的中小企业认为从银行获得贷款十分困难，即83.73%的中小企业贷款需求没有得到满足，贷款难成了制约中小企业发展的瓶颈。

再次，直接融资比例小，难度大。

外源融资中的直接融资门槛高，股市融资、债券融资、私募股权融资等难度很大。广西中小企业由于自身实力弱、规模比较小等原因，缺少在

---

① 宋华琴. 浙江中小企业融资探索 [J]. 统计科学与实践, 2010 (9)：39-40.

资本市场直接融资的能力。一方面，我国公司法、证券法对公司上市设立了比较高的门槛，如我国对公司上市要求企业连续 3 年盈利，同时企业还要有 5000 万元的资产规模，因此对大多数中小企业来说，很难达到上市发行股票的要求。另一方面，我国债券品种结构严重失衡，国债和金融债所占的比例较高，截至 2014 年 10 月，国债和金融债票面总额占整个债券总额的 80% 以上。企业债发行比例偏低，再加上国家对企业发行债券的门槛要求过高，对于缺乏实力的众多中小企业来说，很难通过发行债券来融资。我国的风险投资业起步于 20 世纪 80 年代中期，近几年，私募股权融资发展非常迅速，但比例依然偏低，再加上私募股权融资时，风险投资机构重点关注处于成长期的企业，非常看重所投资的行业、所投资企业的管理团队、所投资企业的市场机会是否具有独特的优势等。众多中小企业所从事的行业大部分是附加值较低的加工业，技术含量较低，产业前景缺乏诱人之处，竞争比较激烈。同时，大部分中小企业实行家族式管理，没有专业、职业化的管理团队，没有建立现代化的企业管理制度，再加上大部分中小企业尚处于创业初期，一般很难获得风险投资机构的青睐。

最后，民间融资风险大，成本高。

非正规金融渠道的民间融资比例较高，同时也伴随着融资风险大、成本高。在内源融资、银行信贷等途径受到约束的情况下，由于中小企业无法通过正规的金融机构借款，只能舍弃融资效率较高的银行信贷而求助于融资效率较低的民间借贷。据调查，在中小企业获得外部资金的各种渠道中，有部分企业表示曾利用民间借贷。在经济发达的南宁、柳州地区，这一现象尤为严重。随着连续加息和银根紧缩等国家宏观调控措施的深入实施，民间借贷利率一路高企，银行贷款增速明显放缓，本来就面临贷款难困境的中小企业，贷款就更加困难了。一般来说，企业规模越小，民间借贷的比例越高，企业风险越大。很多企业难以通过正规金融渠道筹款，缺乏流动资金，造成经营困难，甚至倒闭关门。

1.4　中小企业融资难的成因分析

1.4.1　中小企业融资难的理论评析

中小企业在经济发展中所占据的重要地位及其在国民经济中发挥的重要作用在理论界早已形成一致观点并为各国所重视。然而，随着经济转型升级和经济结构调整，传统经济增长方式下单纯追求规模和增长策略使中小企业的发展一直处于"强位弱势"的尴尬境地，而中小企业所面临的融资困境是阻碍中小企业发展的重要瓶颈。对中小企业融资问题的研究主要集中在融资困境成因及其对策建议两个方面。

1981 年 Stiglitz 和 Weiss 在论文《不完全信息市场上的信贷配给》中指出了信息不对称是中小企业融资难的根本原因，他们指出："在信息不对称的条件下，信贷市场必然存在逆向选择和道德风险，贷款人对利益与风险的均衡选择导致信贷配给不可避免，即使剔除政府驱动变量。纯粹的市场行为也将使信贷配给成为一种长期均衡。"这揭示了信息不对称是信贷配给不均衡的直接原因，他们的研究开创了信息不对称对信贷配给研究的先例。他们认为信息不对称所造成的逆向选择和道德风险使银行被迫采用信贷配给而不是提高利率来使供需平衡。这样，很多中小企业即使愿意支付较高的利息，也会因为信息不对称而不能取得贷款。林毅夫、李永军（2001）指出，我国的中小企业主要集中在一些技术和市场都比较成熟的劳动密集型行业中，由于自身限制，它们无法承担直接融资市场上昂贵的资金成本。在传统融资模式中，由于信息不对称，中小企业倾向于使用其信息优势，在事先谈判、合同签订的过程或事后资金的使用过程中损害资金提供者的利益，导致逆向选择和道德风险。因此，一个典型的结果就是，大型金融机构通常更愿意为大型企业提供融资服务，而不愿为资金需求强烈且自身规模小的中小企业提供融资服务。如果一个经济中金融业（尤其是银行业）比较集中，中小企业的融资就会特别困难。

张宗新（2000）认为由于小企业规模较小、融资成本相对较高、信用担保机制缺乏以及企业自身存活性差等条件约束，中小企业在有组织金融市场上的局部市场失效，市场融资难以有效形成，从而产生中小企业的融资缺口。徐洪水（2001）认为金融缺口从根本上说是由于我国存在的金融压抑造成的，导致资金的过度需求和有效供给不足而出现金融缺口，同时银企之间信息不对称使资金供给进一步减少，加大了金融缺口。王霄、张捷等（2003）基于对传统信贷配给理论模型的考察，将抵押品和企业规模纳入到信贷配给的内生决策变量中。他们发现，在信贷配给中被排除的主要是资产规模小于或等于银行所要求的临界抵押品价值量的中小企业。值得注意的是，以往对中小企业融资难成因的研究未能将企业规模内生于信贷配给中，而王霄等人的研究通过企业规模在信贷配给中的内生性有力地解释了信贷配给中存在的规模配给。另外，他们认为抵押型信贷配给与转型经济金融欠稳定、利率受管制关系密切，同时放松中小银行市场准入有助于增加信贷市场配给总量并降低抵押品及贷款额度的门槛。

胡小平等（2000）把中小企业融资的制约因素归结为中小企业的财务制度不规范、抵押担保难以及所有制观念等因素。罗正英（2003）基于企业内部的视角，指出由于中小企业财务信息不健全从而导致的信贷市场不完全是制约中小企业融资能力的直接原因。这一观点将中小企业融资难的分析视角引向信息不对称产生的背后原因，从中小企业自身存在的问题出发进行分析颇有新意。单华军（2005）指出中小企业由于缺乏对融资信用的足够重视，频频出现恶意拖欠贷款，对中小企业的融资产生极其不利的影响。另外一个重要原因是中小企业虽然拥有经营灵活、成本较低等优势，但同时对于市场风险的辨别能力普遍偏低，加上经营规模和经营能力的限制，在竞争激烈的市场经济中，中小企业的盈利能力极为不稳定，信用风险偏高。赵尚梅、陈星（2007）认为中小家族式企业一般都具有封闭性的特征，内部治理结构混乱，财务制度不透明，因此它们很难得到银行贷款。合伙制企业中，合伙队伍不断扩大，容易出现"搭便车"现象和合伙人的向心力下降，最终造成监督成本上升，企业治理更加困难，企业效率下降，融资能力更弱。

陈佳贵等（1999）把中小企业缺乏金融支持的原因归结为中小企业信誉等级低、银行出于自身经济方面的考虑、受到所有制形式的影响、缺乏中小企业担保机构等。欧阳凌、欧阳令南（2004）认为造成中小企业融资瓶颈的原因在于非对称信息条件下产权的私有属性。然而，所有制歧视是一个过渡性问题，它可能在经济转轨的某一阶段变得特别突出，但从长期看，随着经济市场化和金融体制改革的推进，该问题的影响将趋于减弱。人民银行上海课题组（2001）认为中小型企业的融资障碍在于自身信誉度低、现有的金融机构信贷服务体系与中小型企业融资特点不相适应以及社会对中小型企业融资的支持体系尚未建立等。

Berger 和 Udell（2002）提出"关系型融资假说"，认为关系型借贷所涉及的信息主要是难以量化和传递的软信息，具有强烈的人格化特征，因而对于内部组织结构复杂的大银行来说，在中小企业融资过程中其传递成本过高；而如果把决策权配置给地方分支机构，又会在银行内部产生委托代理问题，银行就会面临逆向选择和道德风险，所以中小金融机构在发放这种关系型贷款上比大银行具有成本优势。李扬和杨思群（2001）认为如果某些银行具有了解中小企业信息的优势，这些银行就能偏好于向此类中小企业贷款。在实践中，地方性中小银行就有这种信息优势，因此发展地方性中小银行可以缓解中小企业贷款难问题。林毅夫和李永军（2001）认为，与大银行相比，小银行向中小企业提供融资服务的优势来自于双方所建立的长期稳定的合作关系，这一优势在"长期互动理论"和"共同监督理论"中得到了较好的解释。王性玉、张廷芳（2003）认为应放开对非国有中小金融机构的市场准入限制，促进中小金融机构的竞争和发展，同时放松利率管制，允许中小金融机构针对不同的贷款对象和贷款种类来确定相应的贷款利率，从而使中小企业与中小金融机构之间有一个风险和收益的比较选择空间，风险和收益的合理配比可以提高中小金融机构为中小企业贷款的积极性。贺力平（2002）认为妨碍我国银行机构扩大对中小型企业信贷支持的主要因素是银行机构缺乏企业客户风险方面的足够信息，指出可以通过发展非国有金融机构和转变国有金融机构的经营方式来解决贷款者与中小型企业借款者之间的信息不对称问题。张静（2002）从系统论的角度对中小企业融资问题进行了新的定位，认为中小企业融资难问题是涉及多方面的系统性问题，解决中小企业融资问题必须建立中小企业融资系统，通过系统内各要素的不断自我完善和相互协调促进中小企业融资的改善。

William D. Bradford（2004）通过建立理论模型来分析政府融资项目对中小企业融资所产生的关联效益，介绍了美国政府扶持小企业融资的两种项目及其经验，指出美国通过政府融资项目扶持中小企业对中国政府支持中小企业融资有很好的参考价值。比如，信贷担保项目被证实比政府直接贷款更能有助于降低中小企业的借贷风险，也能更有效地贷款给中小企业。徐凤霞（2003）认为国有商业银行应成立专门的中小企业信贷部，拓展面向中小企业的信贷服务，公开信贷政策，简化业务程序，更好地为中小企业融资服务。王朝弟（2003）认为必须建立多层次的中小企业信用担保制度，发挥担保机构的总和效能，建立以政府为主体的信用担保体系，由各级政府财政资金出资，设立具有法人资格的担保机构，实行市场化公开运行；成立商业性担保体系，以法人、自然人为主出资，按公司法要求组建，具有独立法人资格，实行商业化运作，建立互助性担保组织。赵玉海（2004）认为政府扶持科技型中小企业的主要办法是打造一个适宜的制度框架，使市场能够有效地引导资金流向新兴的创新型企业；政府还可以通过建立和完善中小企业贷款担保体系、降低商业银行的担保比例、建立贷款担保风险准备金、允许担保公司从税后利润中提取风险准备金和加大财政贴息力度对中小企业融资提供支持。

罗正英（2004）从信誉链角度来研究中小企业融资困境，认为调整财务信息结构、建立"大企业监督式财务制度"，并最终形成大企业与中小企业的信誉链结构，是中小企业摆脱融资不利地位的重要途径之一。张捷（2004）也提出我国中小企业融资难问题是一种转型经济和市场经济的矛盾混合体，它牵涉到金融体制的方方面面，需要整体性的解决方案。金雪军（2007，2009）相继提出解决中小企业融资难的"桥隧模式"和"路衢模式"。所谓"桥隧模式"，就是构建起信贷市场和资本市场间的桥梁和隧道，使得中小高科技企业的贷款申请能够通过担保公司的信贷担保和风险投资公司的相应承诺和操作来应对银行风险控制的要求，顺利地实现贷款融资，从而满足中小高科技企业进一步发展的需要和风投的投资目的。所谓"路衢模式"，就是形象地将各种金融资源（担保、信托、投资）、各个市场主体（担保公司、信托公司、银行、证券业、中小企业、投资者等）

和政府主体间通过四通八达的网络连接起来，构建起条条大路、座座大桥，为中小企业融资提供有效途径。作为基于"桥隧模式"的"路衢模式"，通过整合金融资源和各主体，迈入了中小企业融资的宽广网络大道，具有良好的发展前景。

1.4.2　中小企业融资难的现实分析

中小企业大量存在并在经济发展中占据重要地位，而与此同时却面临着融资难困境，这也成为中小企业发展中的制约因素。下文就将从中小企业自身、银行业金融机构、其他渠道以及政策等相关配套方面进行分析，以探究造成中小企业融资难的各方面影响因素。

第一，中小企业自身存在的问题。

首先，中小企业存活期相对较短，死亡率高。资本规模方面，中小企业普遍存在规模小、自有资本少、投资主体单一、资本混合程度不高、调动和支配社会资源能力有限、抗风险能力弱的问题；经营管理方面，由于尚未建立现代企业管理制度，所以易产生经营管理不规范、经营行为短期化行为，从而遭到市场淘汰；发展方式方面，中小企业收集和分析市场信息的能力较弱，加上缺乏长远规划，使中小企业发展的不可预见性较大。基于此，中小企业贷款的风险远高于大企业贷款。世界银行调查结果显示，中小企业的不良贷款率比大型企业高出约 1 倍；人民银行和银监会统计结果说明，我国中小企业①不良贷款率是大型企业的 5 倍多。

表 1－8	中小企业与大企业的不良贷款率比较		单位:%
	小型企业	中型企业	大型企业
世界银行对 45 个国家的调查结果（2008 年）	7.4	5.7	3.9
中国（据人民银行、银监会统计，2009 年 6 月末）	6.7	3.1	1.2

其次，中小企业资金管理不规范，标准化财务信息少，信息获取成本高。很多企业尚未建立健全相应的财务管理制度，没有建立会计账目，资

---

① 小企业标准按照《中小企业标准暂行规定》确定。

金管理较为混乱，财务信息失真严重；过于重视规模扩张而轻视风险控制，负债率过高①，资本实力弱，受经济周期和行业政策影响较大等问题也很突出；对融资所得资金运用不规范，将贷款资金等作为自有资金使用，"短贷长用"现象较为普遍；部分中小企业存在逃避银行债务、多头抵押等不良行为，资信等级普遍不高。为保证信贷资金的安全，降低信贷风险，提高整体经济效益，银行不愿意冒风险向企业发放贷款，形成恶性循环。

再次，抵（质）押物少也是制约中小企业获得金融支持的重要因素。中小企业在抵押品和担保人方面往往存在着较多的问题。在抵（质）押贷款方面，中小企业普遍面临固定资产少，厂房设备陈旧、技术落后、价值低、难以转让等问题；一些高新科技企业中的人力资源和无形资产的占比较大，可作为抵押品的不动产较少，因此在申请抵押贷款方面有着较大的困难。

最后，社会征信体系不完善。我国信用体系的建设滞后于市场经济体制发育的过程，这也是造成我国中小企业融资困境的原因。目前，我国社会信用中介机构有500家左右，其中信用评估机构40家左右，信用征集与调查机构50家左右，信用担保机构400家左右。但从总体上看，有实力提供高质量信用产品的机构还很少，经营分散，规模较小，信用中介机构执业的整体水平不高，也没有建立信用行业协会，缺乏行业自律，没有建立起一套完整而科学的信用调查和评价体系。由于中小企业专业管理程度不高，财务制度不健全，透明度比较低，信息不对称现象严重，银行无法对其进行科学、准确的资信调查；缺少相应抵（质）押品做保证，而社会征信体系未得到完善，这些因素共同削弱了中小企业的资金筹集能力。

第二，金融机构服务体系不完善。

首先，对中小企业贷款业务重视程度不够，缺乏积极性。出于"大银行经营大企业"的传统观念以及"二八定律"影响，商业银行特别是国有商业银行在开拓中小企业市场方面起步比较晚，并且重视程度不够，在很

---

① 据人民银行5000户工业企业调查，小企业资产负债率分别比大型、中型企业高8.3个和8.8个百分点。

大程度上还重点将人力、物力、财力投向大型企业，而对中小企业的信贷市场开发缺乏积极性。同时，大中型银行的信贷文化、流程、制度以及风险控制技术、客户经理队伍都是按照大中型企业金融服务需要来构建的，因此在服务小企业方面不存在优势。如银行的贷款审批程序方面，银行对中小企业特别是新建信贷关系企业，要求的手续环节更为复杂，从接触客户、新建信贷关系、评级、授信、贷审会、报信贷管理部到最后审批，一整套程序下来，所需时间甚至超过 2 个月，这与中小企业贷款需求的特点相悖。

其次，银行的风险评估体系对中小企业较为不利。由于缺少专业的中小企业贷款风险的科学评估体系，目前，银行对中小企业基本采用与其他法人信贷一致的信用评级流程。中小企业的成长性和发展特点与成熟大企业有很大差距，因此在目前的信用评级中，由于中小企业资产实力指标、财务指标不占优势，而中小企业拥有优势的成长性、技术性指标所占的权重比较低，最终导致中小企业等级评定普遍比较差。虽然目前部分银行业金融机构开始利用非财务因素等对中小企业风险进行评估，但是发展依然不足；有的银行还没有建立起科学的、量化的中小企业风险评估体系。国内中小企业数量众多，涉猎的行业十分广泛，经营模式多样，因此中小企业贷款风险的科学评估并非单一模式所能胜任的，而是必须在探索更多评估模式的同时，建立一支庞大的专业队伍，这样才能对中小企业贷款风险进行准确评估。按照大企业的风险评估标准进行要求，对中小企业的信贷门槛设置过高，最终将大量优质的中小企业拒之门外。

目前，多家银行现有的风险评估工具主要是基于经验，准确性在很大程度上受限于历史数据的数量和质量。模型的分析缺少个性化的特点，在权重配置上也存在着不合理之处。多数机构尚未根据巴塞尔资本协议Ⅲ的要求建立起中小企业违约概率的评估模型；部分机构尚未建立起违约损失率和违约风险暴露的模型，风险评估的结果没有量化；在风险评估结果的应用方面，多数机构也仅集中使用在评级和准入两方面，能够将风险评估结果和风险定价进行有效连接的机构并不占多数。由于无法对中小企业风险进行有效的评估，进而无法进行合理的风险定价，目前银行业机构对抵（质）押贷和担保等第二还款来源较为依赖。研究发现，多数银行抵（质）

押贷款在中小企业贷款总额中的占比超过50%。

最后，商业银行基层行和基层客户经理审批中小企业小额贷款的权限和自由度普遍较小，无法快速满足中小企业多样的信贷要求；同时，出现不良贷款后的问责制度使客户经理承担较大风险。较少的权限使客户经理在中小企业融资安排上基本没有发挥的空间，最终形成了接触的企业多，付出的工作多，但最终建立信贷关系的企业少。在我国现行商业银行体系中，贷款出现风险后须首先对相关经办人员进行问责。目前，我国的多数中小企业经营尚不规范，风险较大，因此客户经理出于保护自身的考虑，往往不愿意承担风险。

第三，其他渠道方面的问题。

我国的担保业发展不够规范，主要存在机构分布数量有限、业务品种有限、创新能力相对欠缺、自我抗风险能力弱、资产流动性差、内部管理体制落后等问题。出现这些问题的原因是多方面的，担保业的发展受到了各种因素的制约。

首先，担保机构资金规模小，担保机构资本金户均规模只有3000万元左右，难以大规模地开展担保业务，当出现较大的信用风险时，难以抵御较大的风险。部分政策性担保公司规模小，覆盖面有限，抗风险能力差，且一些政府性担保公司缺乏明确的定位，在追求盈利和执行政府支持中小企业发展的政策之间存在一定的矛盾和冲突。目前，地方财政对担保公司的投入普遍为一次性资金或资产注入，缺乏稳定、持久性；从规模上看，虽然投入问题很大，但是单个担保公司的资金规模往往有限。其次，商业性担保机构难以实现可持续发展，现有商业担保业务模式盈利水平低，阻碍了其进一步发展和专业能力的提高。2008年，江苏省信用担保公司资本回报率仅为1.8%。同年，浙江省担保公司整体资本回报率仅为1.6%，其中商业性担保公司的资本回报率只有0.78%。一家拥有1亿元资本金的担保公司即使能达到10倍的放大系数，以2.5%的担保费率和1%的坏账率计算，资本回报率也仅为4.6%（见图1-1）。

近年来，村镇银行、小额贷款公司等新型金融机构正在成为农村新型金融机构的主体，为中小企业提供了有效的融资支持。由于起步较晚，因此它们在具备优势的同时也存在很多问题。首先，村镇银行的设立门槛过

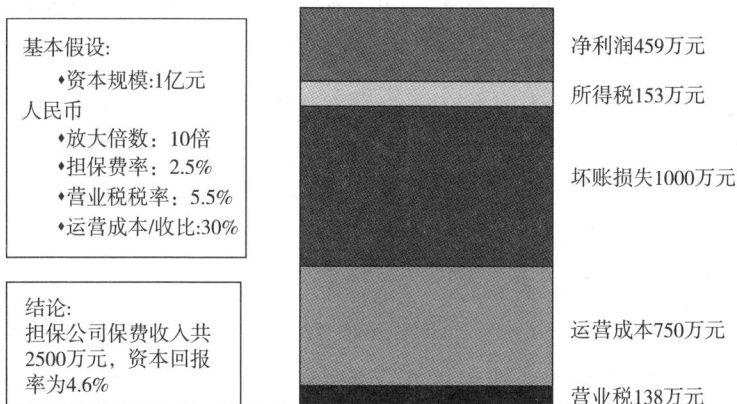

基本假设:
* 资本规模:1亿元人民币
* 放大倍数: 10倍
* 担保费率: 2.5%
* 营业税税率: 5.5%
* 运营成本/收比:30%

结论:
担保公司保费收入共2500万元, 资本回报率为4.6%

净利润459万元

所得税153万元

坏账损失1000万元

运营成本750万元

营业税138万元

图1-1 商业性担保公司盈利水平

高。由于村镇银行的发展处于起步阶段,监管层对其设立等有着较为严格的规定。目前对村镇银行的建立要求发起人或出资人中应至少有1家银行业金融机构,而全国计划建立3000多家村镇银行,这势必对商业银行的资本金形成一个较大的消耗。如果将建立村镇银行作为一项政策性任务分配给商业银行,甚至与市场准入挂钩,既违反了商业原则,同时也不利于农村金融的市场化。其次,村镇银行目前尚无法提供结算、征信查询等基本银行服务,不利于村镇银行的进一步成长。大多数村镇银行没有发行银行卡或无法办理网上银行业务,无法为客户提供一些基本的结算服务。同时大多数村镇银行尚未接入人民银行的征信系统,无法及时了解客户风险。这些都不利于村镇银行的进一步成长。最后,村镇银行的存款增长速度跟不上发展的需要。由于存款增长速度较慢,已有调查发现,目前多家村镇银行都出现了存贷比接近甚至超过了75%的监管上限的现象,制约了村镇银行进一步为当地经济发展提供融资支持,也影响了村镇银行的盈利水平。这与村镇银行开业时间短、网点覆盖少、缺乏基本的结算服务等有一定的相关性。

绝大部分小额贷款公司成立的初衷都着眼于转制为商业银行。目前小额贷款公司在运作过程中也存在着一定的问题。首先,目前沿海地区如广东、江浙地区的小额贷款公司注册资本金一般在1亿元以上,而内陆地区则较少,仅为3000万元左右,规模较小。小额贷款公司不能吸收公众存款，贷款资金来源只有自由资本金和注册资本金 50% 的银行借入款以及捐赠资金。杠杆比例偏低使得小额贷款公司资金来源有限，加上滞坏账冲销困难和资金回流周期的存在，小额贷款公司的盈利能力和持续发展能力受到影响。其次，在具体运作方面，出资人普遍对小额贷款公司的经营管理重视不够，没有建立起行之有效的业务模式和管理机制。而市场普遍对小额贷款公司持审慎观望态度，对其战略定位、风控水平、专业能力、商业可持续等方面存在着较多质疑。

在直接融资方面，我国对股票和债券发行规定的条件极为严格与苛刻，高门槛使得中小企业望而却步，无法通过直接融资满足自身经营发展对资金的需求。在国外，中小企业以股票市场、二板市场、企业债券等直接融资为主，美国高达 50% 以上，而我国仅占 3% 左右。2004 年深圳证券交易所设立了中小企业板块，2009 年推出创业板块，为中小企业专设了一个新的融资平台。但是，中小企业板块发行上市条件、上市程序与主板市场区分度不大，而创业板要求也非大多数小企业可以达到的。我国中小企业数目巨大，上市融资的程序复杂且能够满足上市要求的企业数目有限，因此对绝大多数的中小企业来讲，较高的进入门槛使通过上市途径融资依然可望而不可即，难以在真正实质意义上为大多数的中小企业提供融资便利。在发行企业债券方面，由于涉及金融风险问题，中小企业发行企业债券难以得到政府有关部门的批准。另外，对中小企业来说，其规模小，信用记录空白，评级机构在对其进行风险评级时手续复杂，债券的包销费用高昂，企业难以承受。国家对上市流通债券等级的要求也是一般中小企业所难以达到的，这使得债券自由流动性受到很大影响，投资者对中小企业发行债券的信用存在顾虑，缺乏购买信心。中小企业也难以通过发行企业债券取得资金。

创业投资是一种新型的投融资模式和组织形式，可以有效地缓解中小企业融资问题。但是，我国创业投资的发展也存在着起步晚以及发展不完善的问题。首先，创业投资的多元投入机制有待完善。民间资本具有推进创业投资的活力，应当成为创业投资机构的投资主体。在国内，由于注重风险规避，民间游资充足，但缺乏投资于高风险、高收益行业的意识。同时，社会对创业投资政策与运行机制缺乏了解，因而我国民间资本对创业投资的参与动力不足。其次，政策方面对创业投资的扶持力度有待加大。创业投资基金建立后，由于缺乏财政持续投入的机制和相关的优惠政策，也没有建立创业投资的风险补偿机制，因此创业投资机构在选择项目时偏于谨慎。较为谨慎的投资态度使创业投资基金对创新、创业项目初期的支持较少，这与其培育、扶持初创期中小企业的初衷出现差异。另外，创业投资的风险比一般的投资风险大，如果不给予较多的优惠政策（如税收等政策）鼓励民间资本等更多地从事，很少有人愿意涉足该领域。再次，国内资本市场发展不够完善，创业投资的渠道畅通性不足。创业投资是否成功取决于投资者能否成功地退出投资。如果没有畅通的投资退出渠道，创业投资就无法良性循环。从目前的情况来看，我国创业板市场刚刚设立，发展不成熟。因此，应大力发展场外交易市场，为创业投资的顺利退出提供条件。最后，创业投资配套服务网络有待健全。虽然我国发展创业投资的需求环境、供给环境、资本市场、政策法规等基础性环境因素渐趋成熟，但其发展仍然不足。国内创业投资的舆论氛围和工作研究水平有待提高，创业投资人才队伍、创业投资项目库、创业投资信息机制有待建立，需要全社会共同推动创业投资配套服务网络建设。

2　中小企业发展与广西区域经济发展的协同效应分析

转变经济发展方式，不仅要突出经济领域中数量的变化，更强调和追求经济运行中质量的提升和结构的优化，其鲜明特征在于顾及可持续性，顾及经济结构优化和产业升级，顾及就业、消费、分配等一系列社会需要。由于技术创新是经济结构调整及区域可持续发展的重要因素，本部分重点将技术创新、区域经济增长、区域经济结构变迁三个方面作为区域经济发展的衡量指标进行分析，在综述国内外技术创新理论、区域经济增长理论、经济结构变迁理论等研究的基础上，对影响与制约技术创新、区域经济增长与提升经济结构的动力要素进行深入分析与探讨，找出中小企业对技术创新、区域经济增长、经济结构变迁产生作用的机制，进而研究中小企业对区域经济发展的动力机制，以实现对中小企业与区域经济发展协同关系的理论探析。

2.1　中小企业是技术创新的主要载体

2.1.1　中小企业技术创新理论评析

（一）技术创新是推动经济增长的主要动力

20 世纪初，奥地利经济学家熊彼特在《经济发展理论》（1912）一书中，首先提出了创新理论。熊彼特把"创新"定义为建立一种"新的生产函数"，并将其分为五种存在形式：（1）引进新产品或提供一种产品的新质量；（2）采用新技术和新生产方法；（3）开辟新市场；（4）获得原材料的新来源；（5）实现企业组织的新形式。进而指出，决定资本主义发展的主要因素是以新产品、新工艺过程的市场化为主要内容的创新，资本、劳动力与之相比较而言处于从属地位。没有创新的资本主义经济只会处于一种"循环流转"的均衡之中，是创新打破这种均衡，推动资本主义向前发展。在熊彼特的创新理论中，作为推动经济增长主要动力的技术进步被分为三个阶段：发明、创新和扩散，而技术创新是其中的核心。这是因为在技术进步的全过程中，科学技术要成为推动经济发展的重要力量，必须使自己从知识形态转化为物质形态，从潜在的生产力转化为现实的生产力。技术创新过程通过发明的生产应用，把新知识转化为物质产品，把潜在的生产力转变为现实的生产力，实现了技术与经济的结合。而在此之前，研究与开发过程的职能是创造新技术。技术与经济的结合还处在潜在的形态；在此之后，技术与经济的结合已经完成，创新扩散过程的职能是对这种结合进行量的积累。技术创新实现了从技术到经济的质的飞跃。

（二）技术创新并不与企业规模的增长成正比

大多数技术创新与企业规模关系研究沿用熊彼特的创新理论框架。然而，熊彼特的创新理论，可以明确区分为两个截然相反的体系——在《经济发展理论》一书中，他强调企业家和小企业在创新中发挥着重大作用；而在 1947 年发表的《资本主义、社会主义与民主》一书中，他又强调了垄断在创新中的巨大作用，并认为市场垄断地位是企业承受与创新相关风险与不确定性的先决条件，甚至说大企业的生产结构"已经成为经济进步的最有力的发动机，尤其成为总量长期扩张的最有力的发动机"。在以后的研究中，大企业的创新优势得到一定的发展，其理由主要在于：大企业有能力承担创新需要的高额成本，能够承担创新的不确定性带来的高风险，从创新带来的成本降低中获取的利益高于小企业，因而具有创新的动力等。然而，新古典经济学是建立在完全竞争市场的基础上的，熊彼特晚年的大企业创新优势论显然与此相悖，因此，不少研究者似乎更热衷于熊彼特早年关于小企业及企业家在创新中具有优势的论断，并在理论和实证方面加以考察。

1965 年，谢勒尔（Scherer F.）对 1995 年《财富》500 家大企业的创新情况进行了分析，结果表明，其创新并不与企业规模的增长成正比。他在市场结构与创新收益关系的研究中得到的结论是：在一个新的市场中，竞争比垄断更能推动创新。阿罗（Arrow）在 1970 年发表的《经济福利和发明的配置资源》中，比较了完全垄断和完全竞争两种不同市场结构对发明的影响，结论是完全竞争比完全垄断更有利于发明①。

（三）影响和制约技术创新的因素

众多学者在阐释技术创新与经济增长及企业规模的关系时，也分析了影响和制约技术创新的因素。通过比较研究，可以归结为以下几种②。

1. 介于垄断与竞争之间的市场组织有利于技术创新。这是因为，在完全垄断而无竞争的条件下，垄断的企业缺乏竞争压力，没有进行重大技术创新的动力；而在完全竞争的条件下，企业规模普遍较小，创新条件有限，因而也不利于产生重大的技术创新。可见，一个介于垄断和完全竞争间的市场结构，将会促进最高速度的发明活动。

2. 技术创新集群有利于不断的技术创新。"创新集群"概念最早来自于熊彼特，但有关创新集群的基本性质，却一直存在着争论。有的学者认为，熊彼特所说的创新集群是基本创新集群；而也有学者认为，熊彼特所指的是创新扩散的集群，先头创新之后有二次创新、再创新、扩散的聚集，构成了创新集群，因此，扩散不是简单的模式，而是具有创新性。从目前的研究成果看，大多数学者倾向于赞同第二种意见。历史上，技术创新集群的现象不乏其例。例如，塑料、橡胶、人造纤维等创新集群，它们在化学上都是长分子链发现后的产物。这些技术创新和经济关系的案例不仅为我们从经济上建立适合技术创新的环境提供了指导，也为如何最大限度地利用技术创新提供了思路。

2.1.2　中小企业发展推动技术创新的机制分析

许多国家都十分重视中小企业特别是科技型中小企业的发展，将它们视为技术创新的主要载体。在美国，70% 以上的专利是由中小企业创造的，其平均创新能力是大企业的 2 倍以上。在中国，科技型创业企业提供

① 刘东，杜占元. 中小企业技术创新的理论考察 [J]. 当代经济科学，1997（4）.
② 宋泓明. 中国产业结构高级化分析 [M]. 北京：中国社会科学出版社，2004.

了全国约 66% 的发明专利、74% 以上的技术创新、82% 以上的新产品开发，已经成为技术创新的重要力量和源泉（赵立康，2006）。中国最具权威的国家科学理事会的"1993 年科学和工程指标"指出，很多对国家经济发展具有关键作用的技术和产品来自中小企业占主导地位的产业，这些产业包括自动化、生物技术、先进材料、计算机软件、电了元器件等，基本上都是新兴产业①。因此，与大企业相比，中小企业在技术创新方面毫不逊色。

大部分学者认为，研究与开发资金投入比重较一般企业高是科技型中小企业创新的主要来源。其实，研究与开发资金的投入只是为中小企业的技术创新提供了基础支撑，中小企业特殊的产业组织结构及其发展的聚集性、制度的创新都是导致中小企业创新率相对于一般企业尤其是大企业较高的主要原因。

下文将从市场组织结构、产业组织结构、企业内部管理制度的激励作用三个方面对中小企业技术创新的原因进行分析。

（一）中小企业技术创新的主要激励是垄断竞争的市场结构

一个介于垄断和完全竞争间的市场结构，将会促进最高速度的发明活动。如果新兴产业建立在成熟技术的基础上，规模经济明显，那么大企业就有可能凭借其规模优势占据主导地位。由于新兴产业是建立在高新技术基础上的，因此，企业组织一般都是以小型企业为主。因为虽然中小企业生产不需要大量的创业投资，但是其高科技性质所带来的技术壁垒代替了规模经济壁垒，而成为其在市场上生存的主要条件，也成为将竞争者挡在门外的砝码。正是技术壁垒的存在，使中小企业市场结构有别于一般的完全竞争市场结构，属于垄断竞争型的市场结构，其特点是：产业集中度低，没有大型垄断力量的存在；产业进入与退出壁垒低；所需投资相对较小；产品差别大，企业能够在一定程度上排斥其他企业。它类似于迈克尔·波特所讲的零散型产业，即在整个产业中，基本不存在能左右整个产业活动的市场领袖。

---

① 刘东，杜占元. 中小企业技术创新［M］北京：社会科学文献出版社，1998. 谢勒. 技术创新——经济增民的原动力［M］北京：新华出版社，2001.

根据迈克尔·波特对零散型产业的定义，中小企业的市场结构与零散型产业市场结构形成差异的原因在于中小企业的资产专用性与产业进入壁垒由于其高科技性质较零散型产业的壁垒要高。但由于中小企业产业集中度较低，因此还是可以认为其市场结构为垄断竞争型的市场结构。随着科技信息的迅速发展，任何一个企业要想在同一领域获得技术的永远垄断都是不可能的，再加上中小企业的垄断竞争型市场结构竞争激烈的特性，就构成了中小企业进行技术创新的主要动力。

（二）中小企业是集群技术创新和新知识扩散的中心和源泉

人们普遍认为，以企业为核心，通过企业内外部的关系网络，不仅可以充分发挥企业内部经营优势、所有权优势和规模经济优势，而且与区域内中小企业、政府、高校与科研单位、技术市场等组成区域创新网络，便于企业管理者、生产者接触到最新的创新成果，并及时了解社会需求，打破空间或时间上的障碍，进行面对面的交流与学习，这既有利于企业降低生产经营成本，也有利于企业和区域参与区域外竞争，增加区域内产品在区域外或国际市场的占有率，进一步扩大出口，获得更多的市场利润进而提升企业或区域的整体竞争力。

但是，以大企业为核心的区域创新网络并不能形成真正有效的学习型区域。一方面，大企业往往容易利用自己"强人"的力量来控制或影响中小企业的创新与发展。另一方面，一些中小企业也经常依赖于大企业创新与发展的推动来进行创新，创新的活力或积极性降低。而且，在以大企业为核心的区域，企业之间进行信息、知识等资源的交流与合作可能受到影响。韩国的教训表明，只靠大企业内集中化的研发，组织实现区域科技创新的能力是十分有限的；而且，偏向于大企业的政策将会压制中小企业的技术创新，反而使区域内企业间技术创新网络进一步弱化。

一些经济发展很有活力的集群都非常重视学习型区域的培育，中小企业之间在相互竞争的同时，也很重视相互学习、帮助，交流市场与技术信息。比较而言，中小企业与其他企业、大学、科研院所、市场中介组织、政府等的合作、联系更为密切，是集群学习的核心主体。

据浙江省中小企业的调查，60.6%的中小企业与其他企业存在密切或较为密切的技术合作与交流，而一般的中小企业这一比例只有 46.1%；

54.3%的科技型中小企业与高等院校、科研院所保持密切或较密切的合作与联系，而一般的中小企业这一比例只有29.0%；56%的科技型中小企业与专业咨询机构、市场中介组织的联系密切或较为密切，31.4%的科技型中小企业与这些中介组织没有联系，而一般的中小企业相对应的比例分别为33.4%和56.27%[①]。在企业员工培训、学习以及文化活动开展方面，中小企业更注重员工业务培训和各种学习活动的开展，70.4%的科技型中小企业认为这些活动频繁或较频繁，而一般的中小企业这一比例只有46.7%；49.2%的科技型中小企业频繁或较频繁地开展与技术创新观念有关的文化活动，而一般的中小企业这一比例只有35.5%[②]。

如此看来，科技型中小企业的发展不仅具有集聚化趋势，易于形成创新集群，而且能够充当集群发展的主体与推动单位、集群技术创新和新知识扩散的中心和源泉。通过与周围企业的密切联系，在自身获得技术创新方面比较优势的同时，对集群技术创新与扩散起着主导作用。

通过形成中小企业创新集群、企业相互学习机制，使知识、技术与信息发散式、蛛网状扩散，信息的立体循环流动又使企业在"干中学"和"用中学"的过程中激发出新一轮技术创新。

（三）中小企业内部激励机制为技术创新提供了动力源泉

在高新技术产业，技术的突出地位使信息不对称的可能性增加，如果没有良好的激励机制，技术的持有者容易利用其信息优势为自己牟利，出现道德风险。大多数中小企业的投资者既是技术专家，又是企业经营管理者和企业所有者，这样就能够避免信息不对称造成的机会主义行为。另外，这种组织形式减少了中间层次，便于指令下达、信息传递速度的加快，从而保证决策与管理的有效执行。同时，企业在组织技术开发时，根据需要，可以采取随机组合的方式，组成项目攻关小组，以适应科技快速发展和产品不断更新的需要。

在所有权方面，大部分中小企业是有限公司制企业，普遍实行骨干持

---

① 周国红，陆立军：基于科技型中小企业的产业集群创新能力提升［J］．科技管理研究，2006（2）。

② 同①。

股、经营者持大股、技术管理要素入股，这为技术创新提供了动力机制。

2.2　中小企业发展推动区域经济增长分析

区域经济增长是区域经济发展的重要因素，尽管经济增长并不意味着经济发展，但没有增长的发展是不可思议的。区域经济增长是指在某一区域的一定时期内产品和服务（或人均产品或服务）产出量增加，其实质是规模不断扩大的社会再生产过程和社会财富的增值过程。在市场经济条件下，作为区域经济细胞的企业无疑是区域经济增长过程的行为主体。不同类型的企业在区域经济增长和区域工业化过程中发挥着不同的作用。

2.2.1　区域经济增长要素分析

古典经济学理论的鼻祖斯密认为，促进经济增长有两种途径：一是增加生产性劳动的数量，二是提高劳动的效率。两种途径中劳动效率的提高更重要，而劳动生产率的提高主要取决于分工程度和资本积累的数量，因此分工协作和资本积累是促进经济增长的基本动因。李嘉图认为长期的经济增长趋势在收益递减规律的作用下会停止，马尔萨斯则认为人口增长与产出增长是不同步的，以人均产出表示的经济增长会受到人口增长的限制，人口增长取决于人均收入，在经济系统之外要采用限制人均增长超过经济增长的政策。可见，古典经济学家已经指出了经济增长的动因：资本、技术、土地、劳动，也注意到了自然资源在增长中的特殊性。

19 世纪后半叶，以马歇尔为代表的新古典经济增长理论兴起。马歇尔认为，人口数量的增加、财富（资本）的增加、智力水平的提高、工业组织（分工协作）的引入等，都会提高工业生产，促使经济增长。这些因素对厂商生产的全体影响表现为收益递增。所以，经济增长与收益递增相联系。熊彼特使用"创新"概念来解释资本主义社会的经济发展，认为创新就是企业家对生产要素实现的新组合，包括引进新产品、采用新生产方法、开辟新市场、获取新资源、建立新组织等。基于约翰·梅纳德·凯恩斯的"有效需求"理论，哈罗德和多马分别独立地建立了经济增长理论，即哈罗德—多马模型，该模型的关键假定是劳动和资本两种生产要素不能相互替代，在储蓄率、人口增长率不变且存在技术进步和资本折旧的情况下，经济增长率 $G = s/v$ ，其中 s 为储蓄率，v 是资本与产出比。该模型的结论是：经济增长率随着储蓄率的增加而提高，随着资本与产出比的扩大而降低。索洛、斯旺、米德和萨缪尔逊等人提出了新古典增长模型，其核心是关于总量生产函数性质的三个假设，即规模收益不变、生产要素的边际收益递减和生产要素之间的可替代性。新古典增长理论认为，经济增长过程体现为资本积累过程，而决定资本积累的因素是投资的收益率，在规模收益不变的条件下，人均收入唯一地取决于资本与劳动的比率，只有这一比率不断上升时，人均收入才能持续增长。另一方面，投资的收益率等于资本的边际收益。与人均收入一样，资本的边际收益也唯一地取决于资本与劳动的比率。由于要素边际收益递减规律的存在，资本的边际收益率将随着资本与劳动比率的增加而不断下降。索洛等人还指出，经济增长的决定因素，从长远来看，是技术进步，而不是资本积累和劳动力的增加，因此新古典增长理论并不能保证经济的长期持续增长。

20 世纪 80 年代中后期，以 1986 年罗默的《收益递增和长期增长》和 1988 年卢卡斯的《论经济发展的机制》这两篇里程碑式的论文为标志，新经济增长理论开始形成。罗默提出了一个含有外溢性、物质产出收益递减和新知识生产收益递增的竞争性均衡增长模型。他认为生产要素应包括四方面：资本、非技术劳动、人力资本和新思想。其中，新思想是经济增长的主要因素。卢卡斯以物质资本积累和技术变动、人力资本以及专业化人力资本三个模型为依托，构建了一个内生的增长理论框架。他将人力资本作为一个独立的因素纳入经济增长模式，运用更加微观的、个量的分析方法，将舒尔茨的人力资本和索洛的技术进步结合起来，视人力资本积累为经济长期增长的决定性因素，并使之内生化、具体化为个人的、专业化的人力资本，认为只有这种特殊的、专业化的人力资本的积累才是经济增长的真正源泉。

综上所述，西方经济学经济增长理论将经济增长因素分为劳动因素、资本因素、创新因素（包括技术创新和制度创新）。下文将着重结合这三个方面对科技型中小企业与区域经济增长的关系进行理论探析。

2.2.2 中小企业促进区域经济增长机制分析

(一) 中小企业的发展推动区域投资增长

宏观经济理论告诉我们，社会经济要想持续稳定运行，其中关键的是储蓄要等于投资。如果储蓄大于投资，则社会总供给大于总需求，会出现经济衰退，增速降低；反之，如果投资大于储蓄，表明社会总需求大于总供给，会出现经济过热和通货膨胀。因此，保障经济稳定运行的一个重要条件，就是要保证储蓄顺利转化为投资，实现储蓄与投资相等。在储蓄转化为投资的过程中，中小企业发挥着重要作用。

我们假定某一区域的总储蓄由政府储蓄、企业储蓄、家庭储蓄构成，总投资由政府投资、国内银行贷款、资本市场融资和私人自主投资构成。总储蓄通过政府、银行、资本市场和私人自主投资四条途径转化为总投资。因此，总投资是否与总储蓄保持平衡，关键在于这四条投资途径是否顺畅。然而，我们知道，在市场经济条件下，政府只是在市场失灵的情况下，为维持经济正常运行，才会运用财政政策实施财政投资。这样，银行贷款、资本市场融资和私人自主投资就成为市场经济条件下最主要的投资渠道。不同规模的企业，其投资来源是不同的。大型企业的主要投资来源是银行贷款和资本市场融资。中小企业对于固定资产投资要求较低，资金门槛较低，是私人自主投资的主要渠道。因此，在社会储蓄向投资转化的过程中，可以使居民储蓄转化为私人自主投资，带动经济增长。

(二) 中小企业发展与区域就业水平的提高

如上所述，劳动力是区域经济增长的重要因素，因此，区域经济增长必须重视劳动力就业水平的提高。企业是劳动力就业的微观主体，就业水平的提高有赖于企业的发展。然而，不同规模与结构企业对劳动力的吸纳能力是不同的。因此，合理的企业规模与结构是就业水平稳定提高的重要前提。

马克思资本有机构成理论认为，如果只偏重于发展大企业，会造成机器排挤工人，劳动力失业，降低就业水平。这主要是由于大企业与小企业各自的资本有机构成不同，大企业的资本有机构成较高；小企业多是资本规模较小、劳动力相对较多的工业、商业、服务业企业，资本有机构成较低。中国国有大型工业企业的资本有机构成大约是 20 万元/人，中型工业企业是 10 万元/人，小型工业企业为 5 万元/人，而民营企业仅为 2 万元/人左右①。国有大型工业企业资本有机构成约为中型工业企业的 2 倍、小型企业工业的 4 倍、民营企业的 10 倍。我们可以将企业规模结构（大型企业与中小企业）与就业平衡的关系表示为

$$(GK/GL)GL + (SK/SL)SL = \sum K$$

为了分析的方便，在这里，用总资本与劳动力之比表示资本有机构成。式中，GK 为大型企业资本，GL 为大型企业就业的劳动力人数，SK 是中小企业的资本，SL 是中小企业就业的劳动力人数，$\sum K$ 是社会企业总资本。GK/GL 为大型企业的资本有机构成，SK/SL 为中小企业的资本有机构成。在既定的全社会企业总资本条件下，一个社会中总的企业劳动力就是由大型企业中的劳动力和中小企业劳动力构成的，即 $\sum L = GL + SL$。由此可见，在社会资本总量一定的情况下，一个社会中的劳动就业量由大型企业劳动就业量和中小企业劳动就业量之和构成。如果大企业偏多，而中小企业偏少，将会发生失业情况。而且，由于大企业资本有机构成高，小企业资本有机构成低，在社会资本量一定的情况下，发展中小企业有利于提高社会就业水平。据统计，目前我国的中小企业数量已达 4800 万个，大约有 75% 的就业人口都在中小企业内就业。

科技型中小企业最大的特点就是兼有"科技"与"中小"特点，但首先是"中小"的特点，即与劳动密集型中小企业一样，具有高度吸纳就业能力。而科技型中小企业的"科技"特性主要体现在人力资本即高素质劳动力，而不是企业固定资产，这也是科技型中小企业与大中型企业"科技性"聚集于高技术生产设备、生产线等载体的巨大差异。因此，如果按照马克思资本有机构成内涵与计算方法——不变资本与可变资本比值，那么科技型中小企业的资本有机构成将很低。如果从劳动力的角度来分析的话，科技型中小企业是高素质劳动力的聚集体，劳动力密集型企业是廉价

① 中国中小企业门户网：《我国中小企业状况》，2007 年 5 月 17 日，http：//companyaizhi-hui. zhan. cn. yahoo. com/articles/071222/119716_ 8. html。

劳动力的聚集体，两者尽管都是以劳动力为主要生产要素，但主要区别就在于劳动力素质的高低。如此看来，科技型中小企业是实现区域高素质劳动力就业机会的主要载体。

2.3　中小企业发展推动区域经济结构变迁分析

经济发展不仅是产出总量的增长，而且伴随着经济结构方面的调整。如果在经济增长过程中经济结构的变化缓慢，或者经济结构变化方向不合理，不能体现经济体系的成熟化和高度化，这种经济增长就被称为"无发展的增长"。所以，结构变迁是经济发展的重要特征。衡量经济结构的变迁，主要以产业结构变化为标准。

2.3.1　产业结构变迁理论

产业结构变迁理论代表人物主要有威廉·配第、科林·克拉克、库兹涅茨、霍夫曼和里昂惕夫等。威廉·配第（Willian Petty）在其《政治算术》中提出："工业的收益比农业多得多，而商业的收益又比工业多得多。"这是西方经济理论中最早、最朴素的产业结构论述。在配第之后，亚当·斯密（Adam Smith）在《国富论》中论述了产业部门（Branch of Industry）、产业发展及资本投入应遵循农工批零商业的顺序。1940年科林·克拉克（Colin Clark）在《经济进步的条件》中建立了完整、系统的结构演变理论框架。克拉克收集和整理了劳动力在第一产业、第二产业、第三产业之间移动的时间系列的统计资料，发现随着人均国民收入水平的提高，劳动力首先由第一产业向第二产业移动；当人均国民收入水平进一步提高时，劳动力便向第三产业移动。美国经济学家和统计学家库茨涅兹在《现代经济增长》和《各国经济增长的数量方面》等著述中认为：（1）农业部门（第一产业）实现的国民收入，随着经济的发展，在整个国民收入中的比重（国民收入的相对比重）同劳动力在全部劳动力中的比重（劳动力的相对比重）一样，处于不断下降之中；（2）工业部门（第二产业）的国民收入的相对比重，大体看来是上升的，但劳动力的相对比重却是大体不变或略有上升；（3）服务部门（第三产业）的劳动力相对比重几乎都是上升的，但国民收入的相对比重却大体不变或略有上升。德国经济学家霍夫曼依据近 20 个国家的时间序列数据，分析了制造业中消费资料工业与生产资料工业之间的比例关系随工业化的进程所发生的变化，建立了霍夫曼比例说，即消费资料工业的净产值与生产资料工业的净产值的比值霍夫曼系数。按照霍夫曼系数，一国工业化的进程可以划分为四个阶段：霍夫曼系数约在 5 附近、霍夫曼系数约在 2.5、霍夫曼系数约在 1 附近、霍夫曼系数小于 1。一国工业化的进程越快，霍夫曼系数越低。

影响产业结构的因素是多种多样的，归纳起来主要有两个方面。

一是需求结构的影响，主要有消费需求、投资需求和出口需求。从消费需求来看，个人消费结构在很大程度上影响着生产消费资料的产业构成。根据恩格尔定律，个人消费结构取决于其收入水平。随着收入水平的提高，人们的支出结构中用于吃、穿的比例趋于降低，而用于购买耐用消费品的比例趋于升高，这样就会影响到生产消费资料的产业构成，进而影响到一个国家或区域的产业结构。从投资需求来看，投资本身不仅能够创造需求，而且能够形成新的生产能力，加大供给力度。因此，投资方向的差异本身就是已有产业结构改变的直接原因。在存在对外贸易的情况下，资本、劳动和技术等生产要素在区域间的移动，对产业结构会产生影响。

二是供给结构的影响。从供给方面来看，影响产业结构的主要因素包括资源状况、劳动生产率、技术进步、经济体制和经济政策等。在经济发展过程中，有些部门由于需求增长缓慢，生产绝对量可能增加，但其在国民经济中的地位不断下降；而有些部门由于新技术或者新工艺的应用，产品的性能和质量得以改进，致使需求增加，成为新的产业，在国民经济中的地位不断上升；而有些产业需求不仅没有增长，反而急剧下降，整个产业处于不断衰退之中。可见，需求或供给的变动，使经济结构随着经济增长而不断变化，经济结构在这一过程中不断向高度化演进。

2.3.2　中小企业优化区域产业结构的机制分析

中小企业的技术创新优势和成果在产业结构调整和升级中具有十分重要的作用。发达国家较少组织实施产业结构政策，更多的是实施产业组织政策。在一个受需求制约的经济环境中，人们对未来社会的需求是难以预测的，或者说政府的这种预测风险很大，曾经对日本产业结构调整起到过巨大作用的产业政策到 20 世纪 90 年代日趋衰微就是一个明证。因此，人们只能寄希望于通过制度安排把资源引向最有效率的地方，而不是仅仅依靠实施产业结构政策。这样，结构调整和升级的任务历史地落在极富开拓和冒险精神的企业特别是中小企业身上。同样，以美国为例，中小企业是美国充满活力、成长最快的企业，全球闻名的微软公司当年就是由两个人的小企业起家的。伴随着新企业进入市场的，是新技术、新产品和新的服务，老企业必将在竞争中逐步被淘汰。在这一过程中，经济结构和企业结构、产品和服务的地区分布等都将得到优化。

法国经济学家 F. 佩鲁提出的增长理论认为，主导产业部门和有创新能力的企业，在某些地区或城市聚集发展而形成增长极。这种主导产业（或称为领头产业），佩鲁称为推进型产业。这些作为增长极的推进型产业，通过其吸引力及扩散力不断地增大自身的规模，并对所在部门和地区产生支配性影响，使所在地区迅速发展壮大，进而带动其他部门和地区发展。那些被带动发展的产业，佩鲁称为被推进型产业。

佩鲁指出，增长极的形成有三个条件：（1）必须有具有创新能力的企业和企业家群体；（2）必须有规模经济效益；（3）需要有适当的周围环境。因此，一般认为，大企业通过与区外关联，能促进增长极的形成与扩散效应，从而提升区域经济的竞争力。

但是，大量最新研究表明，美国硅谷的区域竞争力不仅仅表现在有惠普、网景、雅虎、英特尔等几十个成功的大企业，更为重要的是那些成千上万的中小企业。这些中小企业在诞生后，无论是茁壮成长，还是走向破产、死亡，在其存在和发展的过程中都相互影响，或结成联盟，或达成契约，共同在协作与竞争的过程中推动着硅谷的不断创新，使硅谷获得强劲的区域经济竞争力。相比之下，美国的 128 公路主要是由大型公司组成的。正是由于结构上的区别，在 20 世纪 80 年代末 90 年代初的经济衰退中，硅谷挺过来了，但 128 公路却失去了优势。因此，尽管科技型中小企业在资金来源、销售与研发中心建立、经营环境不稳定等方面存在一些困难，但是，与科技型大企业相比，在创新激励、制度与文化约束、创新适应性、学习型组织形成等方面具有明显的优势；而且，在经济全球化和知识经济加速发展的时代，中小企业创新的特点和优势以及群集化的趋势决定了它可以成为形成区域增长极的推进型企业，也决定了它是区域空间极化发展的推动力。中小企业及其集聚对区域产业结构发展的影响表现在以下两个方面。

首先，中小企业通过技术创新活动，不仅使单个企业获得生产效率的提高，而且还通过创新效应对当地和周边地区产生重要影响。从技术上看，增长极内科技型中小企业的技术创新活动，使其产出增长率、投资回报率大大高于区域内其他企业，从而引起周围和其他企业的学习和效仿，这不仅可以通过促进高新技术产业化来带动区域经济发展，而且还可以促进区域经济结构的不断优化；从社会结构方面，通过创新使现有的社会价值观念、行为方式和组织结构更容易朝着变革方向转变，使之适应创新需要，并成为下一轮创新活动的基础；从社会心理素质方面看，创新强化社会群体的进取意识，同时推动周边地区劳动力为改变他们自己的比较劣势而努力提高自己的素质。

其次，中小企业通过产业联系（包括前向联系和后向联系）诱发其他相关的生产活动。一方面，促使企业间在经济、技术等方面形成较为稳定的合作关系，并通过市场竞争激发企业的内在活力，促进社会分工与技术开发，使区域内企业向着地方化、专业化方向发展，从而提升地方区域产业优势。另一方面，这会使本地区高素质人才聚集，引起总人数和工资的增加，以至地方消费需求增加，使本地的第三产业获得较快的发展，从而发展城市化经济，即建设城市的各类基础设施，进一步吸引投资和研究与开发活动。更重要的是，产业关联能够改变创新的条件，创造出信息、专业化制度、名声等集体财富。

总之，中小企业创新及群聚性特点与趋势，在给中小企业发展带来范围经济与规模经济的同时，还可以带动区域创新能力、区域关联产业、区域劳动力素质的提升，从而在带动区域经济增长的同时，大大提升区域自主创新能力，优化区域产业结构，推动区域经济发展。

与理论论证结果相符，在当前的我国，中小企业已经是国民经济的重要组成部分，是我国经济持续增长和技术创新的重要力量，在解决就业、促进就业结构优化与经济结构调整方面发挥着重要作用。但与理论及现实相矛盾的是，目前全国70%以上的中小企业的新增资金来源主要是其自身积累，90%以上的中小企业缺乏资金。广西中小企业中71.79%以上的企业开业资本来源于个人，只有12.82%可以得到银行贷款。这些充分证明了金融压抑对中小企业经营和发展产生了重大影响。中小企业呈现"强势弱位"的格局，资金不足已成为制约其进一步发展的瓶颈。因此，如何改变科技型中小企业融资中扭曲的金融资源配置状况，解决其融资困难就成为摆在大众与政府面前的首要问题。

3 广西中小企业融资壁垒及制约因素分析

我国中小企业发展的实践表明，中小企业的发展不纯粹是一个自发的经济过程，它必须由完善的制度环境和制度基础来加以保证。而我国当前在金融、产权、信用、法律等方面都存在诸多的制度缺陷，严重地影响和制约了中小企业的进一步发展。从长远来看，要从根本上清除制约中小企业融资的制度性障碍，出路在于深化金融体系改革。著名经济学家 J. P. 斯蒂格利茨指出，金融对于经济发展具有本质作用，改革金融体系能够导致经济高增长和危机发生的可能性和严重性。近年来，广西坚持以实施中小企业成长计划为主线，重点推进中小企业融资工作，不断改善和优化中小企业融资环境，努力突破中小企业融资瓶颈，但在政策和制度方面存在一些壁垒。本部分对中小企业融资的壁垒进行分析，并探讨广西中小企业发展的制约因素。

3.1 广西中小企业融资壁垒及融资"双缺口"

我国中小企业的成长是经济改革能量释放的结果。在市场化的过程中，中小企业的自身制度、企业资源等内部因素缺陷必然会导致企业经营存在诸多不规范的、违反市场运作规则的行为。类似地，银行信贷制度不合理、资本市场发展滞后等宏观环境不完善，必然会对中小企业融资形成不利影响。我们将中小企业融资微观影响因素及其相互作用对中小企业融资所产生的不利影响称为中小企业融资的内生障碍，将中小企业融资宏观影响因素及其相互作用对中小企业融资所产生的不利影响称为中小企业融资的外部障碍。中小企业融资的内生障碍和外部障碍及其相互作用共同导致了中小企业资金跟不上其高速成长的需要，融资问题十分突出。

3.1.1　内生性融资壁垒

通过对中小企业融资微观影响因素的分析，我们得知，信用缺失、产权模糊是形成中小企业融资问题的主要原因。由于规模小、资金实力弱、管理不科学，中小企业抗风险能力差、经营稳定性差、信用度较低。银行担心贷款风险大，投资者担心其权益得不到保障，导致中小企业融资规模与融资能力存在较大矛盾。同时，中小企业面临着严重的产权归属和重新界定问题。我国中小企业在创立初期，出于种种利益的考虑，往往采取挂靠集体、合资合作或投资入股的方式，与当地政府部门存在着千丝万缕的联系，不同程度地存在着机器设备等固定资产的所有权以及土地使用权等产权不明晰的问题。① 产权制度障碍同时会导致治理障碍及管理问题。

在其金融特殊性中，信息不对称是核心因素。信息不对称对融资活动的阻碍体现为：在组织之外的市场中出现逆向选择与道德风险问题，在组织内产生代理问题，致使银行对中小企业望而却步，也很难通过资本市场进行股权融资。

3.1.2　外生性融资壁垒

综合前文对中小企业融资宏观影响因素的分析可以发现，制度供给不足是造成中小企业信贷约束的重要原因。素以服务国有大型企业、追求规模经济效益为宗旨的国有商业银行，出于安全、稳定经营的考虑，不会为中小企业提供融资支持。区域商业银行、城市商业银行、信托投资公司、金融租赁公司等地方中小金融机构本身的性质和资本结构决定了其服务的对象是国有（集体）中小企业而不是以私营为主的中小企业。而为中小企业提供有效金融服务的中小金融机构体系还没有真正建立起来；而且，目前以防范风险为主的金融业重组一方面导致中小金融机构数量的下降，另一方面导致大银行县以下分支机构的数量减少和基层分支机构贷款审批权

---

① 张圣平等：《内生障碍、关系融资与中小企业金融支持》，北京，经济科学出版社，2004。

的上收,从而使中小企业融资环境进一步恶化①。另外,资本市场滞后、退出渠道不畅,导致中小企业股权融资成为了泡影。

3.1.3 投融资政策壁垒

资金紧缺、融资难是广西非公经济发展的普遍性难题。在课题组实地问卷调研过程中,有90%的受调研非公企业认为"投融资政策壁垒"是广西非公经济发展中目前排首位的政策性制约因素。

我们的调研结果表明,广西非公经济企业对资金的需求是巨大的。在受调研的广西非公经济企业中,2014年有85.71%的企业存在资金缺口。其中缺口为10万~100万元的占8.34%,缺口为100万~500万元的占33.34%,缺口为500万~1000万元的占20.83%,缺口为1000万~1亿元的占25%,缺口在1亿元以上的占12.49%(见表3-1)。

在被问及企业"现有资金主要来源及占比"时,除了内源性融资(内部积累)外,60.22%的企业选择的外源性融资方式是银行或信用社贷款,16.1%的企业选择国家政策性贷款。

在被问及企业"从银行获得贷款的难易程度"时,55%的企业回答"很困难",33%的企业回答"困难,但可争取",仅12%认为"比较容易"或"很容易"。

表3-1　　　　　　　抽样非公企业2014年度资金缺口情况

年份	2014					
存在资金缺口企业比例	85.71%					
缺口金额	10万元以下	10万~100万元	100万~500万元	500万~1000万元	1000万~1亿元	1亿元以上
所占比重	0	8.34%	33.34%	20.83%	25.00%	12.49%

资料来源:课题组整理资料得到。

在被问及企业"认为融资困难的主要原因"时,"银行的抵押要求过高"成为最主要的原因,其次依次为"贷款利率及相关费用太高"、"融资渠道太少"、"银行的信用审查太严","银行贷款手续太烦琐"一项占比较小。

---

① 张捷. 中小企业的关系型借贷与银行组织结构 [J]. 金融研究,2002 (6)。

在被问及企业融资综合成本（名义利率加上融资相关费用）时，答案普遍是"年利率15%~20%"。

融资难是世界各国中小企业都面临的一个比较普遍的问题，英国金融产业委员会提出著名的"麦克米仑缺口"，其定义为资金的供给方不愿意以非公企业所要求的条件提供资金，由此展开了对非公企业融资难原因的分析。结合非公经济企业发展的融资特点和存在的问题，课题组认为，造成广西非公企业融资难的原因是多方面的，归结起来主要有以下五方面的原因：（1）非公企业自身存在的融资缺陷。企业自身特点、发展阶段、融资要求、信息不对称等因素是造成广西非公企业融资困难的客观原因。（2）广西金融体系不健全，金融支持不足。商业银行客观上存在着针对非公企业"难贷款"的问题，银行业专业化服务能力不足，对商业银行非公企业贷款的激励与差别化政策不够，融资担保机构规模小、担保倍数低、风险控制能力较低等问题普遍存在。（3）非公企业融资需求与银行信贷程序存在矛盾。非公企业的贷款需求存在金额小、频率高、时间急等特点，这与银行对非公企业贷款管理严格、资格审查苛刻、审批程序复杂、管理成本较高之间存在着天然的矛盾。（4）其他融资渠道存在问题。一方面，广西壮族自治区资本证券化利用率低，区域资本市场功能发挥较弱，建设滞后。截至2014年11月，广西壮族自治区上市公司31家，全国排名第23位；市值全国排名第27位，累计从资本市场募集资金总额全国排名第24位；在中小板挂牌的有4家，最符合成长期创业企业的创业板市场创建5年来至今广西尚无上市公司。新三板市场建设推进迟缓，至今仅挂牌4家企业。另一方面，广西壮族自治区非公企业创业投资机制起步晚，发展不完善；民间融资和非正规金融方面不规范，存在较大风险。（5）配套政策不健全、不完善。相关法律法规不健全、不完善；国家支持中小企业发展的财政资金分散，不利于统一管理与使用；税收优惠政策的针对性不强，政策目标不明确；在支持银行开展中小企业服务方面也存在政策支持不足的问题。

3.1.4 中小企业融资"双缺口"

麦克米兰发现，对中小企业的长期资本供给存在短缺，这种短缺尤其明显地发生在那些单靠初始出资人的资金已经不敷运用，但又尚未达到足以在公开市场上融资条件的规模企业身上。① 中小企业面临着"金融缺口"（Finance Gap）。其后，大量的实证研究表明，中小企业在成长过程中面临着"双缺口"，即债务融资缺口（Debt Gap）和权益融资缺口（Equity Gap），陷入融资困境。

根据上文对中小企业内生融资障碍与外部融资障碍的分析，产权模糊、信用担保不足和有效资产抵押缺乏等内生融资障碍使中小企业陷入债务融资的困境，导致中小企业债务融资缺口的形成；同时，信用缺失、产权模糊、资本市场滞后、风险投资发展缓慢、法律保障制度不完善等内外部融资障碍共同导致中小企业权益融资缺口的形成。中小企业内生融资障碍与外生融资障碍相互作用，共同导致中小企业融资形成"双缺口"，使其发展远远得不到足够的资金支持。

从资本市场的角度看，主板市场对大多数中小企业来说门槛太高，市场的容量也相当有限，其定位是为那些已经产业化的大中型企业提供产权流转、资源配置、资金融通的平台。中小企业板是股市上的板块划分概念而已，如大小盘股板块、行业分类的板块划分。中小企业板仅仅是沪深股市上股权分置状态下所有股票中的一个特殊板块而已。无论如何包装，都不是市场的概念。因为中小企业板是在现行法律制度的框架下，将现有市场拟发行上市企业中的中小盘股相对集中于深交所发行上市，适用的发行上市标准与现有市场完全相同，必须满足信息披露、发行上市辅导、财务指标、盈利能力、股本规模、公众持股比例等各方面要求，所以不可能解决大多数中小企业的融资问题。

由于债权和股权具有不同的利益结构，为了保护债权人的利益，一般债权人在企业破产时将享有优先受偿权，并可获得企业实际控制权。因此，债务合约是一种状态依赖合约，规定破产与正常经营两种状态下对应的不同权利。但对于信息不对称的中小企业而言，普通贷款的简单

---

① Macmillan H. 1931. Obstacles to developing small and medium enterprises: An empirical assessment. World Bank Economic Review 7 (1): 65 – 83, Report of the Cormnittee on Finance and Industry Cmd 3897 (HMSO, London).

性状态依赖并不足以防范风险，需要有复杂、精致的融资制度安排，而银行在此方面难以胜任。商业银行复杂的层级结构使代理成本过高，表现为监督成本高，激励不足。为降低代理成本，银行研究出相对固定的正式工作程序，以节约监督与考核成本，通常是依据准确定义的指标和严格的审查程序来强化监督，缺乏灵活的反应能力，在信息不对称严重、风险较高的中小企业融资中很不适应。创业过程中的中小企业，其资产多属无形资产，难以测度；对绩效的评估只能通过预测未来而不是审查历史。因此，投资决策常常是在专业背景下，凭直觉和敏感作出的。决策的依据可能是非正式信息或与非常规的经营努力相联系，而这些都不能准确定义与考核。同时，商业银行职员专业技能的缺乏加剧了融资过程中融资评估项目风险的困难。中小企业融资要求有一种超越银行体制的制度创新。

3.2　广西中小企业融资服务与保证体系分析

除现有投融资渠道本身存在缺陷，主要资金供给与中小企业特殊的资金需求不能有效对接外，融资保证体系不完善、中介服务体系不发达、政策性金融资源的综合效能没有充分释放等也制约了广西中小企业融资活动的正常开展。

3.2.1　尚未建立完善的市场融资保证体系

影响广西中小企业和现有投融资渠道有效对接的最重要因素是信息不对称，而建立完善的市场融资保证体系的目的就在于减少信息不对称、降低信息获取成本以及分担信息不对称造成的金融风险。市场融资保证体系构建的核心就是信用体系构建，包括担保体系、企业信用评级体系和企业的征信体系等。

（一）广西可动用的担保机构服务能力不足

在衡量中小企业信用风险时，虽然与大企业相比，定量指标所占权重较小，但是企业能否提供有效担保依然会在总得分中占据比较大的比重。抵押物、质押物和担保单位这些担保情况对企业评级的影响力很大，如果中小企业要通过专业担保公司提供担保而获得贷款，则商业银行对该专业担保公司要进行信用评级。人们普遍认为，发展商业性担保机构和政策性担保机构是解决中小企业融资难问题的有效途径，但是从实际看，广西中小企业信用担保体系建设发展缓慢。信用担保体系在广西还处于襁褓阶段，而且缺乏系统安排和整体规划。从2001年开始，自治区本级财政才开始在财政预算中设立中小企业贷款担保资金，设立广西投融资担保公司。目前，南宁、柳州、桂林、梧州四个城市成立了中小企业担保机构，但规模偏小，担保金额与数量均严重不足。即使是第一家以上市公司为背景的融资、投资、担保公司——广西国力投资担保有限公司，注册资本也仅为5000万元人民币，可运作资金为5亿元人民币。全区中小企业信用担保机构担保资金的来源主要是政府资金，社会融资少。由于财力不强，一味地依靠财政提供担保资金远远难以满足中小企业的贷款需求，使担保公司的业务扩张受到严重制约，也容易产生政府干涉中小企业担保机构的行为，不利于中小企业担保机构按照市场经济规律运作。

担保公司规模小，担保基金有限，银行从谨慎原则出发不愿意将担保贷款比例过于放大，造成担保基金作为金融杠杆工具的乘数放大效应没有得以发挥，而且担保贷款手续烦琐，审批时间过长，也影响了广西中小企业运用担保手段解决融资问题的积极性，远远不能满足广西中小企业的融资需求。在全区的中小企业中，仅有6%的企业使用过专业担保机构提供的担保贷款，而了解但却没有使用的比例高达87%。这些都体现了全区的担保机构在提供担保贷款方面的不足与中小企业在使用这一方式时的缺失。

此外，政策性担保机构不以盈利为目的，而且高风险、低收益。过高的收费标准只会增加企业的融资成本，不利于贯彻政府设立信用担保机构解决中小企业融资问题的初衷，而单靠提供担保业务收取担保费用、提取风险准备金和其他收入来实现持续发展、扩大规模的目的也是不现实的。全区虽然建立了政策性中小企业信用担保机构，但缺乏内生于市场的中小企业互助担保机构和商业性担保机构，而且各地担保机构"各自为政"，组织化程度低，特别是各担保机构也没有建立相应的担保资金补充机制、风险补偿机制和风险转移机制，极大地制约了担保公司业务的发展和壮大。例如，目前还没有建立一家再担保机构来实现风险转移。虽然全区的保险业有了很大的发展，但没有与担保机构建立任何的业务关系。大多数的担保机构也缺乏有效的管理手段且无隶属关系，中小企业主管部门很难掌握各担保机构的实际情况，很难统筹规划全区信用担保体系的建设，同时担保公司又缺乏规范的担保保证金制度、反担保制度、再担保制度、集体审核制度、风险内控制度、运行监测制度、代偿制度和债务追偿制度等。因此，一旦发生代偿，就可能影响担保业务的继续运作。

地方政府通过直接设立担保或再担保的形式，可以分散中小企业贷款担保的系统性风险，在促进中小企业融资的同时，可以帮助贷款人分担贷款风险，有利于降低风险溢价，从而降低贷款利率，减轻中小企业负担。但是，如前所述，广西可动用的担保资源严重不足，有关信用担保的中介机构尚未建立，现有的中介机构又缺乏相应的实践经验，致使信用担保机构很难详细、全面地掌握中小企业财务、经营、管理等方面的信息。担保机构本身内部管理机制不健全、业务动作欠规范、从业人员素质良莠不齐等问题严重影响着担保业务的高效运作。

(二)　广西中小企业的信用担保体系尚未建立

传统的银行信贷融资需要企业提供第三方担保，但是处于发展和创业时期的大部分中小企业，一般没有不动产等传统抵押资产向为其提供担保的机构提供相应的反担保，寻找第三方担保存在着较大的困难，因此建立广西中小企业的信用担保体系是解决这一矛盾的有效方式。中国人民银行原副行长吴晓灵在题为"加快金融创新步伐，促进中小企业发展"的演讲中也谈到，政府部门和社会中介机构可以通过风险分担和风险补偿措施帮助中小企业降低风险，从而降低贷款成本；建立和完善中小企业信用担保机制是一个可选择的路径。

(1) 广西企业信用评级体系仍不健全。

缺乏专门为中小企业融资服务的信用评级机构以及符合国际惯例的一套确定中小企业信用类别的理论和方法，只是由一些规模很小的会计事务所或审计事务所按照执业要求部分地承担信用评级职能，且政府主管部门对其进行刚性约束的手段不多，有时甚至疏于管理，产生评级机构不守信的现象。这些问题，在很大程度上影响了中小企业的融资。

（2）广西尚未建立信息集中管理和运用的企业征信体系，没有有效降低银行等金融机构获取企业信贷决策相关信息的成本。

欧美发达国家用了100多年时间才建立起成熟的社会信用体系，信用已经成为企业乃至个人的立身之本。从1999年上海成立中国第一家征信机构开始至今，目前很多省市，如北京、上海、江苏、广东已经建立了自己的信用系统，并形成了一定规模，而广西企业征信体系的发展程度还非常低，中小企业的资信调查体系不健全，导致了金融机构对中小企业的资信调查带着很大程度上的主观性和片面性，在与不熟悉的中小企业的业务交往中缺乏权威性的资信调查。目前，尚没有全区性的资信调查公司，即使是近几年人民银行南宁中心支行建立的信贷登记咨询系统，其征信工作也是刚刚起步。

从整体上看，中小企业担保体系发展缓慢是广西中小企业融资难的重要原因。信用担保机构自身防范、控制风险的能力有待增强，针对担保机构的有效的损失补偿机制尚未建立，这些都直接影响广西企业获取融资支持。

3.2.2　广西中介服务体系仍不健全

广西中小企业的发展需要中介服务体系的支持和帮助，然而调查表明，广西中小企业在寻找和使用中介服务的过程中，有64.63%的中小企业认为存在难以辨别中介机构资质的问题，56.1%的中小企业认为费用太高，43.9%的中小企业认为中介机构的服务水平不高（见表3-2）。

表3-2　　　　中小企业在寻找和使用中介服务中遇到的问题　　　单位：%

选项	缺少合适的寻找中介机构的渠道	难以辨别中介机构的资质	中介机构的服务水平不高	中介机构的诚信度较低	费用太高	其他
比重	39.02	64.63	43.9	35.37	56.1	2.44

中介服务组织主要包括三类：（1）经济签证类中介组织，如会计师事务所、审计事务所、评估公司、律师事务所、公证机构等，通过提供服务减少或消除市场交易主体信息不对称情况，促进市场交易主体的公平交易和合法权益；（2）资源提供类中介组织，如工程技术研究中心、生产力促进中心、创业服务中心、企业孵化器以及信息、培训、咨询等服务机构，为企业提供融资、技术、人才、咨询等服务；（3）行业中介组织，如广西民营科技促进会、广西企业家联合会等，发挥行业自律、共同利益维权及影响公共政策等独特功能。

目前，广西三类中介服务组织均迅速发展，在推动广西中小企业加强信用建设、促进融资活动开展方面发挥了很大作用，但是中介体系建设仍不到位，无法充分满足企业的需求。我们关于企业最需要的中介服务的调查显示，90%的企业对与融资相关的各类中介服务均表现出较旺盛的需求。其中，资产和资信评估、财务咨询、法律咨询、技术产权交易占据最需要的中介服务的前四位。下面，我们就上述几类中介服务组织当前为广西中小企业服务状况进行分析。

（一）就经济签证类中介组织来讲，存在的主要问题是这类中介对中小企业缺乏深入的了解，难以提供针对性服务

对技术项目和创新企业具有技术评估能力和市场前景评估能力的高级评估师、金融机构中有诚信的技术经纪人等在广西还很缺乏，中介供给与需求不能完全对接。在关于企业为何没有通过产权交易市场融资的调查中，26.51%的企业认为"产权评估定价困难"是一个主要因素，产权评估能力薄弱已经成为制约产权交易所发挥作用的重要因素。此外，在私募股权融资、产业投资中均需要对技术项目、企业前景进行准确评估。

（二）资源提供类中介组织在提升自主创新能力、推动广西企业发展中仍然可以发挥更加重要的作用

这类中介组织除为中小企业提供创业、融资信息服务外，还是政策性资金、金融机构资金流向初创期企业的重要平台。如国开行中小企业贷款平台就是依托高新技术创业服务中心（孵化器）、生产力促进中心、特色产业基地、中小企业信用担保公司和高科技风险投资公司等科技中介机构

建立的。资源提供类中介组织在促进中小企业融资方面提升的空间仍然很大，如目前孵化器和风险投资融合不足，大多数创业服务中心没有建立种子基金，也没有积极与风险投资对接；同时，存在对政策性资源运用不充分的情况。

（三）行业中介组织在畅通中小企业融资渠道中的作用应该进一步放大

据调查，虽然有关协会都曾通过其积极活动影响税收政策，但总的来看，协会向政府反映行业情况和行业需求、为政府制定政策提出建议和意见等高级职能体现得很少，目前协会的主要职能仍集中在培训、沙龙、项目中介等初级职能方面。据我们了解，广西民营科技促进会曾经组织设计广西中小企业信用互助计划，在推动中小企业融资方面进行了有益尝试。但是，总的来讲，其在推动融资中的作用仍然有限。我们的调查显示，广西中小企业对于政府及协会组织各类活动推动融资开展有较高的期待，如图 3-1 所示。企业普遍希望能够通过协会主动向金融机构传递行业信息以增进彼此了解；发挥协会了解行业技术特点的优势，与金融机构实现科技与金融的结合，推出适合行业特点的金融品种；对企业进行融资相关知识的传递。

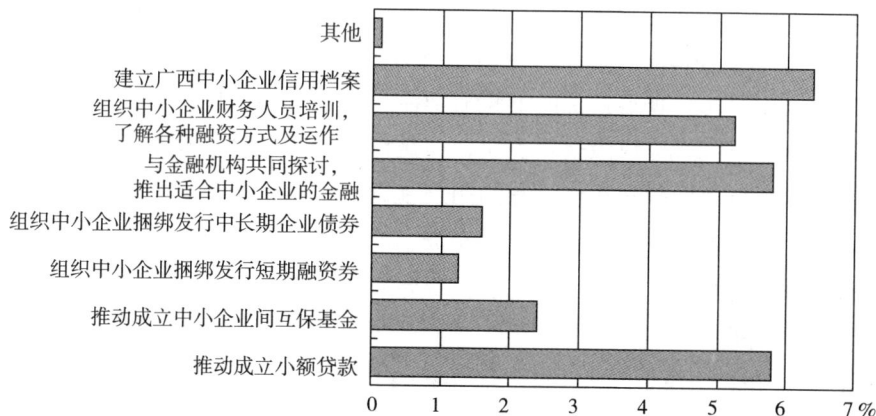

图 3-1　企业认为政府及相关协会组织的中小企业融资工作方向分布

（四）缺乏高素质的、结构合理的专业中介队伍

广西的中介服务人才不仅存在数量不足问题，而且存在专业素质不高的问题。由于全区的中介服务人员学历、技术职称层次不高，专门的咨询知识、经验、技能及创造性十分缺乏，市场观念、系统观念和实战能力不强，不少中介机构从业人员的专业及年龄结构不合理，影响了其承接大型、跨学科、综合性项目的能力。

3.3　未能充分发挥政策性金融资源的综合效能

（一）广西对于种子期中小企业的投入力度仍然不够

广西缺少对于种子期中小企业的财政补贴机制。从对中小企业的优惠政策来看，主要是税收补贴，但税收补贴只有对成熟的、有盈利的企业才能产生效果。从财政投入的方式看，很多采取贴息的形式，而贴息是以取得银行贷款为前提的，这对于种子期企业来源形同虚设。目前，对广西中小企业影响力较大的直接政策性资金支持主要是科技"三项"经费。此外，专业的公共技术支撑服务平台专项资金、中小企业技术创新基金配套资金、留学人员创业企业资助资金等政策也发挥了一定作用，但总的来讲，广西对于创业、创新的投入仍然较少。

（二）政府资金对社会资本的引导作用尚未充分发挥

有专家指出，促进资金向创新活动流动，政府的最佳投入方式并不是筹集风险资本和设立风险投资公司，而是构建一套有利于技术创新、小企业创业和建立风险投资运作机制的制度基础，有利于创新型企业发展良好的政策环境和市场环境，并通过政府资金的投入改变商业性资金投入技术创新的收益函数。如美国的小企业投资计划——SBIC 计划，小企业投资公司投向早期的技术性企业 1 元钱，政府就补贴 2 元，而最终政府只拿红利的 10%，相当于出资 2/3，却只要 10% 的股权。这一套制度目前在广西尚未建立。

（三）政府采购政策在促进创新中的作用明显不足

目前的政府采购是以价格为主要的参考标准，容易导致逆向选择，

即中标的是技术水平低、研发投入少，但报价低的企业。广西一些研发投入高的企业认为应该选用严格的技术指标对竞标方案或产品进行考核，减小价格的权重。从国外实践来看，政府采购的价格一般都高于市场平均价格。同时，一些中小企业反映政府采购要求 IT 三年免费服务的制度不合理，因为企业服务本身是有成本的，包括技术更新的研发投入。

（四）政府的政策支持力度不足

国外高新技术产业的成功发展经验已经表明了政府的大力扶持对高新技术产业迅速发展是一个重要的推动力。但是，就目前的广西中小企业而言，所得到的政府支持的力度还远不足以促使它们发展壮大，主要表现在以下几个方面。

（1）政策宣传、引导不足。我们的调查表明，有近六成的中小企业对自己所在地区政府制定的鼓励创业投资发展的相关政策法规不甚了解；超过65%的中小企业没有办法充分利用所在地政府的优惠政策，在发展方向上缺乏明确的政策导向。这主要是因为地方政府在政令的传达上存在着服务意识上的误区，没有对有关的中小企业进行主动的引导（见表 3 - 3 和表 3 - 4）。

表 3 - 3　　　　　企业是否了解其所在地区政府制定的鼓励

创业投资发展的相关政策法规　　　　单位:%

选项	了解	不了解
比重	41.38	58.62

表 3 - 4　　　　企业是否充分利用其所在地政府的政策优惠措施　　单位:%

选项	充分利用	未充分利用
比重	34.52	65.48

（2）政策扶持重点不突出。地方政府在认识上存在误区，不恰当地高估政府在促进高新技术产业化中的地位和作用，认为只要运用政府资源的能力，投入足够的资金和人力，去直接开发和引进各项高新技术，就能保证高新技术产业快速发展，带动产业结构升级；未能按照本区域的自身特点，根据中小企业技术产业发展的内在规律，抓住关键环节，重点进行制

度设计和政策扶持；出台的一些优惠政策，也比较笼统和分散，不能很好地落实相关地方优惠政策，影响了中小企业发展。

（3）政策协调性有待加强。由于政策制定主体复杂，政策层次多样，政策之间缺乏相互沟通，协调性不够，表现为扶持政策的类型过于单一，在税收这一方面侧重较多，缺乏政策之间的结构配套；优惠政策内容过于单调，在企业利用最多的所得税优惠方面，基本局限于税率优惠和定额减免，未能形成国外通行的包括税率优惠、定额减免、加速折旧、技术开发基金、对研究开发投资准予费用列支等全方位优惠政策；地方政策与中央政策在内容上有抵触，由于区域发展不平衡，中央政策不能面面俱到，地方政府出台的相关配套措施不适用于本地的中小企业。

又如目前对银行的税收制度规定：对银行风险收入——贷款利息收入，需缴纳营业税、城市建设维护费、教育费附加等，而银行资金上存或存放同业的无风险所得——金融往来收入利息则不需要缴纳税款，这实际上是鼓励银行少放贷和不放贷，促使资金留滞于银行内部；税收政策与国家产业政策也存在一定的脱节，税收制度规定银行所有贷款利息收入均按同一税率缴税，没有按产业政策取向对不同行业、企业贷款实行差别税率，这在一定程度上限制了地方金融机构对中小企业贷款。因此，可以考虑对银行税收制度安排进行适当调整，鼓励和引导银行与中小企业合作。

（4）法规亟待完善。高新技术产业是一个以智力性因素增值为主的产业，其发展的高风险性等特点要求有相对完善的法律环境以从事风险性投资。我们从调查中得知，67.5%的中小企业目前最期待中国完善或出台的法律法规是《风险投资法》，38.75%的中小企业希望出台《风险投资管理机构条例》，从法律上为风险投资打开局面，保护风险投资机构的权益，完善风险退出机制。同时，由于投资环境以及融资渠道、贴息贷款等体制因素，需要通过法律法规确定中小企业的地位，维护中小企业合法权益。调查中有43.75%的中小企业希望出台《中小企业法》以确定企业的合法地位，使企业行业行为规范和业务操作有据可依（见图3-2）。

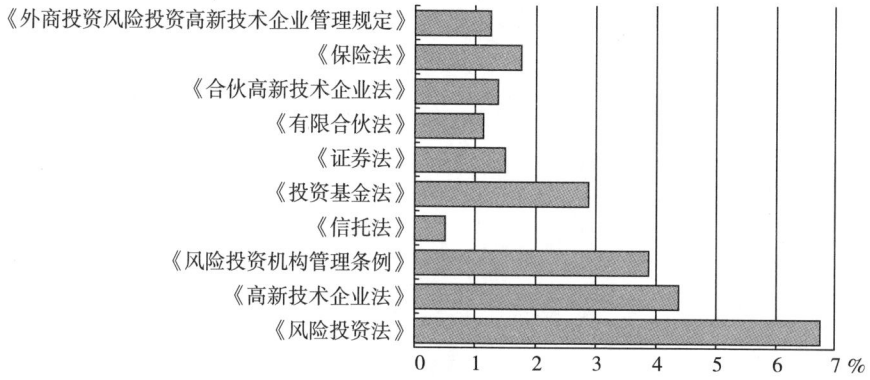

图 3 - 2　企业认为目前中国应该完善/出台的法律法规

第二部分　理念剖析

　　信息不对称理论是供应链金融产生的基础；供应链管理重心由物流层面向资金层面的转变是供应链金融成长的土壤；交易成本理论帮助构架供应链金融运作模式的流程与组织结构，而委托代理理论则为控制金融服务运作中的各类风险出谋划策。在供应链理论研究的基础上，结合前人关于供应链金融的研究成果，笔者对供应链金融的理念进行剖析，提出了供应链金融的定义，并在对供应链金融理念进行剖析的基础上，针对其所依托的基础理论总结出其鲜明特点，认为供应链金融具有长期稳定性、信贷整体性、融资外包性、风险易控性的特点，前三个特点能很好地解决融资过程中融资交易成本过高的问题，后一个特点能很好地解决融资风险问题。供应链金融最大的特征就是在供应链运作中寻找出一个大的核心企业，以其为出发点，为整个供应链条上的相关企业提供金融支持。供应链金融这一命题的出现，启动了关于中小企业融资、银行业变革、产业竞争等一系列老问题的新思维。

　　笔者通过对供应链金融理念的剖析，在授信方式、评估重点、担保方式、融资方式等方面对传统融资模式与供应链金融模式进行比较，阐述其对传统信贷融资模式的改进。传统的银行信贷融资模式采取"点对点"的方式，是静态、孤立的单个信贷行为，不能协同已有的客户资源和信息。而供应链金融模式下，商业银行对客户的开发沿着供应链按图索骥，是动态、协同的整体融资方案。供应链金融依据垂直并行的渗透开发和营销模式在类似的产业链和供应链上迅速地复制，形成对不同市场"横到底、竖到边"的系统性开发，达到在细分市场的深度占有。

4　供应链金融模式滋生的需求

目前，针对中小企业信贷融资难问题的研究主要集中在发展金融支持体系、进行融资制度建设和宏观政策建议等方面，考虑到目前国内金融市场的发展状况，要通过此途径来解决信贷融资难问题需要较长时间才能实现。商业银行等金融机构通过创新发展中小企业融资业务，针对企业的融资需求进行金融产品创新和融资方案设计，通过在信贷市场上寻找多个参与者或利益相关者，建立一种特殊的机制来缓解中小企业信贷融资困境的做法更加切实可行。随着社会化大生产的不断发展和全球化进程的不断加快，社会生产的分工形式已经由过去的产品分工和产业分工发展到了产品内分工，产生了"供应链"的概念，供应链的产生为中小企业融资实施整体性解决方案奠定了基础，与之相关的供应链金融应运而生。

4.1　供应链金融服务模式的现实需求

加快经济转型升级是广西积极应对国内外宏观发展环境深刻变化的战略抉择，是广西破解发展难题、实现新一轮发展的根本途径。广西经济转型升级是一个完整的战略体系，前提是价值观念和发展理念转型；目标是全面提升国际竞争力和综合实力，实现科学发展、和谐发展；根本路径是坚持走中国特色新型工业化道路，增添发展动力，优化发展布局，突破发展瓶颈，强化先发优势，培育新的优势；重点领域是产业结构、增长模式、体制机制、开放格局、区域发展等方面的转型升级。随着市场经济的发展和社会化进程的推进，经济结构和金融结构成为影响经济发展的关键因素，不同地区金融发展水平的高低在很大程度上决定了该地区产业升级的速度和效率，而产业升级的效果好坏直接决定了经济转型升级成功与否。中小企业作为广西经济的主体和基础，是产业升级的重要载体，是经济转型升级的重要力量。

通过建立合理、高效的中小企业金融服务体系来破解中小企业融资难问题，促进产业转型升级和经济增长，既是广西经济走在全国前列的客观需要，也是推动广西转变经济发展方式的关键之举。在推进产业转型升级的过程中，不能忽视金融的助推作用。在产业结构演变的过程中，针对中小企业的融资困境，建立健全金融支持中小企业发展的机制，成为推动广西经济转型升级的关键。

4.1.1　加快经济转型升级势在必行①

加快经济转型升级是广西积极应对国内外宏观发展环境深刻变化的战略抉择。自 2008 年以来，国际金融危机愈演愈烈，影响越来越深。在这种形势下，广西壮族自治区认真落实党的十七大精神和中央关于转变发展方式的要求，保持了经济平稳较快增长，但经济运行中也遇到了一些困难。进入新的发展阶段后，广西面临着国际、国内宏观发展环境的深刻变化，面临着资源环境约束和要素价格波动的双重压力，面临着市场竞争日趋激烈和自身竞争优势弱化的双重压力，面临着保持经济平稳较快增长和维护社会稳定的双重压力。解决这些矛盾和问题，最根本的就是要按照科学发展观要求，加快转变发展方式，推进经济转型升级。只有加快经济转型升级步伐，才能有效应对当前面临的困难和挑战，把危机转化为机遇，实现新一轮又好又快地发展。

加快经济转型升级是广西在全国新一轮区域发展中继续争先创优的必然要求。随着国家区域发展总体战略深入实施，东部地区率先发展，西部大开发深入推进，中部地区快速崛起，东北地区等老工业基地全面振兴，长三角、珠三角、环渤海湾和海峡西岸等城市群和经济圈建设加快，形成了区域经济竞相发展态势。目前，广西发展面临的形势，可以说是"前有标兵，后有追兵"。从"标兵"看，上海、江苏、广东、山东等沿海发达

---

① 赵洪祝．在应对挑战中加快经济转型升级［J］求是，2009（5）。

省份纷纷把加快经济转型升级作为实现新一轮发展的重大战略，正在培育形成新的竞争优势。经济发展犹如逆水行舟，不进则退，慢进也会退。如果广西不加快转变经济发展方式，争创发展新优势，拓展发展新空间，就会在新一轮发展中扩大与"标兵"的差距，就有被"追兵"赶超的可能，难以实现科学发展、率先发展和走在全国前列的既定目标。

加快经济转型升级是广西破解发展难题、实现新一轮发展的根本途径。改革开放以来，广西经济社会发展取得了巨大成就，但长期积累的结构性矛盾尚未根本解决，经济粗放型增长的格局尚未根本改变，与科学发展的要求还有很大差距。从三次产业看，工业总体上处于产业链的低端，高新技术产业发展相对滞后，服务业比重偏低，农业规模化、产业化水平较低。从自主创新能力看，技术创新体系还不完善，企业技术创新能力比较薄弱，消化吸收再创新和自主研发能力不强。从人才资源看，高层次创新人才严重短缺，每百万人研发人员数量分别为广东的78%、江苏的58%、辽宁的56%，人才总量中高级技术职称人员仅占4.9%，低于全国平均水平。从资源环境看，能源资源日趋紧缺，土地供需矛盾不断凸显，环境压力进一步加大。这些矛盾和问题，是我国经济发展中的共性问题在广西的具体反映，其本质和根源是发展方式问题。解决这些问题的根本途径在于转变发展观念，创新发展模式，加快经济转型升级，推动经济又好又快发展。

4.1.2　经济转型升级离不开中小企业金融支持①

随着市场经济的发展和社会化进程的推进，经济结构和金融结构成为影响经济发展的关键因素，不同地区金融发展水平的高低很大程度上决定了该地区产业升级的速度和效率，而产业升级的效果好坏直接决定了经济转型升级成功与否。中小企业作为广西经济的主体和基础，是产业升级的重要载体，是经济转型升级的重要力量。广西中小企业发展面临的突出问题是：产业结构升级缓慢，传统劳动密集行业居多；产业链层次偏低，大多处于低附加值的加工环节；自主创新能力不强，生产技术主要依赖简单

---

① 吴双. 浙江产业转型升级离不开金融支持［J］. 中国集体经济，2011（1）。

模仿；缺少自有品牌和渠道。中小企业面临的上述突出问题，从根本上看，还是一个"融资难"的问题。由于融资难，大多数中小企业在资本和技术方面投入不足，技术创新、品牌建设、渠道拓展、产业升级无从谈起，只能依赖廉价劳动力和规模经济效益，走粗放式的发展道路。融资难成为中小企业转型升级的重要瓶颈，从而阻碍了中小企业的进一步发展，也向广西经济转型升级提出了挑战。由于中小企业是广西经济的主体和基础，中小企业面临的问题，在很大程度上也是广西经济面临的问题，中小企业融资难已经成为阻碍广西经济转型发展的最大障碍之一。

通过建立合理、高效的中小企业金融服务体系来破解中小企业融资难问题，促进产业转型升级和经济增长，既是广西经济走在全国前列的客观需要，也是推动广西转变经济发展方式的关键之举。在推进产业转型升级的过程中，不能忽视金融的助推作用。在产业结构演变的过程中，针对中小企业的融资困境，建立健全金融支持中小企业发展的机制，成为推动广西经济转型升级的关键。具体而言，就是要不断创新投融资对接机制，让富余民间资金与中小企业融资需求有效对接，将资金从非生产性领域引入到生产性领域；不断创新金融资源配置方式，让资金从劳动密集型、低附加值的传统加工制造业部门配置到技术和资本密集型、高附加值的先进制造业部门；不断创新金融风险的分散机制，在有效转嫁风险的同时支持高风险、高收益的高技术产业部门的发展。

4.2 供应链金融服务模式的制度需求

4.2.1 制度变迁理论

在对制度变迁理论进行研究之前，有必要对涉及制度变迁的两个相关概念进行一些解释。从最一般的意义上讲，制度可以被理解为社会中个人遵循的一套行为规则，因为制度由一个个制度安排构成，所以一个特定的制度安排不均衡就意味着整个制度结构不均衡。制度安排是管束特定行动模型和关系的一套行为规则，制度安排可以是正式的，也可以是不正式的。制度安排是获取集体行动收益的手段。当一种制度安排不符合社会中各种群体的利益时，就会产生制度变迁的需求。制度变迁有两种：诱致性制度变迁和强制性制度变迁。

因为制度安排是一种公共货品，而"搭便车"问题又是创新过程中所固有的问题，国家干预可以弥补持续的制度供给不足。诱致性制度变迁指的是现行制度安排的变更或替代，或者是新制度安排的创造，它由个人或一群人，在响应获利机会时自发倡导、组织和实行。强制性制度变迁需要由政府命令和法律引入和实行，与此相反，诱致性制度变迁必须由某种在原有制度安排下不同群体希望改变现有的状况，以得到的获利机会引起。

当在现有的制度安排下，相关群体无法最大化其利益时，就会产生对新的制度安排的需求。当这种需求足够强烈，并且相关群体通过行动产生的新制度所带来的外部性不是很明显时，那么相关群体就会有足够的制度变迁的动力，新的制度安排将被创造出来。这就是诱致性制度变迁动力学的核心思想。许多制度安排是紧密相关的。一个特定制度安排的变迁，也将因此引起其他相关制度安排不均衡。建立一个新的制度安排是一个消费时间、努力和资源的过程。某些制度安排从抽象的理论观点来看可能是有利的，但由于它与制度结构中其他现行制度安排不相容，因此是不适用的。制度变迁过程中，大多数制度安排都可以从以前的制度结构中继承下来。

在现实经济运行中，具体的制度安排总是"嵌在"一定的制度结构与环境中的。因此，对我国担保行业管理制度市场化变迁制度需求原因的分析，就应该从构成该项制度依存环境的制度结构与环境变化入手。

4.2.2 不同主体的制度需求

中小企业在国民经济中发挥着举足轻重的作用，但中小企业融资难问题已经成为制约中小企业发展的重要瓶颈。有效解决中小企业融资问题，能很好地促进中小企业的健康发展，充分发挥中小企业在国民经济中的作用。随着社会化大生产的不断发展和全球化进程的不断加快，社会生产的分工形式已经由过去的产品分工和产业分工，发展到了产品内分工，产生了"供应链"的概念，供应链的产生为中小企业融资实施整体性解决方案奠定了基础,与之相关的供应链金融应运而生。供应链金融的独特魅力在于三个方面:从金融服务提供方看,它能促使商业银行突破只为单个企业提供金融服务的局限,创新性地让银行从全新的角度和供应链全局来考察融资企业状况,这从根本上改变了银行业传统的观察视野、思维脉络和发展战略;从金融服务接受方看,它以一种独特的方式为链条中小企业提供整体融资方案,盘活了企业的沉淀资金,提高了资金利用效率,实现了中小企业融资渠道的创新,解决了中小企业融资难问题;从金融服务的中介方来看,它使物流企业的业务领域向金融领域延伸,带来了金融业和物流业互补发展的良机,为物流企业开创了新的发展空间和业务方向。

(一)　中小企业融资渠道创新需求

中小企业的大量存在是一个不分地区和发展阶段而普遍存在的现象,是经济发展的内在要求和必然结果。中小企业在世界各国经济发展中占有重要地位,它在保障充分就业、维持市场竞争力、确保经济社会运行稳定、优化国民经济结构布局等方面发挥了难以替代的作用。

在中小企业的供应链生产运作过程中,中小企业往往受自有资金的限制,难以根据市场需求实现自身最优生产数量,进而导致不能实现最优收益,因此中小企业具有寻求融资服务、摆脱资金约束的动机。在传统的融资模式下,具有资金约束的企业向银行提出融资需求,银行根据企业的信用状况及其偿债能力为其提供相应利率的贷款。与大企业相比,中小企业利用信贷途径融资的难度更大,资金短缺已经成为制约中小企业发展的瓶颈。当银行面临信息不对称问题时,银行要求中小企业提供担保、抵押等方式来降低逆向选择和道德风险。由于中小企业受处置成本和资产专用性程度等多种因素的影响,在清算时其价值损失相对较大,所以在贷款中所面临的抵押要求也更加严格,从而导致银行对中小企业信贷量不足。中小企业在供应链运作中起着举足轻重的作用,在供应链管理的背景下,通过金融产品创新,增强中小企业融资能力,降低其融资成本,已经成为供应链稳定发展的必然要求。

目前,国内针对中小企业融资难问题的对策研究主要集中在发展金融支持体系、进行融资制度建设和宏观政策建议等方面。考虑到目前国内金融市场的发展状况,要通过此途径来解决信贷融资难问题,需要较长时间。银行等金融机构通过创新发展中小企业融资业务，针对企业的融资需求进行金融产品创新和融资方案设计，通过在信贷市场上寻找多个参与者或利益相关者，建立一种特殊机制来缓解中小企业信贷融资困境的做法更加切实可行。在物流业高速发展、供应链管理日益成熟的今天，从供应链金融入手为中小企业提供融资方案成了最佳思路。供应链金融将企业的经营看做是一个价值增值过程，主张上下游企业之间进行合作。供应链金融是指商业银行对一个产业链条中的单个企业或者上下游多个企业提供全面的金融服务，以促进供应链核心企业以及上下游配套企业"生产—供应—销售"链条的稳固和流转顺畅，通过金融资本与实业经济的协作，构筑商业银行、企业和商品供应链互利共存、持续发展的产业生态，有效解决中小企业融资难的问题。

（二）商业银行金融服务模式创新需求

受重资本、重规模的传统银行授信理念的影响，大型企业一直是我国商业银行信贷支持的主要对象，银行信贷结构中大型客户高度集中。金融脱媒、新的竞争主体的不断进入，新的监管制度环境、产业组织模式的变革等，都对产品、营销和风险控制手段的创新和适应性变革提出了要求。中小企业群体信贷配给的严重不足，一直以来都是影响国家产业发展和结构调整战略的政治性难题。因此，无论就政府金融发展导向，还是银行自身的业务发展压力而言，面向中小企业信贷市场的有效商业模式探索，都是银行的一个重要攻坚课题。金融改革带来的直接融资发展和利率市场化，迫使商业银行将战略重点由大企业市场转移到中小企业市场，并积极开发中小企业金融服务的适应性产品。

随着信息技术和运输技术的发展和进步，产业组织的主流模式由传统模式向供应链方式转变，企业间的竞争由单个企业竞争变为供应链条间的竞争。随着理论和实践对供应链中资金流动性充分与否与供应链稳定性之间相关关系的证明，解决供应链资金流的金融服务需求日益强烈。供应链金融是物流、信息流和资金流相匹配的融资解决方案，为商业银行等金融机构开辟了一个全新的市场。在供应链金融模式中，银行业发展问题、中小企业融资难问题以及第三产业竞争力培植问题，都从一个共同的切入点获得了局部或阶段性的破解。

供应链管理是多产业、多领域及多种技术的有机融合体，其运作强调物流中介企业要向它的上游和下游寻找服务对象，通过同它们建立战略合作伙伴关系，实现优势互补，提高其整体竞争力。而金融企业特别是银行作为物流供应链上资金流动的连接点，在同物流企业合作时不仅可以与其建立长期稳定的业务关系，还可以提供延伸服务，拓展与物流企业相联系的上下游优质企业，使得生产厂商、物流企业、零售商或最终消费者的资金流在银行体系内部实现封闭的良性循环，为商业银行开拓出新的客户群。同时，银行通过供应链融资业务，可以借助规范的、实力强的物流企业，在弱化信息不对称的同时降低授信风险，确保贷款资金安全，而且银行还可以通过物流企业的全国信息网络与外地的生产商发生联系，实现了区域限制的突破，延伸了服务功能。这一业务通过有望为银行培养、发展一批优质的中小企业客户群，改变银行对大客户依存度过高的现状。供应链金融作为中小企业融资的一种创新方式，在为中小企业融资提供全方位的金融服务的同时增加了银行的中间业务收入。

（三）物流企业业务创新需求

供应链金融使物流企业的业务领域向金融领域延伸，也带来了金融业和物流业互补发展的良机，为物流企业开创了新的发展空间和业务方向。第三方物流企业作为供应链物流渠道的中介，是专业化的中介服务机构，由于熟悉供应链运作，有专门的物流设施和信息手段，可以根据中小企业的不同需求，为其提供"量身定做"的多功能甚至全方位的物流服务。同时，通过外包物流服务，中小企业能够把时间和精力专注于核心业务，提高了供应链管理的整体运作效率。物流企业成为供应链金融中不可或缺的重要环节，在中小企业和银行之间搭建起一座畅通的金融桥梁，使供应链运作流程中各个环节的资金流得以顺利周转。在供应链金融兴起的新形势下，物流企业的行业优势得以彰显。

目前，我国第三方物流企业发展十分迅猛，但就服务内容而言，仍然存在功能单一、增值服务薄弱等问题，主要表现为收益大部分来自运输、仓储管理等基础性服务，而来自增值服务、物流信息服务及支持物流的财务服务的收益只占15%①，大多数物流企业只能提供单项或分段的物流服务，不能形成完整的物流供应链。据中国仓储协会的调查，在采用第三方的需求企业中，有24%的生产型企业和7%的商业型企业对第三方物流服务不满意，在很大程度上是因为服务功能不全的问题。正如美国学者 J. Mike Jone 所述："对竞争激烈的物流企业而言，单独的物流服务，如运输业务已经无法构成企业牢固的基础，所以一方面它们必须提供新的附加服务，扩大业务范围；另一方面也必须不断推陈出新，为客户提供独家的，或者至少是特别的服务内容——增值服务，以增加企业的核心竞争力"。因此，对于供应链各渠道中的物流企业而言，跳出原有的单一客户服务理念，站在新型生产组织——供应链的高度去审视市场未来的发展，寻找商机，并结合企业的行业和自身优势设计出满足市场需求的产品和服务，是物流企业未来发展的关键因素，也是其核心竞争力的充分体现。

在供应链运作模式中，面对为数众多的中小企业和分散的贷款，银行等金融机构不可能为每一笔业务代借方企业寻找合适的质物监管或仓储管理人，同时也不愿接受质物分散存放在各借方企业自己的仓库中。因此，在质押担保模式中引入物流企业作为第三方中介机构，对整个业务的发展产生了积极作用。银行作为质权人，不完全具备监管质物的条件，此时物流企业出现并担负起帮助银行看管质物的职责，满足了质权人的要求，为质押业务的开展扫除了障碍。通过第三方的物流企业提供相关的信息服务，可以改善信息不对称情况，提高银行信贷资金盈利能力。同时，这一业务的开展密切了银企关系，商业银行可以深入了解企业的经营状况。物流企业的存在延长了银行的"服务之手"，因此物流企业的管理、控制和服务水平直接成为决定此业务能否开展的重要因素，供应链金融开展方式、灵活性、融资效率、风险管理的理念，表现出不同于传统银行业务的特色，真正形成了"银行—物流企业—借方企业"的三方契约关系。对于物流企业来说，参与该项服务，首先拓展了服务领域，有助于积极争取客户，赢得市场份额；其次，这一增值服务可以通过收取手续费、提供所加工的信息产品等形式增加企业的经济收益，为以后其他的相关服务做好准备。

---

① 美智管理顾问公司、中国物流与采购联合会：《中国第三方物流市场调查报告》，2002。

5　供应链金融的理论基础

供应链金融的产生基于现实需求，而发展和壮大又得益于其理论基础。供应链金融业务首先为中小企业融资的理念和技术瓶颈提供了解决方案，中小企业信贷市场不再可望而不可即；它提供了一个切入和稳定高端客户的新渠道，供应链金融借助"团购"式的开发模式和风险控制手段的创新，使得供应链条上的中小企业、商业银行及第三方中介企业的收益—成本比得以改善，并表现出明显的规模经济（"供应链金融"课题组，2008）。供应链金融的产生基于信息不对称理论、供应链管理理论、交易成本理论及委托代理理论四大理论基石。分析供应链金融产生的理论基础，为其发展提供了理论支持，也从根本上阐释了供应链金融的独特魅力。

5.1　信息不对称理论

由于信号传递不通畅造成的信息不对称是供应链条上的中小企业融资难问题的根本原因和理论渊源，而供应链金融的较大发展，正是得益于其可以有效地减少商业银行和中小企业间的不对称信息，其对于缓解商业银行与中小企业间由于信息不对称所造成的借贷矛盾具有积极作用，因此分析信息不对称理论为以后章节研究供应链金融奠定了基础。

5.1.1　不对称信息理论

所谓非对称信息（Asymmetric Information），是指信息在相互对应的经济个体之间呈不均匀、不对称的分布状态，即有些人关于某些事情的信息比另外一些人掌握得多一些。人们通常将信息占优方（Informed Player），或在博弈中拥有私人信息的一方称为"代理人"，而将信息居劣方（Uninformed Player），或在博弈中不拥有私人信息的一方称为"委托人"。非对称信息理论正是研究这种处于信息不对称环境中的交易双方由于存在信息差别而达成的社会契约，即双方如何均衡的问题（靖继鹏、张向先，2007）。

张维迎（1999）根据信息经济学的基本原理提出，造成信息不对称的原因主要有三个：一是信息的有效性和准确性存在时空的限制，信息只有在特定的时间、地点和条件下才有意义；二是搜集信息是需要成本的，包括有形成本和无形成本（时间、精力的花费），收集信息时同样需要进行损益比较；三是信息的利用模式受对问题的认知和一定的思维习惯影响，信息的加工、处理和决策需具备专业的知识和敏锐的判断能力。

从本质上讲，信息经济学是非对称信息博弈论在经济学上的应用。当信息不对称出现时，不同类型的模型就出现了。在合约签订之后，若信息不对称出现，则可能产生道德风险问题。在合约签订之前，当代理人具有相应的私人信息而出现信息不对称时，则可能产生逆向选择问题①。信息的非对称性可以从以下两个角度进行划分：一是非对称发生的时间，二是非对称信息的内容。表5-1概述了信息经济学不同模型的基本分类。

表5-1   **信息经济学不同模型的基本分类**

	隐藏行为	隐藏信息
事前逆向选择		逆向选择 信号传递 信息筛选
事后道德风险	隐藏行为的道德风险	隐藏信息的道德风险

资料来源：张维迎编：《詹姆斯·莫里斯论文精选——非对称信息下的激励理论》。

5.1.2 逆向选择与信贷配给

信贷融资是中小企业外部融资的主要来源，但是银行的信贷配给却给

---

① ［西班牙］因内思·马可—斯达德勒，J·大卫·佩雷斯—卡斯特里罗：前引书，第1页。

中小企业的资金融通带来了严重的制约。信贷配给（Credit Rationing）问题是非对称信息背景下融资理论的经典议题。学术界关于信贷配给生成机制的理论解释有很多，其中以 Stiglitz 和 Weiss（1981）以信贷市场信息不对称为基础所建立的理论模型最具影响力。他们在文章《不完全信息市场中的信贷配给》中对成熟市场经济条件下信贷配给的产生给出了经典的分析。他们指出，商业银行进行贷款时会考虑贷款利率及风险性，单是利率本身就可以基于信息不对称通过以下两条途径影响贷款的风险性：（1）寻找潜在借款者（逆向选择效应）；（2）影响借款者的行为（道德风险效应）。鉴于此，银行预期利润的增长会慢于利率的上升；在超过某一点后，利润甚至会随着利率的上升而下降。而这一点就是银行利润最大化时所对应的利率（r^*）（赵莉，2008）。

当中小企业在信贷市场上存在超额资金需求时，商业银行为了避免逆向选择，不会用提高利率的办法来出清市场，而是在一个低于竞争性均衡利率水平上对贷款申请者实行信贷配给。其主要原因是利率具有正向效应和逆向选择效应。正向效应是指银行的收益是利率的增函数，随着利率的提高，银行的收益逐渐增加，这是利率对银行收益的直接影响；而逆向选择效应是指在中小企业信贷活动中，由于逆向选择行为，在利率超过某个临界点后，随着利率的提高，银行的收益反而会减少，银行收益变为利率的减函数，逆向选择效应对潜在借款人的筛选是利率对银行收益的间接影响。由于商业银行的期望收益不仅取决于贷款利率 r，而且取决于借款人还款的概率 $p(r)$，假设借款企业的平均还款概率为 $\bar{p}(r)$，$f(p)$ 为 $p(r)$ 在 $[0,1]$ 区间上的密度函数，则商业银行的期望收益等于中小企业没有违约时的收益乘以中小企业不违约时的平均概率，即

$$\bar{\pi}(r) = \frac{\int_0^{p^*} (1+r) p f(p) \, dp}{\int_0^{p^*} f(p) \, dp} = (1+r)\bar{p}(r) \tag{1}$$

对式（1）求导得到：

$$\frac{\partial \bar{\pi}}{\partial r} = \bar{p}(r) + (1+r)\frac{\partial \bar{p}}{\partial r} \tag{2}$$

式（2）右边的第一项为正，代表提高利率的收入效应，即正向选择效应，也就是说利率每提高一个单位，期望收益增加 $\bar{p}(r)$ 个单位；第二项代表提高利率的逆向选择效应，即利率每提高一个单位，中小企业违约的概率上升 $|\partial \bar{p}/\partial r|$ 个单位，商业银行期望收益从而会下降 $(1+r)\partial \bar{p}/\partial r$ 个单位。如果正向选择效应大于逆向选择效应，则 $\partial \bar{\pi}/\partial r \geq 0$；反之，则 $\partial \bar{\pi}/\partial r < 0$。如此，存在某个 r^*，使得当 $r \leq r^*$ 时，$\partial \bar{\pi}/\partial r \geq 0$；当 $r > r^*$ 时，$\partial \bar{\pi}/\partial r < 0$，如图 5-1 所示[①]（伍辉娥，2009）。

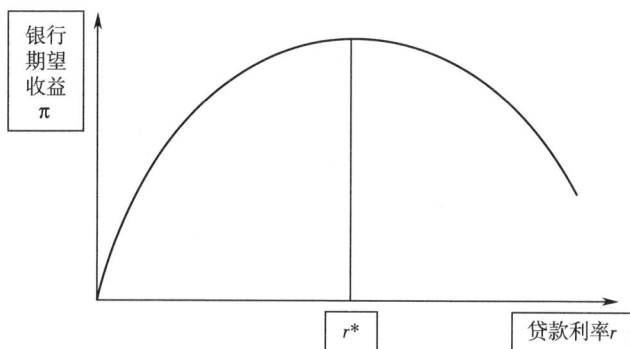

图 5-1　贷款利率与银行期望收益的关系

从图 5-1 可知，r^* 是利率的临界点，在 r^* 处银行的期望收益达到最大值。当利率上升到某一临界水平 r^* 时，若再继续提高利率，那么在商业银行的信贷结构中有良好资信、从事低风险投资的企业的比例会下降，而资信度低、从事高风险投资的企业的比例会上升，逆向选择效应随之产生。因此，利率的提高会使中小企业的平均质量降低，违约的概率增大，商业银行的期望收益减少。银行贷款的供给量是在预期最优利率上计算得出的，利率的提高或降低都只会减少银行利润，所以银行贷款的供给量不会因借款者提高利率而增加，因此产生了信贷配给。逆向选择效应直接源于银行评估过贷款申请人之后，贷款市场上仍然存在信息不完全，因此说信息不对称是造成银行信贷配给的根本原因，而加剧借贷双方信息不对称

---

① 当然，利率的增加对商业银行期望收益的影响一般来说可能并不是单调的，满足 $\partial\bar{\pi}/\partial r = 0$ 的 r^* 也可能不止一个。

的是中小企业自身的缺陷。这就是商业银行宁可对中小企业实行信贷配给而不愿提高利率的原因，也正因为如此，商业银行不愿向信誉较差的中小企业贷款。

5.1.3 道德风险与信贷配给

由信息不对称产生的道德风险是造成商业银行信贷配给的又一根本原因。中小企业信贷市场上的道德风险通常有两种：一种是中小企业在有能力偿还贷款的情况下的恶意违约。中小企业比较偿还贷款和不偿还贷款情况下的收益和机会成本，若中小企业不偿还贷款的收益大于违约成本，那么中小企业会策略性地选择不偿还贷款的行为，从而产生道德风险。另一种是中小企业为获得高收益而进行的高风险投资所造成的道德风险。借款人在获得信贷后将资金投放于成功概率小，但一旦成功将获得巨大收益的投资项目，高风险投资一旦失败，则无力偿还银行贷款，形成了善意道德风险。显然，在金融市场上由于信息不对称，银行对于借款人偿还贷款的意愿和投资项目的类别缺乏完全信息，从而面临来自借款人道德行为方面的风险。

由于恶意违约所造成的道德风险会侵害银行的利益，如果因此而产生的不良贷款得不到有效控制，整个银行都有可能面临危机。在信息不对称前提下，对于单个银行来讲，控制"不偿还选择"道德风险的技术选择之一就是信贷配给，即通过信贷配给对"不偿还"策略的收益产生影响或限制。假设中小企业从商业银行得到贷款利率为 r、数额为 L 的贷款，中小企业的投资收入为贷款数额 L 的函数 $f(L)$，则中小企业在单位时间的静态利润 π 可以表达为 $\pi(L,r) = f(L) - (1+r)L$。假设违约成本为 C，若满足 $f(L) > (1+r)L > C$，那么理智的中小企业会选择"不偿还"的策略，从而会产生恶意的道德风险；若满足 $f(L) > (1+r)L$ 且 $(1+r)L < C$，中小企业会选择"偿还"的策略，道德风险就不会产生。因此，若要降低中小企业选择恶意道德风险的概率，银行应使贷款的总量少于 $C/(1+r)$，这就导致了银行的信贷配给。至于信贷配给额度的大小，主要取决于不违约成本 C。

由于借款人在获得信贷后将资金投放于高风险、高收益的投资项目，高风险投资一旦失败，无力偿还银行贷款，从而形成了善意道德风险。假设中小企业有两个项目：一个是风险性较低、成功概率高的项目，假设其单位投资产出为 G；另一个是风险性较高、收益性也较高、成功概率低的项目，假设其单位投资产出为 $B(B > G)$。中小企业选择低风险项目成功的概率为 p_G，则其预期收益为 $p_G G$；中小企业选择高风险项目成功的概率为 $p_B(p_B < p_G)$，则其预期收益为 $p_B B$。由于商业银行从项目投资者那里获得固定的贷款利息收益，因此商业银行希望投资者都选择低风险且成功概率高的项目。但是，从中小企业的角度来讲，它追求利润最大化的行为与商业银行的意愿并不一致。如果中小企业向银行借款 L，在银行不对中小企业的投资行为进行监督的情况下，中小企业只有在以下情况下才会选择投资于低风险且成功概率高的项目：$p_G(G - L) > p_B(B - L)$，由此可得出中小企业债务临界量 Lc 满足条件 $L < Lc = (p_G G - p_B B)/(p_G - p_B)$，$B > G > Lc$。可见，商业银行会通过债务总量的控制，即通过信贷配给控制道德风险发生的概率；当银行能使 $L < Lc$ 时，中小企业会主动选择好项目。

从非对称信息下信贷配给的形成机制来看，借贷双方由于信息不对称，容易导致逆向选择和道德风险行为，从而从总体上决定了银行的行为模式——在贷款投放过程中对企业实施信贷配给。与大型企业相比，中小企业由于受自身特点等多方面限制，往往成为银行信贷配给的主要实施对象。中小企业普遍存在于世界上每个经济体中，对发展经济、带动就业、促进科技进步等有着积极的作用。然而，在现代经济中，产业的发展离不开资金的支持。在自有资金有限的情况下，金融业的支持成了中小企业赖以生存和发展的要素。中小企业由于信用基础差、抵押物较少、抗风险能力较弱等原因，往往成为融资的"弱者"，很多中小企业并不能及时融集到其发展所需的资金，从而限制了自身的发展。根据中国人民银行调查统计司对大、中、小企业贷款情况的专项调查结果，截至 2008 年 8 月末，全部金融机构中小企业贷款余额为 11.5 万亿元，同比增长 12.5%；占企业贷款余额的 54.4%，占各项贷款余额的 48.9%，比 2007 年末和 2007 年同期均低 0.6 个百分点①。由图 5-2 和图 5-3 可以看出，对中小企业的贷款

---

① 资料来源：2008 年第三季度《中国货币政策执行报告》。

在制造业、房地产业比较集中，而广泛分布在其他行业的中小企业所得到的贷款总额却仅占三成左右。

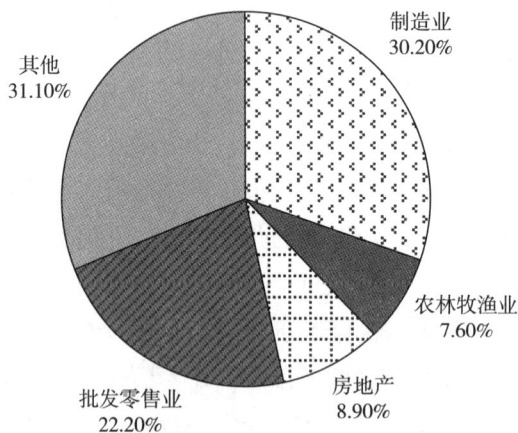

图 5 - 2   小型企业贷款行业结构

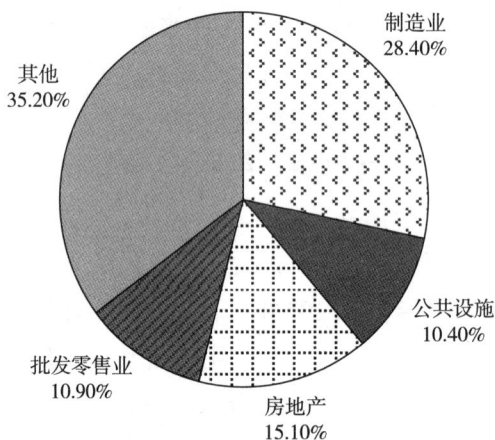

图 5 - 3   中型企业贷款行业结构

5.2   供应链管理理论

供应链管理是近年来在国内外逐渐受到重视的一种新的管理理念与模

式。供应链的产生滋生了对供应链管理的研究，供应链管理理论是供应链金融产生的基础。供应链管理的研究最早是从供应链条上的物流管理开始的，起初人们并没有把它和供应链企业的整体管理联系起来，主要是进行供应链管理的局部性研究。长期以来，供应链管理研究和实践的重心放在了物流层面，而资金流或供应链财务层次的研究普遍被忽略，这一状况使得供应链条资金流动缺乏良性循环，导致供应链管理的优势和效率没有得到充分发挥，并且已经影响到供应链模式的整体运营绩效。这种状况为供应链金融的产生提供了理论和实践空间。供应链金融是供应链管理从物流层面到财务层面的延伸，通过实施供应链上下游企业资金筹措和现金流的统筹安排，合理分配各个节点上的流动性，实现资金在供应链条内部的良性循环，从而实现整个供应链财务成本的最小化。

5.2.1 供应链管理理论的演进

随着国际化进程的推进，现代企业的业务越来越趋向于国际化，大多数优秀企业把主要精力放在核心业务上，并通过与世界上优秀的企业建立战略合作关系，实行业务外包，将非关键业务转由这些企业完成。现代行业的核心企业越来越清楚地认识到保持长远领先地位的重要性，同时也意识到竞争优势的关键在于战略伙伴关系的建立。分工和制造模式的变化，导致贯穿整个产品价值链的管理变得更加复杂，在纵向一体化的制造模式下，对整个生产过程的管理集中于单个企业的管理层。一旦生产环节分散到多个企业，就需要一个核心企业来对整个供应链进行协调，供应链管理就是在这个背景下产生的。供应链管理所强调的快速反映市场需求、战略管理、高柔性、低风险、成本效益目标等优势，使其成为进入21世纪后企业适应全球竞争的一种有效途径。

传统的供应链定义认为供应链管理是制造型组织把从外部采购的原材料和零部件，通过生产转换和销售等活动传递到零售商和用户的一个内部过程。国际上对供应链管理的早期研究主要集中在供应链的组成、多级库存、供应链的财务等方面，主要解决供应链的操作效率问题。Stevens（1989）认为供应链是关于规划、协调及控制物料、组件及成品由供应商到消费者手中的一系列活动。这时所研究的供应链局限在组织的内部操作层上，注重的是自身的资源利用，而对供应链条企业的协调和整合缺乏研究。此时企业对供应链的关注主要集中在供应商—制造商这一层面上，只是供应链上的一小段，研究的内容主要局限于供应商的选择和定位、降低成本、控制质量、保证供应链的连续性和经济性等问题，没有考虑从供应商、分销商、零售商到最终用户的整个完整的供应链，而且研究也没有考虑供应链管理的战略性等问题。

进入 20 世纪 90 年代，随着科学技术的迅猛发展和信息时代的到来，企业所面临的竞争日益激烈，竞争的主体不再是单个企业，而变为企业所处的供应链之间的竞争；在重视产品质量的同时，物流速度也起着举足轻重的作用。因此，在资源有限的前提下，企业只能利用外部资源快速响应市场需求，集中力量利用自身的核心竞争优势，这就导致了企业之间出现了更多的合作和协同，供应链的定义也随之发生转变，更加注重一个企业与其他企业的联系，并考虑到供应链的外部环境，认为它应是一个"通过链接不同企业的制造、组装、分销、销售等过程，将原材料转换成产成品，再到最终用户的转换过程"（马士华，2000）。Christopher（1999）认为供应链是指组织间的网络合作，包含了从上游到下游以产品与服务的形态生产出价值的不同程序与活动。Harrington（1997）指出"供应链包括产品流、信息流与资金流，是双向流程，将供应商到消费者之间的所有成员连接起来，成为一个虚拟的企业集合体，将采购、制造、分配为产品与服务的活动结合起来"。

近年来的研究主要把供应链管理看做一种战略性的管理体系，研究扩展到了供应链条上所有企业的长期合作关系，特别是集中在合作制造和建立战略伙伴关系方面，而不仅仅是供应链的连接问题，其范围已经超越了供应链出现初期的那种短期的、基于某些业务活动的经济关系，更偏重于长期计划的研究。Handfield（1999）指出供应链由一系列的供应商与客户的群组关系构成，每一个下游客户也可能成为下一个客户的供应商直到终端消费者的出现。Chopra（2002）认为供应链乃是阶段信息、产品及资金流的动态链，或视为由一连串的上游供应商和下游的客户所连接的环相互链接而成。由以上研究可见，现代供应链的定义更加注重围绕核心企业的网链关系，如核心企业与供应商、供应商的供应商乃至一切前向的关系，与用户、用户的用户及一切后向的关系，这种定义强调了供应链的战略伙伴关系问题。

总结上述对供应链的定义，学者们将供应链理解为围绕核心企业，通过对物流、信息流、资金流的控制，从采购原材料开始，制成中间产品以及最终产品，最后由销售商网络把产品送到消费者手中，将供应商、制造商、分销商、零售商直到最终用户连成一个整体的功能网链结构模式。它是一个范围更广的企业结构模式，是从初始供应商向最终用户顺流而下且不断增值的产品和服务传递过程，也是从最终用户到初始供应商的市场需求信息流逆流而上的传导过程。

5.2.2　供应链管理的结构及特征

供应链管理是近年来在国内外逐渐受到重视的一种新的管理理念与运作模式。对供应链管理的研究最早是从物流管理开始的，最初的研究并没有把它和企业的整体管理联系起来，主要是进行供应链管理的局部性研究，如研究多级库存控制、物资供应、分销运作等问题。随着经济全球化和信息时代的到来，以及全球制造模式的变革，供应链管理在制造业管理中得到普遍应用。研究供应链管理对我国企业实现"两个转变"，彻底打破"大而全、小而全"的运作模式，提高在国际市场上的生存和竞争能力都有着十分重要的理论与实践意义。

供应链的结构具有网链特征，其基本组成包括供应商、制造商、分销商、零售商及最终用户，其基本功能分为原材料供应、产品生产分销、运输、仓储和最终销售等，并在终端消费者与制造商、原材料供应商之间存在着物流、信息流和资金流。其中，物流是指从供应商到消费者手中的物质产品流动，信息流包括采购订单、需求信息、库存信息、产品信息及价格等，资金流包括信用条件、支付方式以及委托与所有权契约等。从流向看，物流从上游向下游流动，资金流从下游向上游流动，而信息流的流动则是双向的。这三种"流"贯穿了企业供应链的全部活动。其基本结构如图5-4所示。从供应链的结构可以看出，供应链是一个不断发展的动态网络结构系统，由围绕核心企业的上下游企业组成。每一个企业是一个网络节点，上下级节点企业之间是一种需求与供应的紧密合作关系。

| 供应商 | 制造 | 装配 | 分销 | 零售 | 用户 |

供应链产品产销全过程

```
供应商1          ┌──────────┐          消费者1
供应商2    ◄────►│ 核心企业 │────►     消费者2
……            └──────────┘            ……
供应商N          ┌──────────┐          消费者N
           ────►│物流和信息流│────►
                 └──────────┘
            ┌──────────┐
         ◄──│  资金流  │──
            └──────────┘
```

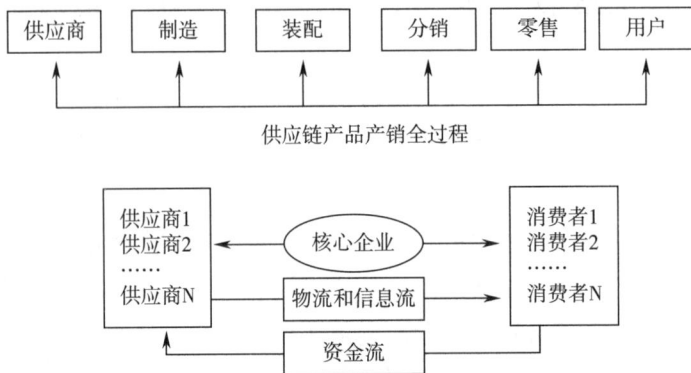

图 5 - 4　供应链的网链结构模型

资料来源：马士华，林勇．供应链管理［M］．北京：机械工业出版社，2000：34．

供应链管理作为一种相互间提供原材料、零部件、产品、服务的制造商、供应商、零售商和客户组成的供需网络，具有许多特征。供应链是一个由期望目标不同的企业和组织构成的复杂的网络系统，由多个类型的节点企业构成，它们之间的关系复杂，关联往来和交易很多；同时，节点企业既可以是这个供应链的成员，也可以是另外一个供应链的成员，众多的供应链形成交叉结构，增加了协调管理的难度。所以，供应链的结构模式一般比单个企业的结构模式更为复杂（赵振智、于芳，2006）。供应链管理是一个动态变化的管理过程。现代供应链管理理论的出现是企业战略转变和适应市场需求变化的需要。无论是供应链结构特征，还是节点企业的各种实时信息，都需要及时更新以把握模式运作的脉搏，这就使得供应链管理具有明显的动态性。尽管供应链管理在运作中具有明显优势，但供应链环节中的企业仍是市场运行中的独立经济实体，彼此之间仍存在潜在利益冲突和信息不对称等问题。在这种不稳定的系统结构内，各节点企业通过不完全契约方式来实现企业之间的协调，因而供应链管理必然存在风险性，加之供应链的多参与主体、跨地域、多环节等特点，供应链管理容易受到来自外部环境和供应链上各实体内部不利因素的影响，形成供应链风险（韩东东，2002）。供应链管理的风险是一种潜在的威胁，具有传递性、"牛鞭效应"及互动博弈与合作性等特点，它会利用供应链系统的脆弱性，对供应链系统造成破坏。

5.2.3　供应链金融提升供应链整体竞争力

在考虑如何发展供应链生产模式的具体路径时，首先需要了解全球化背景下产业组织的演化趋势。得益于信息技术和运输技术进步所带来的远程生产组织和流通成本的降低，供应链正在取代纵向一体化，成为国际上产业组织的主流模式。在这种模式中，大企业专注于品牌、客户关系管理及创新性技术等核心能力的创造和提升，而将生产、流通、销售中的低附加值环节外包给中小企业，以此形成以稳定交易和利益共享为特征的产业链（也是价值链）体系。中小企业则往往利用自己的专项优势，如特殊技能、单项专利技术、特别的渠道以及成本优势，加入到产业链分工体系中，成为大企业主导的供应链节点布局中的重要一环。伴随着供应链生产模式的兴起，供应链竞争已逐渐成为市场竞争的重要方式。

供应链生产模式对于总成本会带来双重效应：一方面，由于利用了分工，供应链生产模式相比纵向一体化型企业具有更高的生产效率，因此能够大幅度地降低生产和加工的成本，即诺斯所说的"转型成本"（Transformation Costs）。另一方面，由于供应链上各个企业之间信息流、物流和资金流的管理变得更为复杂，因此有可能导致交易成本（Transaction Costs）的大幅上升。要防止交易成本对生产效率的侵蚀，就必须要求核心企业具有较高的供应链管理水平，它不但要协调好供应链上下游企业之间的关系，同时要尽可能利用物流公司、金融机构和电子交易网络等外部机构的支持性服务。换言之，供应链管理能力成为决定一条供应链是否具有市场竞争力的关键因素。

在此背景下，供应链金融（Supply - Chain Finance，SCF）作为商业银行的一种新的金融服务，近年来在国际银行业应运而生，成为商业银行新的重要业务增长点。供应链金融是商业银行站在供应链全局的高度，为协调供应链资金流、降低供应链整体财务成本而提供的系统性金融解决方案。对商业银行而言，供应链金融在风险控制技术上的创新体现为充分利用供应链生产过程中产生的动产或权利作为担保，将核心企业的良好信用能力延伸到供应链上下游企业；在营销模式上的创新则体现为以中小企业为市场导向，力图弥补广泛存在于中小企业的融资缺口。从国家竞争力的视角来看，供应链金融由于能够降低供应链整体融资成本，缓解中小企业融资压力，增强供应链上企业从事创新的能力，有助于提升一国经济的国际竞争力。

5.3　交易成本理论

交易成本也称交易费用，以交易成本理论为代表的新制度经济学发端于1947年，如今新制度经济学已经成为经济学中一个重要的派别。新制度经济学试图从制度、产权、交易成本、信息等方面对经济现象作出合理化解释，提出制度层面的经济金融改革建议。新制度经济学认为经济社会的制度设计直接决定了经济组织的交易成本，从而最终决定了经济效率。供应链金融作为一种融资模式创新，通过供应链条上相关企业之间的相互协调和优化设计，大大降低了交易成本，从而提高了整个供应链条的经济效率。传统的融资方式中，企业向银行申请贷款时手续烦琐，而且审批时间相当长，不仅加重了中小企业资金周转的负担，而且不利于其余物流的有效匹配，从而影响了整个供应链的效益。供应链金融融资模式大大简化了融资审批手续，优化了融资程序，在保证信贷过程安全的情况下，不仅缩短了企业资金到账的时间，加快了企业的资金流动，而且减少了参与双方的交易成本。

5.3.1　对交易成本的理解

交易成本、产权、制度设计是新制度经济学中最基本的要素，交易成本是新制度经济学的发端。交易成本概念的提出是新制度经济学区别于新古典经济学及传统经济学的标志。产权的设立、合约的选择及制度的安排都是为了实现交易成本的最小化。因此，交易成本理论是新制度经济学理论的基础。

交易成本理论主要源于罗纳德·科斯。1947年罗纳德·科斯发表了他的经典之作《企业的性质》，提出了"交易费用"这一新制度经济学的基本概念。他认为在市场运行中存在着交易费用，交易费用是运用价格机制

的成本，包括获取准确市场信息的费用，即企业搜集有关交易对象和市场
价格的确定信息所必须付出的费用；谈判和监督履约的费用，即交易者为
了避免履约过程中可能发生的冲突，需要谈判、缔约并付诸法律，因而必
须支付的有关费用。在这篇文章中，科斯发现了交易费用，但他并未就此
深入下去，也没有给出交易费用的明确界定。张五常认为交易费用的产生
可部分归因于人们的无知或缺乏信息，另外一个因素是人们的最大化行
为，在这种最大化行为下，存在信息不对称情形下的偷窃、欺骗、撒谎、
偷懒或违背诺言，在这种情况下，交易成本会很高，如果交易成本过高，
则会引起经济发展的停滞甚至崩溃（张五常，2004）。他还着重提出了交
易费用的几个特点[1]：（1）与斯密的假设相反，人的自私特点会加剧交易
过程中的信息不对称，从而增加交易成本，降低交易效率；（2）交易费用
度量的准确性难以把握，很多情况下只能进行交易方式的优劣比较；（3）
交易费用不可避免，将改写传统的经济分析结果。但对交易成本的内涵，
学者间却存在较大的分歧，直到现在，仍然没有一个统一的规范定义。一
般认为，交易成本不仅包括搜寻、谈判和实施成本，还要包括代理成本以
及交易的制度成本（周惠中，1997）。

20 世纪 70 年代以后，关于交易费用的研究深化到契约过程中，达尔
曼（Dimanod）和威廉姆森（Williamson）的解释较为典型。达尔曼认为，
交易双方欲达成契约并发生交易，必须相互了解，将可能提供的交易机会
告诉对方，这种信息的获得和传递要耗费时间和资源；如果交易的一方有
多个代理人，在决定交易条件时，还会产生某些做决策的成本；相互同意
的协议条件确定后，还有执行所订协议的成本以及控制和监督对方，以确
定其是否按照所订契约条款履行其责任的成本。因此，从整个契约过程来
看，交易费用包括了解信息成本、讨价还价和决策成本以及执行和控制
成本[2]。

---

① 张五常：《中国经济改革与发展的成本分析》讲稿。
② 卢现样. 西方新制度经济学 [M]. 北京：中国发展出版社，1996。

　　威廉姆森（1975，1985）对交易费用进行了深入分析[①]，将交易费用形象地比喻为"经济世界中的摩擦力"，在接受阿罗的定义的同时，他用阿罗的观点来进一步分析经济组织的契约行为。他将交易费用分为事前交易费用和事后交易费用两部分。事前交易费用包括协议的起草、谈判的费用和保障契约执行所需要的费用。事后交易费用包括四种形式：当交易偏离了与契约转换曲线相关联的序列时所引起的错误应变费用；当交易双方都作出努力来校正事后的错误序列时所引起的争吵费用；纠正发生需要诉诸某种规制结构时，这种规制结构的建立和运转的费用；为了使承诺完全兑现而引起的约束费用。在威廉姆森的体系中，事前费用交易和事后交易费用是相互关联的，交易费用概念真正成为了经济组织分析的一个重要工具。

　　在新制度经济学中，对交易主体的行为一般做两个假定，即有限理性和机会主义行为。个人能力的限制和不完全信息导致了有限理性，个人只能识破有限的备选方案而且也只能意识到这些备选方案的现有结果，而人的利己动机则引发了机会主义行为，对有限理性的约束和对机会主义行为的预防都增加了交易成本。在这两个假设前提下，交易成本理论认为治理结构与交易特征密切相关，当治理结构使交易成本最小且与交易特征匹配时，公司的绩效便会得到提高。如果不确定程度很高，交易频繁而且资产专用性程度很高，纵向一体化是一种有效的治理结构；在与交易相关的投资标准化程度较高的情况下，市场则是一种较为理想的治理结构（诺思、威廉姆森，2004）。基本的交易经济战略就是以区别对待的方式（主要是交易成本最小化）将交易（特征不同）分配给治理结构（适应能力和相关的成本不同）。

5.3.2　交易成本理论对供应链金融的解释

　　随着供应链金融的发展，在供应链融资模式下，链条成员之间的关系

---

　　① 威廉姆森：《市场与等级制》（1975）、《资本主义的经济机构》（1985），转引自迪屈奇著：《交易成本经济学——关于公司的新的经济意义》，28～31页，北京，经济科学出版社，1999。

趋向于长期合作的关系，既不同于完全的市场关系，也不是一体化所形成的官僚结构，而是成员企业之间相互信任，彼此协调，以使整个供应链的绩效最大化（张钦、张亚红，2005）。商业银行以供应链金融的发展为基础，为供应链节点上的中小企业提供融资服务，有效地降低了商业银行的交易成本，提高了交易效率（闫俊宏，2007）。从威廉姆森反映交易成本特征的三个方面着手，可以解释供应链金融对降低交易成本的积极作用。

一是供应链金融运作减少了交易发生的频率。

交易频率和交易费用线性相关，频繁的交易行为意味着反复地签约，因而导致较高的平均成本和交易费用。供应链是一个长期、稳定的产业生态群，供应链金融是一种整体系统的解决方案，商业银行与供应链条上的企业建立的是一种长期、稳定的交易关系，必然促使交易各方主动沟通，长期性的协议合作大大降低了交易频率。交易频率的减少，在降低交易成本、节约交易费用的同时，也使商业银行实现了规模经济效益。这种低频率的交易，一方面建立一种机制以降低单位交易成本，另一方面可以使银行达到规模经济效益。

二是供应链金融降低了交易的不确定性。

交易成本理论认为，由于市场环境复杂多变，交易双方的稳定性受到影响。另外，交易双方的信息不对称和相互依赖程度的不对称，也增加了交易中的不确定性，进而增加了履约风险。供应链内的中小企业由于相互协作，慢慢建立了一种"共生"机制，为了实现共同利益的最大化，企业间相互协调，提高了供应链的整体竞争力。商业银行与供应链企业建立长期、稳定的交易关系，建立一种双赢机制，可以大大减弱交易的不确定性。

信息费用一般是指交易双方为达成交易所花费的选择潜在合作者、调查其资信和正确评估其履约可能性过程中存在的信息收集、选择、整理、传递的成本。银行与供应链企业建立稳定的金融合作模式，可以很方便地掌握一个供应链上的生产者、销售者的详细信息，在改善信息不对称程度的基础上节约交易费用。合约实施所需的监督费用是在交易双方都存在机会主义行为的可能下产生的。供应链金融模式中，银行融入供应链的资金渠道、产权渠道等领域，并利用资金的闭环操作和自偿性对贷后款项进行监管，从而降低了监督费用。在供应链金融运作模式中，商业银行与渠道内的中介企业合作，组成融资平台，这些中介企业利用自身在渠道内的专业优势辅助银行完成监管。第三方物流企业在供应链中产品的存储、流转和销售等方面具有得天独厚的优越性，通过金融资源的整合缩短了信息采集的半径，提高了信息的深度和准确性，辅助银行开展仓单质押、融通仓和保兑仓等多项业务，减少了交易成本。

三是供应链金融增加了资产的专用性。

当一项耐久性投资被用于支持某些特定的交易时，所投入的资产即具有专用性。在这种场合，假如交易资产已经投入而交易被终止，所投入的资产将全部或部分地因无法改作他用而受损。资产专用性主要有四种类型：场地资产专用性、物质资产专用性、人力资产专用性及专项资产。资产专用性一旦形成，则很难改作他用，因此交易双方具有很强的依赖性，一方违约将使另一方产生巨大的交易风险。供应链金融以真实的交易为背景，可以使链内企业更加积极地进行某些专用性资产的投资。由于链内企业间的长期稳定性关系降低了企业之间违约的可能性，因此这种专用性资产的投资比较容易实现。对于商业银行来说，供应链融资提供中小企业专用性的资产，既可以降低银行的信贷风险，又可以提高融资的效率。供应链金融在增加资产专用性的基础上，大大降低了交易成本和交易费用，实现了整个供应链系统经济效率的提高。

5.4　委托代理理论

委托代理理论是解决信息不对称的基础理论。在供应链金融模式下，第三方物流企业作为连接中小企业和银行的金融之桥，运用自身的物流信息管理系统，将银行资金流与中小企业的物流有机结合，不仅解决了企业的融资难问题，有效地盘活了中小企业的沉淀资金，提高了资金的利用效率，并且还大大降低了银行的信贷风险。供应链金融服务模式实现了多赢，然而在该模式下参与方会签订规范化合同协议，存在着合作关系，因此不可避免地就会产生委托代理关系。研究委托代理理论对明确供应链金融各参与方的权利和义务、规避信息不对称造成的信贷风险、提高资金的运作效率具有积极意义。

5.4.1　委托代理原理

委托代理理论主要研究在非对称信息条件下，市场经济活动主体之间的经济关系以及激励约束机制问题。委托代理关系是随着生产力的发展和规模化大生产的出现而产生的，它是一种在经济领域与社会领域广泛存在的契约关系。委托代理关系与信息不对称有关，涉及两个独立的主体，实际上就是指在信息不对称的交易中，处于信息优势与信息劣势的市场参加者之间的一种相互关系。从某种程度上来说，只要存在着不同利益主体间的合作或竞争关系，市场参与者双方所掌握的信息就不对称，就存在着委托代理关系。其中，在交易中处于信息优势（掌握较多信息）的市场参与者称为代理人，在交易中处于信息劣势（掌握较少信息）的市场参与者称为委托人。在委托代理关系中，由于交易中存在两个相互独立的个体（委托人和代理人），双方都在各自的约束条件下追求效用最大化，而且委托人与代理人的效用函数不同，这必然会导致两者的利益冲突。在缺乏有效制度安排的情况下，处于信息优势的代理人的行为很可能最终损害委托人的利益。

委托代理理论的研究起始于科斯（1947）的《企业的性质》这部著作，委托代理理论是在假设人自利、有限理性且厌恶奉献，委托人与代理人利益目标冲突且信息不对称，获取信息成本较高的前提下，解决代理人的道德风险和逆向选择行为及代理人与委托人如何分摊风险等问题的学说，其核心内容之一便是设计对委托人和代理人都有利的"最优契约"（晓斌、刘鲁，2004）。委托代理关系是处于信息优势与信息劣势的市场参与者之间形成的相互关系。从经济学角度分析，凡是市场参与者双方所掌握的信息不对称的，这种经济关系就可以认为是委托代理关系。委托代理关系中存在两种代理问题：一种是信息不对称带来的逆向选择问题，即"能力不可观测"问题。逆向选择是指在建立委托代理关系之前，代理人已经掌握委托人不了解的某些信息，而这些信息有可能是对委托人不利的。代理人利用这些有可能对委托人不利的信息签订对自己有利的合同，而委托人则由于信息劣势而处于对己不利的选择位置上[①]。另一种是道德风险问题，即"努力程度不可观测"问题。道德风险是指代理人在使其自身效用最大化的同时损害委托人或其他代理人的利益。产生道德风险的原因之一在于代理人拥有独占性的不公开信息，使其在签订委托代理协议后处于优势地位，委托人无法观察到代理人的某些不公开信息，尤其是有关代理人努力程度方面的信息。在这种情况下，代理人可能会利用其信息优势，采取某些不利于委托人利益的行为，但是代理人却不承担其行为的全部结果（马丽娟，2005）。

构成委托代理关系问题需要具备两个基本条件：（1）委托人和代理人是市场中两个相互独立的个体，且双方都是在约束条件下的效用最大化者；代理人必须在许多可供选择的行为中选择一项预定的行为，该行为既会影响其自身的收益，也会影响委托人的收益；委托人具有付酬能力并按照规定方式和数量付酬，即委托人在代理人选择行为之前就与代理人确定某种合同，该合同明确规定代理人的报酬是委托人观察代理行为结果的函数。（2）代理人与委托人都面临着市场的不确定性和风险，且他们所掌握的信息处于非对称状态：委托人不能直接观察到代理人的具体操作行为；代理人不能完全控制选择行为后的最终结果，因为代理人选择行为的最终结果是一种随机变量，其分布状况取决于代理人的行为。由于存在该项条件，委托人不能完全根据对代理行为的观察结果来判断代理人的成绩（陈禹，1998）。因此，委托代理理论研究的重点是委托人确保代理人按委托人意志行事的能力问题。它的基本原理是在涉及非对称信息的交易中，委托人作为机制设计人企图设计某一激励契约以诱使代理人从自身利益出发选择对委托人最有利的行动。

5.4.2　供应链金融中的委托代理关系

传统的银行贷款模式下，参与主体只有银行和中小企业，银行是委托方，中小企业是代理方，二者的关系如图 5 - 5 所示。

在供应链金融模式运作中，商业银行将主要面临供应商和中小企业的

---

① 储雪俭. 初探物流金融的经济学原理 [J]. 物流技术，2006（5）。

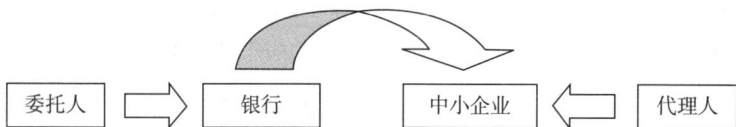

图 5 - 5 传统银行贷款模式下的委托代理关系

违约风险：一方面，如果中小企业规模小、管理不善，可能无法按时缴纳足额保证金或者直接违约从而造成银行损失；另一方面，如果原材料供应商因经营决策等原因无法完成回购合约，也将会造成银行成本的支出。第三方物流企业的出现有效地分解了银行的风险。物流企业主要起到仓储监管的作用，对质押物的真实性、合法性负责。两者存在委托代理关系，即银行为委托方，第三方物流企业为代理方，但是从供应链金融整体而言，可以将物流企业和银行视为一体，即合为金融机构，该金融机构将融资服务和物流服务合二为一。物流企业和银行作为共同的委托人，一方面，两者互相协助，更易掌握中小企业的生产经营和还款能力，实现共同监管，降低了融资风险；另一方面，与原材料供应商签订回购协议条款，不仅提高了融资效率，而且有效地防范了供应商与中小企业合谋骗取银行贷款的风险，进一步转嫁和分担了金融机构因信息不对称造成的违约风险。

供应链金融模式中，供应商和中小企业也因合作关系形成了委托代理关系。原材料供应商作为委托人，其风险主要来源于中小企业，一旦中小

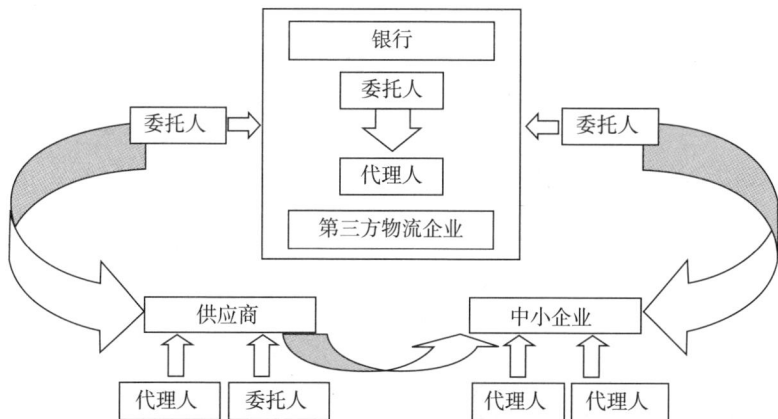

图 5 - 6 供应链金融模式下的委托代理关系

企业违约或无法执行合同，则供应商面临向银行退款的风险，还要承担对无法销售的产品进行回购的损失。因此，供应商在选择合作企业时，对企业的经销能力及还贷能力都有一定要求，以便减少违约风险造成的损失，期望顺利完成合同。

6 供应链金融的解读

　　信息不对称理论、供应链管理理论、交易成本理论和委托代理理论是供应链金融体系的四块理论基石。信息不对称理论是供应链金融产生的理论基础，供应链金融正是因为其大大降低了信息不对称度，提高了资金运作效率而广受欢迎；供应链管理理论为供应链金融服务找到了需求市场，管理重心由物流层面向资金层面的转变是供应链金融成长的土壤；交易成本理论帮助构架供应链金融运作模式的流程与组织结构；而委托代理理论则为控制金融服务运作中的各类风险出谋划策。本章在供应链理论研究的基础上，结合前人关于供应链金融的研究成果，对供应链金融的理念进行剖析，提出供应链金融的定义，总结供应链金融的特点，并通过与传统融资模式比较展现其独特优势。

6.1 供应链金融的定义

　　《欧洲货币》杂志将供应链金融定义为过去几年中"银行交易性业务中最热门的话题"，并断言该业务的需求在未来几年将持续增长（Laurence Neville，2008）。据统计，通过供应链金融解决方案配合下的收款方式改进、库存盘活和延期支付等举措，美国最大的 1000 家企业在 2005 年减少了 720 亿美元的流动资金需求（Hackett – REL，2006）。与此相似，2007 年欧洲最大的 1000 家上市公司从应收账款、应付账款和存货等 3 个账户中盘活了 460 亿欧元的资金（Julian Lewis，2007）。UPS 发布的年度《亚洲商业监察》报告显示，2005 年我国中小企业有近 11 万亿元的存货、应收账款。来自于中国人民银行的调查结果表明，国内动产抵押情况严重落后于经济发展现实。一方面，大量动产资金闲置与广大中小企业融资困难的现实并存，造成尖锐矛盾；另一方面，不动产资源枯竭与担保过分依赖不动产的矛盾较为突出。广大中小企业迫切的融资需求是推动供应链金融发展的动力。国内银行业在供应链金融领域的创新实践也方兴未艾，越来越多的银行将供应链金融纳入自身的市场定位和竞争策略体系。供应链金融这一命题的出现，启动了关于中小企业融资、银行业变革、产业竞争等一系列老问题的新思维。

根据 Aberdeen 集团的调查（2007b），在发达国家，运用供应链金融来改善财务供应链管理的做法日益受到重视，目前已经采用供应链金融解决方案的企业占被调查企业总数的15%，已有明确实施计划的企业占18%，正在调研的企业占41%，剩下的26%还没有任何行动。

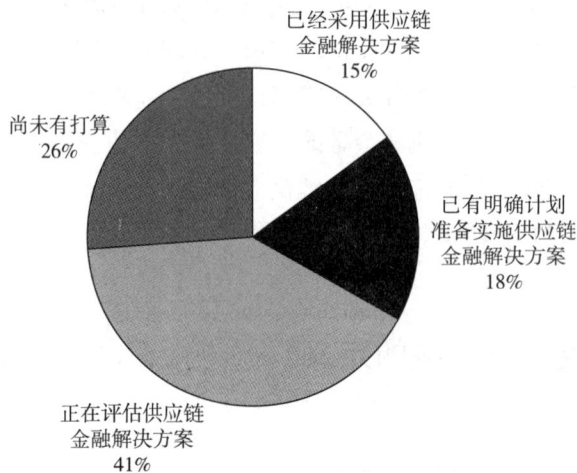

图 6 - 1　供应链金融实施现状

根据 Michael Lamoureux（2008）的定义，供应链金融是一种在核心企业主导的企业生态圈中，对资金的可得性和成本进行系统性优化的过程。这种优化主要是在对供应链内的信息流进行归集、整合、打包和利用的过程中，嵌入成本分析、成本管理和各种融资手段而实现的。供应链金融是指在对供应链内部的交易结构进行分析的基础上，运用自偿性贸易融资的信贷模型，并引入核心企业、物流监管公司、资金流导引工具等新的风险控制变量，对供应链的不同节点提供封闭的授信支持及其他结算、理财等综合金融服务。[①] 在过去的几年中，供应链金融在全球化的市场日益受到关注的原因主要有两个：首先，企业降低成本的压力与全球原材料、能源和人力资源成本不断提高之间的矛盾，供应链中的核心企业仅仅关注物流业务外包和独立作战，已不足以应对供应链间竞争的挑战。其次，核心企业在供应链条中居主导地位，其降低成本的需求引起了核心企业将资金难题和风险向上下游中小企业的转移，如上游企业延长账期、对下游企业压货等行为，而这些策略的有效实施必须以不提高上下游企业成本为基础，因此有计划的供应链金融策略成为一种选择。

供应链金融通过银行、生产企业以及多家经销商的资金流、物流、信息流的互补，突破了传统的地域限制，使厂家、经销商、下游用户和银行之间的资金流、物流与信息流在封闭流程中运作，提高了销售效率，降低了经营成本，达到了多方共赢的目的（汤曙光、任建标，2010）。供应链金融业务不再片面强调受信主体的财务特征和行业地位，也不再简单地依据对受信主体的孤立评价做出信贷决策，而是真正注重并结合其真实贸易背景。在该模式服务理念基础上，银行可以根据客户所处行业以及融资企业自身发展的特点，系统地提供创新性的供应链金融产品和业务模式，以适应不同客户的差别化需求。供应链金融基于围绕核心企业的信用关系网，在风险控制的前提下，将资金引入到供应链中的各个需求点，为整个供应链提供流动资金的支持。整个供应链的金融框架如图 6 - 2 所示。

（一）供应链金融平台业务架构

供应链金融不仅为核心企业的上下游企业提供融资服务，还提供了账款催收、对账、支付结算等与企业交易过程相关的其他金融服务，并且为核心企业提供了账款管理、支付结算、企业资金管理等金融服务。该平台涵盖了贸易过程中预付类、存货类、应收类等20多个典型的金融产品，并且支持跨贸易阶段的全流程管理，有效地将银行、核心企业、上下游企业、物流企业联系在一起。

---

① "供应链金融"课题组.供应链金融——新经济下的新金融［M］.上海：上海远东出版社，2009.

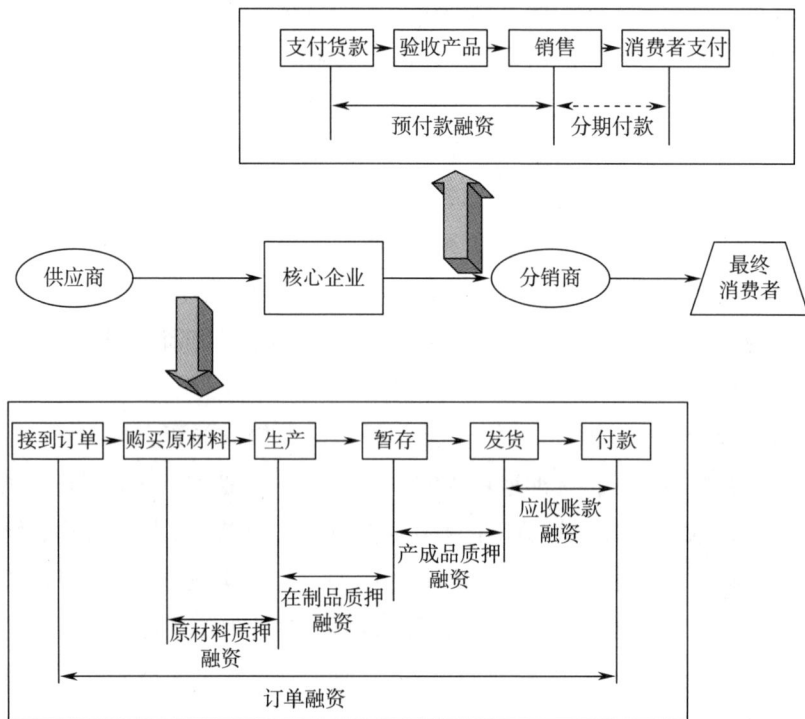

图 6-2 供应链金融框架

（二）供应链金融平台金融产品视图

供应链金融平台包括预付类、存货类、应收类等金融产品，特色产品为跨贸易过程的金融产品。

应收类产品包括传统贸易金融的保理产品和订单融资等基于应收账款的金融产品，应收类产品不仅提供了应收账款质押融资功能，还提供了账款自动收款、账款回款自动偿还融资、账款催收、拒付管理等功能。针对大型企业的供应商支持"1+N"的授信管理模式以及应收账款池管理模式和单笔管理模式。

预付类产品是基于核心企业提供担保或承担其他回购等责任，银行为经销商提供的金融服务产品。供应链金融平台提供了对核心企业担保责任的管理、融资资金用途管理、跟踪核心企业发货过程（入库、交接）等功能，该类产品也可与存货类产品组合，实现跨阶段的金融产品。

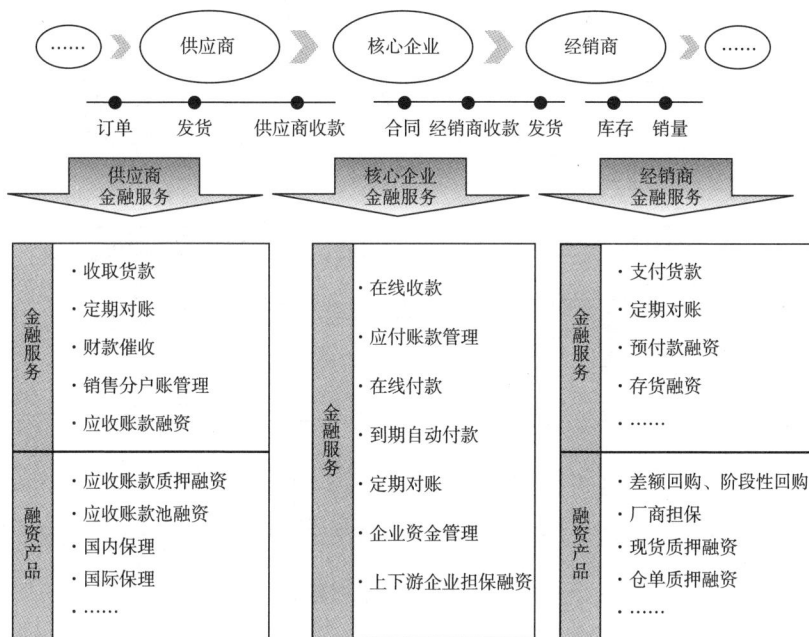

图 6 - 3　供应链金融平台架构

存货类产品是基于货权操作产生的金融产品。供应链金融平台提供了货物权属管理、货物规格型号管理、货物价格管理（自动更新货物价格、货物核价）、货物监管管理（库存检查、监管商监管下限控制）等功能，该类产品可以与交易市场、监管商、商品报价平台对接，有效地管理货物价格波动以及货物变现能力。

（三）供应链金融平台架构

供应链金融平台采用 SOA 架构，包括业务流程管理、客户信息管理、监管商信息管理、合同协议管理、预付款管理、未来货权管理、货物管理、仓单管理、应收账款管理、保证金管理、融资管理等业务管理模块，每个业务模块包括标准的业务活动，利用业务流程管理，有效串接银行现有的风险管理系统、支付结算系统、核心系统、第三方系统，完成业务流程的可视化配置，与第三方系统无缝对接。企业客户通过操作渠道（客户 ERP、客户登录入口、电子商务平台、便携操作终端）可在线进行业务申

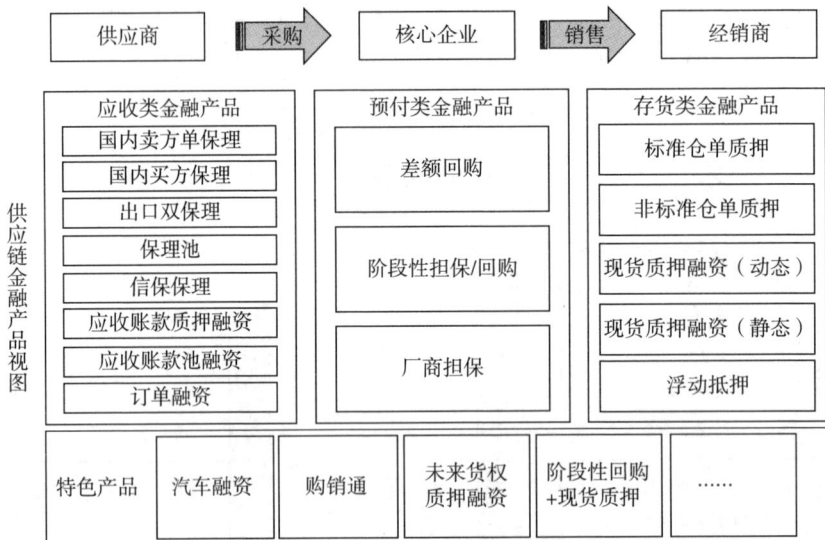

图 6 - 4　供应链金融产品架构

请和办理。企业服务平台完成对企业金融服务的接口，围绕企业打造便捷的金融服务中心。

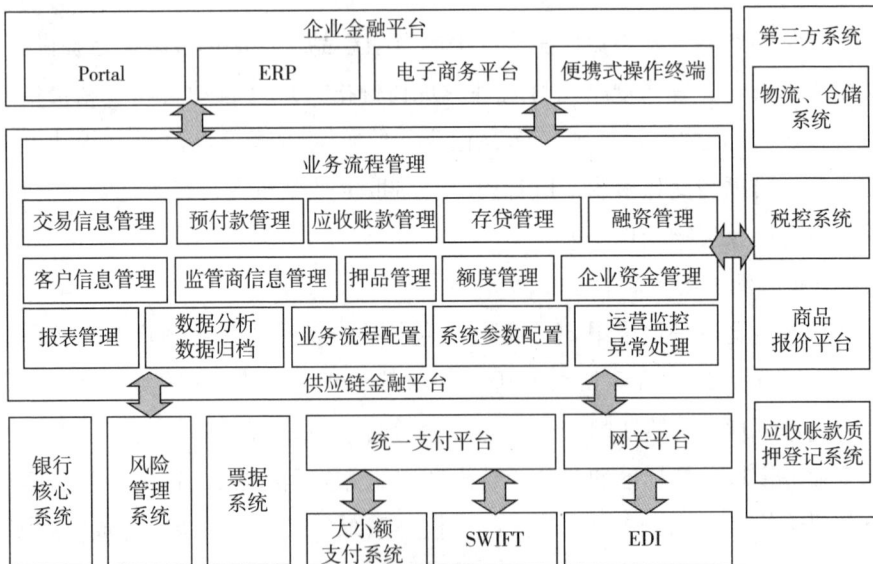

图 6 - 5　供应链金融平台架构

6.2 供应链金融的特点

供应链金融最大的特点就是在供应链运作中寻找出一个大的核心企业，以其为出发点，为整个供应链条上的相关企业提供金融支持。这种整体的融资方案通过将资金有效注入处于相对弱势的上下游配套中小企业，解决中小企业融资难和供应链失衡的问题；供应链金融同时将银行信用融入上下游中小企业的购销行为，增强其商业信用，改善其谈判地位，促使供应链成员更加平等地协商并逐步建立长期战略协同关系，提升整个供应链的竞争能力，促进整个供应链的持续稳定发展。这种融资模式跳出单个企业信贷融资的传统局限，站在整个产业供应链的高度，通过整合产业经济和提供创新金融服务，既规避了中小企业融资中存在的困扰，又延伸了商业银行的金融服务，在解决中小企业特别是贸易型中小企业融资难的问题上可谓独树一帜（汤曙光、任建标，2010）。

供应链金融具有长期稳定性、信贷整体性、融资外包性、风险易控性的特点，前三个特点能很好地解决融资过程中融资交易成本过高的问题，后一个特点能很好地解决融资风险问题。（1）长期稳定性。供应链金融的运作是依据整个供应链中各企业之间的交易活动设立的，它可以随着供应链的生产周期一起运转。银行通过短期的资金运行成长期的业务关系，从而囊括整个供应链的金融服务，节约交易成本。（2）信贷整体性。供应链金融信贷整体性体现在融资主体的范围上，它涉及了供应链上几乎所有的企业。在信贷结构上，供应链金融不仅提供众多短期融资的方案，还提供了长期融资的形式，其融通资金几乎都以供应链中物流、信息流和资金流为依据进行整体性分配。（3）融资外包性。在供应链金融的设计中，引入了融资服务机构，由它代理供应链中的中小企业进行融资安排。当各中小企业有融资需求时，只要符合相应设计的条件，就可以迅速得到资金，从而可以大大降低融资所产生的交易成本，并提高融资效率。（4）风险易控性。在供应链金融业务中，银行能够很好地对真实性交易进行预测和确认，并且在发放贷款后，能直接控制资金的去向和物流的去向，保证资金的安全。既然中小企业融资难的根源是银企信息不对称造成的逆向选择、道德风险和高交易成本，那么要满足中小企业融资需求，破解中小企业信贷融资难的问题，就必须降低银行和中小企业间的信息不对称。在供应链金融业务管理中通过协调物流、信息流和资金流，能够很好地缓解信息不对称问题和降低融资的交易成本，中小企业融资的可行性问题也得到了很好的解决。

供应链金融是一个动态、系统的授信管理过程，它以供应链企业之间的真实贸易为基础，强调贸易的连续性和完整性，强调贷后的实时监控和贸易流程的操作管理。在考察受信企业资信实力的同时，更注重供应链条的稳定性以及受信企业在供应链中所处的地位和作用。供应链融资产品都具有突出的自偿性特点，供应链金融均以授信合同项下商品的销售收入作为直接还款来源，在融资授信金额、期限上注重与真实交易相匹配，从而可以实现灵活的授信额度使用控制①。供应链金融模式下银行不再单纯看重企业的财务报表，也不再注重单独评估单个企业的状况，而是更加关注其交易对象和合作伙伴，关注其所处的产业链是否稳固以及目标企业所处的市场地位和供应链管理水平，在供应链金融运作中，针对企业运作流程各个环节的具体金融服务需求提供服务方案。

在商业银行积极开发供应链金融业务产品的同时，我们发现商业银行现有的风险管理系统都不能满足这种需要管理供应链整体风险、跟踪交易过程、控制贸易"自偿性"的融资需求，至于金融产品中提供的融资以外的金融服务则更是无法管理，大多数银行业务部门新研发的供应链金融产品需要多个系统的复杂操作，有些甚至还需要人工处理来完成业务，这大大降低了银行的效率和客户体验。有一个能够管理供应链成员、贸易过程、企业融资服务、支付结算服务、企业账款、资金管理的综合业务系统成为各商业银行业务部门的迫切需求。供应链金融服务不仅能从整体上提升供应链的价值，而且也为核心企业提供了更加全面的增值服务。在供应链金融运作中，银行由单纯的资金提供者变为全面了解企业、为企业提供全方位金融服务的合作方，银行可以利用自身的信息优势和风险控制手

---

① 钱青红. 对我国中小企业融资问题的思考 [J]. 财会研究，2007（8）：32－34.

段，帮助企业改善经营管理并巩固供应链建设，在降低企业经营风险的同时减少银行信贷风险，并由此形成巩固的银企合作关系。在供应链金融运作中，供应链融资模式通过巧用核心企业信用、盘活企业存货、用活应收账款三大路径，化解了中小企业信用弱、周转资金缺乏、应收账款回收慢、贷款担保难四大融资障碍，从而有助于解决中小企业融资困境。供应链金融业务，突破时间、地域的限制，不仅能为中小企业扩大销售提供资金支持，也能够为核心企业的整个销售网络融资，还可为处于发展阶段且销售网络和物流配送系统尚未成熟的第三方企业提供集融资支持、资金结算、物流配送为一体的综合金融服务解决方案。

6.3　与传统融资模式的比较

供应链金融与传统融资的区别在于：供应链金融对供应链成员的信贷准入评估不是孤立的，对中小企业放贷的评估重点在于它对整个供应链的重要性、地位，以及与核心企业既往的交易历史；供应链金融中银行提供的信贷基于真实的贸易背景，严格控制资金挪用，并引入核心企业的资信作为辅助手段控制授信风险；供应链金融还强调授信还款来源的自偿性，即引导销售收入直接用于偿还贷款。在供应链金融中，银行面对的不再是单一的企业，而是一个供应链条上的所有企业，传统信贷中银行与中小企业是一对一的信贷关系，在供应链金融中变为一对多的信贷关系。提供供应链金融服务的银行"独霸"了整个供应链的金融服务，规模性金融服务大大降低了信贷交易成本，中小企业也因为核心企业的支持，得到了在单一状态下无法得到的优惠贷款，实现了核心企业、供应商、分销商多方共赢。

供应链金融打破了传统融资模式下孤立考察单一企业静态信用的思维模式，将针对单个企业的风险管理转变为整条或局部供应链的风险管理。商业银行对作为受信主体的中小企业的信用评级不再单单强调企业规模、固定资产价值、财务指标和担保方式，转而关注企业的单笔贸易真实背景和供应链核心企业的实力和信用水平。供应链金融从整体供应链的高度对中小企业开展综合授信，更强调整条供应链的稳定性、贸易背景的真实性以及受信企业交易对方的资信和实力，从而有利于商业银行更好地发现中小企业的核心价值。在供应链金融模式下，商业银行围绕贸易本身进行操作程序设置和寻求还款保证，该授信业务具有封闭性、自偿性和连续性特征。

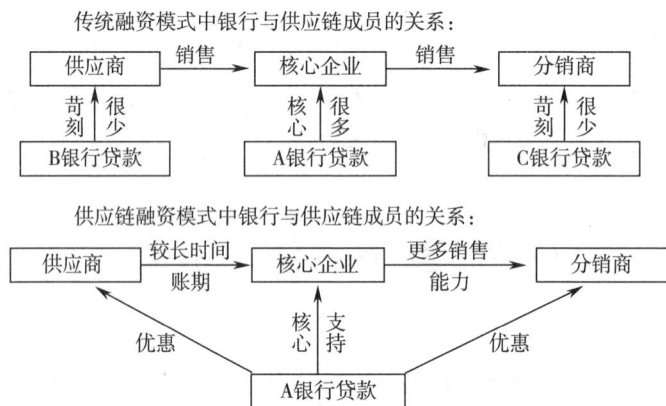

传统融资模式中银行与供应链成员的关系：

| 供应商 | 销售→ | 核心企业 | 销售→ | 分销商 |

| 苛刻 很少 | | 核心 很多 | | 苛刻 很少 |

| B银行贷款 | | A银行贷款 | | C银行贷款 |

供应链融资模式中银行与供应链成员的关系：

| 供应商 | 较长时间账期 | 核心企业 | 更多销售能力 | 分销商 |

| 优惠 | | 核心 支持 | | 优惠 |

| | | A银行贷款 | | |

图 6-6　供应链融资模式与传统融资模式比较

资料来源：高杰：《供应链金融的分析与警示》，载中国资金管理网。

在传统融资模式中，中小企业在资金需求上呈现出"少、急、频"的特点。中小企业自身普遍存在的管理不规范、业务操作随意性大、信息不对称等现象，使得中小企业贷款的违约率相对较高，而信贷审批、监管成本以及单位交易费用较高，商业银行从综合考虑成本与收益的角度出发，只能依据获得的不完全信息给予中小企业有限的信贷支持，融资期限较短，并且大多为一笔一清的信贷业务，极少给予中长期信贷业务支持。供应链金融融资模式消除了商业银行在中小企业传统融资模式中的种种顾虑，通过依赖于产业链上核心大企业的资信和实力，以及由其所提供的间接信用担保，商业银行可以不必花费大量时间去调查中小企业的财务指标、经营状况等信息，而只需把握其与核心大企业之间的真实贸易背景和交易风险，从而降低了银行的信息调查成本和信贷风险。因此，处于供应链上下游的中小企业在该模式中，可以取得在传统融资模式下难以取得的银行融资。

在传统融资模式中，中小企业向银行提出融资申请时，银行为了防范贷款风险，要求企业提供担保、抵押等，传统的银行信贷关注融资企业的资产规模、全部资产负债情况和企业整体资信水平。供应链金融依托实体经济中供应链上的真实交易关系，将交易过程中产生的应收账款、存货以及未来的货权作为质押品，为供应链上下游中小企业提供一系列融资产品，可以有效降低整个供应链的融资成本。供应链金融以企业之间的贸易合同为基础，依据的是融资企业产品在市场上的被接受程度和产品盈利情况，此时银行更多关注的是下游企业的还款能力、交易风险以及整个供应链的运作状况，而并非只针对中小企业本身进行风险评估。在该模式中，供应链条上的核心企业由于具有较好的资信实力，并且与银行之间存在长期稳定的信贷关系，因此在为中小企业融资的过程中起着反担保的作用，增加了中小企业的信用等级，从而降低了银行的贷款风险。同时，在这种约束机制的作用下，产业链上的中小企业为了树立良好的信用形象，维系与大企业之间长期的贸易合作关系，就会选择按期偿还银行贷款。

供应链融资业务是一种新的融资模式，它将融资业务与企业的上下游的业务关系联系起来，从整条供应链出发来审视供应商的融资可能性，并考察整条供应链的经营状况，并非只看单个企业的经营情况。同时，由于核心企业在供应链中居主导地位，银行在考虑融资时，并没有忽视核心企业的状况和支付能力。因此，相对于传统融资模式，供应链融资在很多方面具有一定的优势。两种模式的具体差异比较如表6-1所示。

表6-1　　　　　　　　传统融资模式与供应链融资模式对比

主要区别	传统融资模式	供应链融资模式
关注重点	单一企业的经营管理状况，关注静态的财务报表数据	动态地关注整条供应链的经营状况、稳定性及核心企业的支付能力
融资对象	给予授信的单一企业	供应链名录中的所有节点企业
融资方式	对单一企业进行授信，单一企业独享的内部授信方式	对整条供应链授信，节点企业共享的公开授信方式
担保方式	不动产抵押、担保公司担保等传统担保方式	采取核心企业的信用方式，联合担保、动产抵押、信用增级
银企关系	债权债务关系	对供应链企业提供一揽子金融产品，长期合作伙伴关系

7　供应链金融的既有研究

物流金融的研究开启了供应链金融研究的先河，物流金融着重强调第三方物流在供应链金融中发挥的链接和中介作用，相比供应链金融，它提供了链条上某一环节的中小企业融资解决方案，而对物流金融典型模式——仓单质押融资模式的研究尤为重要，它在中小企业融资方式创新中首次冲破了不动产的束缚，具有里程碑作用。对供应链金融的研究是对物流金融研究的拓展和扩充，它提出了整个供应链条上的整体解决方案，为中小企业提供了一揽子的金融服务。文献中对供应链金融的研究主要集中在其运作模式、风险控制等方面，从不同角度阐述了在供应链融资过程中应如何规避风险，以期实现供应链金融整体效用的最大化。

7.1　物流金融研究

物流金融的快速发展和不断创新要求对物流金融业务进行更系统的了解，本书在深入剖析物流金融业务的发展轨迹之后，构建了物流金融学科的理论研究框架，从物流金融业务基础研究、仓单质押与融通仓研究及物流金融的内涵等三个方面对国内外物流金融的相关文献进行了系统性的归纳总结。

7.1.1　物流金融基础理论研究

以存货质押融资业务为核心的物流金融业务产生较早，国外有很多文献对相关业务基础进行了阐述。其中，在业务的演进方面，Koch、Dunham、Birnbaum（1948）等总结了 20 世纪 50 年代以前物流金融业务的法律氛围、业务模式、仓储方式、监控方式和流程。Eisenstadt（1966）和 Guttentag（1957）介绍了20世纪五六十年代物流金融业务的业务模式、控制方式和优缺点。Miller（1982）介绍了物流金融业务模式在20世纪七八十年代变革时期的新特征，其中很多观点对现在物流金融整合创新下业务的发展都具有启示作用。此外，其他的一些文献也对物流金融业务的演进和传统业务特征进行了阐述。这些文献都有助于明晰物流金融业务的演进特征，能够使传统业务和物流金融创新业务进行更好的比较分析。

在业务模式探讨方面，Poe（1998）介绍了物流金融业务中的一种重要现实模式，即基于资产的融资业务（Asset – based financing），指出存货与应收账款是基于资产的融资业务所主要考虑的担保物，所以批发商、零售商和分销商等都是物流金融融资所考虑的对象。Lacroix 和 Varangis（1996）通过对比美国和转型发展中国家的物流金融业务，认为现阶段开展物流金融的整合创新在转型发展中国家具有重要意义，并介绍了相关的业务模式及推进业务发展的具体措施。Gertzof（2000）分析了基于资产的融资业务的变化，认为银行有必要保持这些优势来扩大业务范围。Fenmore（2004）进一步对一种新兴的物流金融业务——订单融资业务（Purchase – order financing）进行了分析。Rutberg（2002）还以 UPS 为例介绍了物流金融模式的主要特征。

对物流金融业务的风险监控程序和操作措施的相关研究也有很多。Wright（1988）指出在基于存货的物流金融业务中，对存货的价值评估和严密的监控是重要的环节，认为在基于存货的借贷活动中，商业银行对存货最终实现价值的准确估计较为困难，因为存货的事前评估价值可能因为一系列的原因而不能实现，这些原因包括借款企业的控制、变化的市场条件、激烈的竞争和迅速改变的技术等因素，而且还认为对存货的严密监控需要花费很多成本，监控难度也较大，因此建议引入有经验、有实力的第三方代为评估和监管，这为物流企业有效参与下的存货融资业务提供了有力支持。Barsky 和 Catanach（2005）认为与物流金融密切相关的商业融资方式不同于传统信用贷款，他们指出即便管理和控制最简单的商业融资业务都是相当复杂和烦琐的，在物流金融的实践中业务控制应该由主体准入为基础的风险控制理念转变为基于过程控制的风险管理理念，文中还基于过程控制建立了融资业务风险分析概念模型，这一模型及分析对物流金融具有启示作用，能够为物流金融融资方提供一个全面、有效和实用的方法来分析和管理相关业务。Mann（1997）详细分析了实行担保贷款（Secured lending）的原因，介绍了担保贷款的类型，并重点研究了以存货作为担保形式对参与各方成本和收益的影响，这些分析有助于了解物流金融业务的具体模式中各参与方的成本—收益结构，能够使相关定量研究更加反映现实的具体情况。Diercks（2004）认为物流金融业务必须严密监控，阐明了要求第三方或物流企业参与监控的必要性。Siskin（1998）分析了针对零售商的物流金融业务中所可能发生的风险，同时也介绍了一些必要的监控措施，包括每周或每日监控报告、对存货及相关资产的审计以及与拥有信息和经验的中介合作等。Shearer 和 Diamond（1999）指出，风险评级的方法在传统的商业融资中起到了重要作用，但随着竞争的加剧和市场环境的变化，风险评级的方法已无法满足商业融资的需要，尤其是在物流和金融整合创新下，风险出现了新的特征，需要根据融资的具体情况，采取更加有针对性、更加定量并且更加准确的风险度量方法。

国内与物流金融业务基础研究相关的文献也有很多，其中有代表性的主要有任文超（1998）提出的"物资银行"概念、朱道立（2002）等提出的"融通仓"概念以及冯耕中（1998）提出的"库存商品融资"概念。任文超认为"物资银行"是专门针对物资这一经营对象的，通过解决企业之间资金的相互拖欠问题，达到物资的良性流通，从而获取经济效益，其最根本的优势就是在死的物资向活的资本的转化过程中，提供智能化的精细服务。而罗齐和朱道立等在 2002 年提出了一种促进中小企业发展的融通仓模式，他们认为融通仓是一个综合性的第三方物流服务平台，不仅为银行与企业间的合作架构了新桥梁，帮助中小企业解决了融资难题，而且能有效地融入中小企业供应链体系之中，为其提供高效的第三方物流服务。陈祥峰、石代伦、朱道立（2005、2006）等还发表了系列文章，阐明了融通仓的概念、系统结构、运作模式以及金融供应链与融通仓服务的密切关系。

7.1.2　仓单质押与融通仓的研究

仓单质押融资是物流金融的典型模式，作为融通仓的一种主要业务，其理论研究始于 1997 年张平祥等对粮棉油贷款的仓单质押研究。此后，随着物流理论的不断发展，对仓单质押的研究逐渐走向成熟。所谓仓单质押融资，就是企业将货物存储在银行指定或认可的仓库中，然后凭借仓库开具的仓储凭证向银行申请贷款，银行根据货物的价值向货主企业提供一定比例的贷款，在这一过程中，仓库负责监管货物。仓单是仓库业者接受货主委托，将货物入库以后向存货人开具的说明存货情况的存单（陈晓红、陈建中，2008）。

　　对仓单质押融资基本理念的研究，主要集中于研究在具体的操作流程及其运作中如何降低借贷双方的信息不对称的程度，相关文献研究如下：吴英杰（2004）分析了商业银行仓单质押贷款业务在具体开办过程中所呈现的特点及面临的主要问题，并进一步讨论仓单质押贷款的客户类型及其质押物选择。曾文琦（2005）指出商业银行在推广仓单质押贷款业务的过程中必须加强对该业务风险的研究，并提出仓单质押贷款的流程设计原理及开展的方式。王文辉、冯耕中等（2008）分析了在分散决策条件下的存货质押融资业务，分别从信息对称和不对称的假设出发，通过分析利率、贷款限额对企业期望收益的影响逐步得出银行最优的信贷合约设计，并给出了通过信息共享方式消除信息不对称的必要条件。曹斌（2008）在简析仓单质押模式的基础上，进行仓单质押贷款业务的操作流程设计，并在借款人的授信、审批程序的长短及仓单质押折扣率等方面提出新的思路。

　　随着仓单质押融资理论的完善和业务的发展，学者开始关注在仓单质押融资业务中存在的风险，他们分别从银行、物流企业和融资企业三种不同的视角进行研究，建立模型，运用不同的研究方法对融资流程中存在的风险进行衡量，并提出相应的防范风险的建议。李毅学、徐渝等（2006）综合考虑了外生的企业违约概率、质押存货的价格波动率、贷款的周期和盯市频率等因素的影响，为银行在保持风险容忍水平一致的情况下确定特定存货质押融资业务的相应贷款价值比率提供了一个基本模型。李娟、徐渝、冯耕中（2007）引入阶段贷款的方法来控制风险和降低道德风险，运用参数函数比较了阶段贷款和一次性贷款的异同，得出了阶段贷款优于一次性贷款的结论，并通过运用合约作为阶段贷款的有效补充机制来更好地控制代理问题。朱长征（2008）对物流企业开展仓单质押业务过程中的风险进行了系统的分析，并进一步对风险的控制进行了研究。张凯（2008）通过对仓单质押业务发展状况的总结和对其潜在风险的因素分析，从促进业务发展和防范风险的角度，对我国仓单质押业务的操作方案和风险控制进行了研究，并根据图形分解法和逻辑分析法，总结出了仓单质押业务的两种操作方案，提出了防范业务风险的具体措施。杨娟、何先鑫（2008）结合了模糊评价方法和风险因素分析方法的风险评价方法，通过对仓单质押业务过程中可能导致风险发生的因素进行模糊评价分析，来确定各风险发生的概率，较详细地反映各要素的风险程度。

2002 年 2 月，复旦大学管理学院罗齐和朱道立等人提出"融通仓"的概念，即物流和金融的一种集成式的创新服务，其物流服务可代理银行监管流动资产，金融服务则为企业提供融资及其他配套服务。融通仓是指一个以质押物资仓管与监管、价值评估、公共仓储、物流配送、拍卖为核心的综合性第三方物流服务平台。融通仓可以按照质押担保和保兑仓两种模式开展仓单质押融资业务。融通仓服务不仅可以为企业提供高水平的物流服务，也可以为中小企业解决融资问题。这标志着物流金融从理论探讨转向运作模式的研究。罗齐、朱道立、陈伯铭（2002）开创性地提出了一种推动质押贷款、促进中小企业发展的融通仓模式。融通仓是一个综合性的第三方物流服务平台，他们将融通仓融入采购供应链和分销供应链，还分析了融通仓获得金融机构的授信额度和成立独特的信用担保体系两种运作模式。李碧珍（2005）阐述了融通仓的含义及其对中小企业融资的服务功能，在分析制约中小企业通过融通仓融资的因素的基础上，提出对我国中小企业开展融通仓业务的建议。

陈祥锋、朱道立、石代伦（2004）在深入研究的基础上建立了融通仓的理论框架，并于 2005 年 11 月至 2006 年 4 月在《物流技术与应用》上发表其系列研究成果，阐述了融通仓的由来、概念和发展，提出了融通仓的系统结构，重点探索了融通仓的运作模式及融通仓在外贸交易中的应用，并对金融供应链与融通仓服务进行了详细的释义。他们认为融通仓是物流和金融的一种集成式创新服务，是一种把物流、信息流和资金流综合管理的创新，其内容包括物流服务、金融服务、中介服务和风险管理服务以及这些服务份额组合和互动。其核心思想是在各种"流"的整合与互补、互动关系中寻找机会和时机。他们在研究理论的基础上提出了基于动产管理的融通仓运作模式、基于资金管理的融通仓运作模式、基于风险管理的融通仓运作模式。他们还按系统的拓扑结构将融通仓分为四类：纵向融通仓、横向融通仓、星状融通仓和网状融通仓。他们通过结合国外的一些贸易融资经验，进一步探讨了融通仓在开展外贸交易中的主要模式和一些具体操作问题，主要针对存货质押贷款，提出了先融资后质押、先质押后融资、保兑仓等业务模式。徐鹏、王勇（2008）运用委托代理理论，研究银行激励和监督第三方物流努力工作的问题。模型给出了银行对第三方仅采用激励以及激励和监督相结合两种情况下的均衡结果，并对两种结果进行比较，然后对模型做进一步分析。与仅用激励手段相比，银行采用激励和监督相结合的手段会使第三方物流更加努力工作。他们还用案例说明银行给予第三方物流最优激励系数、最优固定支付及第三方物流最优努力水平的确定方法。

7.1.3　物流金融概念的提出和演绎

"物流金融"的概念由广西大学经济学院邹小芃、唐元琦于 2004 年首次提出。物流金融被正式确立为一个新的研究平台。他们认为物流金融就是面向物流业的运营过程，通过开发和应用各种金融产品，有效地组织和调剂物流领域中货币资金的运动。这些资金运动包括发生在物流过程中的各种存款、贷款、投资、信托租赁、抵押、贴现、保险、有价证券发行与交易，以及金融机构所办理的各类涉及物流业的中间业务等。物流金融是物流和金融相结合的复合业务概念，其衔接关系、可容性关系是共同研发核心，是物流金融发展的关键，是开发新的高利润服务项目的思路。梁虹龙、欧俊松（2004）指出物流金融就是物流企业在供应链运作中运用金融工具有效地组织和调剂供应链条企业间货币资金的运动，使物流活动产生价值增值的融资活动。唐少艺（2005）给出了狭义的物流金融的定义：物流供应商在物流业务过程中向客户提供的结算和融资服务，这类服务往往需要银行的参与。储雪俭（2006）指出，物流金融的经济学原理是委托代理人关系和交易成本，通过物流金融整合，在供应链上的委托人和代理人的管理中，各参与方共同合作，降低了整体的交易成本和风险，在合作共赢中实现稳定的发展。谢鹏（2007）也给出了狭义物流金融的定义，即金融机构和第三方物流服务供应商在供应链运作的全过程向客户提供的结算、融资以及保险等增值服务。王开勇（2007）认为物流金融是在一个供应链内集成不同功能领域的物流企业、金融机构等资源，以物流、金融服务为基本内容，以第三方物流企业为平台，通过委托代理机制将金融机构的部分业务交给第三方物流企业的一种业务运作模式。

与理论界的研究并行的一个重要进程是，基于自偿性贸易融资理念的银行货押业务实践的不断深化。同样是 2004 年 5 月，深圳发展银行的梁超杰和朱骏结合其在自偿性贸易融资业务实践中的理解，从银行的角度提出了"物流金融"的概念，即以银行为主导，在有效整合异业协作网络的物流及相关专业化资源的基础上，为客户提供金融服务与供应链管理无缝对接的解决方案，以此重塑业务营销的核心竞争力，在强化风险控制的基础上，最大限度地拓展业务的市场空间，并开创银行、银行合作伙伴和客户之间的多赢格局。

至此，物流金融的研究对象、研究方向基本确立，并且与实践相结合，出现了一系列的运作模式。物流金融的研究进一步深化，主要面向实践中更深层次的问题。冯耕中对国内外有关物流金融的文献进行汇总，归纳出以下几个研究重点：（1）业务模式的分析。对现代物流面向金融服务的创新和运作模式进行初步探讨，提出了第三方物流金融创新模式，分析了金融物流产生的背景，结合国际结算与物流理论，初步探讨了金融物流在国际结算中的运作模式；刘璇、凌建平等（2007）根据国外物流金融运作比较成功的经验，以及我国第三方物流的发展现状，创新地提出了我国第三方物流发展物流金融模式的优势，同时指出通过物流金融有效地降低物流成本，加速资金周转，促进我国物流企业的发展。（2）风险管理研究。通过对物流金融理论进行梳理，识别了商业银行开展物流金融业务可能产生的新的信用风险，并针对这些新风险提出了相应的防范对策。唐少麟、乔婷婷（2006）用博弈论分析的方法从风险控制的角度论证了中小企业开展物流金融的可行性，并指出物流金融产生的相应风险可以通过物流企业规范管理制度和采用新的管理工具加以有效控制。（3）金融工程技术在物流管理中的应用。物流金融是对物流过程中的金融服务创新进行系统分析的科学。王树婷（2008）从第三方物流企业的角度对国内的物流金融现状、金融机构发展、物流金融业务所遇到的瓶颈以及第三方物流企业的金融服务内容等方面进行了相应分析，进而引发出对中国第三方物流企业物流服务创新的思考。（4）信息系统用信息流充当物流与金融整合的媒介，论证网络环境下物流与金融的融合。陈祥锋、朱道立（2005）等人的理论研究强调物流对金融融资功能的辅助作用，强调从银行的角度来探讨金融服务问题，给出了第三方物流企业扩大服务的讨论。（5）融资约束对企业行为的影响。（6）信贷合约的设计。（7）质押物的管理和控制。

随着物流金融理念的不断发展和完善，这项将物流与金融集成的服务在我国已经被越来越多的银行、物流企业和融资企业接纳并实践，而且带来了巨大的经济效益和社会效益。1999 年，中国最大的第三方物流企业之一——中国储运公司与银行合作，开始向客户提供简单的质押融资业务。2002 年，复旦大学朱道立教授主持广东顺德物流基地项目时首次提出了"融通仓"的概念，并组织人员开始相关理论的研究。2001 年，UPS 完成对 First International 的并购，开始为客户提供物流金融的相关服务，成功地解决了沃尔玛和东南亚供应商之间应付账款延期支付的难题。2004 年，DHL 在上海为客户提供物流和关税融资服务；中国储运集团提供仓单质押贷款业务，规模超过人民币 40 亿元。由此可见，物流金融理念在我国被银行、金融机构和各类企业接受并采用的速度非常迅速。自 2005 年深圳发展银行与中国对外贸易运输（集团）总公司、中国物资储运总公司和中国远洋物流有限公司签署了总对总战略合作协议以来，已有数百家企业分享到了物流金融平台的融资便利与物流增值。截止到 2006 年 9 月末，三家合作物流公司从中新增物流与货押监管货值累计将近 500 亿元。

7.2　供应链金融研究

在日益全球化的时代，跨国公司的离岸生产和业务外包趋势，使得供应链和分销渠道的配置呈现出"成本洼地"导向，而这些"成本洼地"往往正是经济和金融欠发达地区，这导致了供应链成员的资金流瓶颈，进而影响到整个供应链的稳定性和财务成本（供应链金融课题组，2009）。与此同时，大型企业在供应链管理的物流、信息流层面的技能和手段已经日臻完美，理论和实践相得益彰，继续投入的边际效用正在递减。在这种背景下，供应链研究和探索的重心逐渐转向了企业的财务供应链层面。这种转变催生了大量的财务解决方案，即在保证供应商和分销商现金流改善的前提下，进一步对核心企业的流动资金约束进行松绑，进而提高整个供应链的稳定性和运行效率。调查显示，在过去的两年里，供应链融资与定制化的授信额度成为国际性银行流动资金贷款领域最重要的两个业务增长点（Demica，2007）。

《欧洲货币》杂志将供应链金融定义为过去几年中"银行交易性业务中最热门的话题"，并断言该项业务的需求在未来几年将持续增长（Laurence Neville，2008）。而《全球贸易评论》杂志观察到，"银行家们不断向他们的客户营销和提供供应链融资服务，信贷紧缩并没有影响到这块业务"（Justin Pugsley，2007）。事实上，信贷紧缩更加凸显了供应链金融业务的价值，因为不论对于银行还是企业来说，供应链金融正在成为传统流动资金贷款业务的代替方式。深圳发展银行和中欧国际工商学院共同组成的"供应链金融"课题组（2009）认为供应链金融业务吸引眼球之处在于：首先，它为中小企业融资的理念和技术瓶颈提供了解决方案，中小企业信贷市场不再可望而不可即；其次，它提供了一个切入和稳定高端客户的新渠道，通过面向供应链系统成员的一揽子解决方案，核心企业被"绑定"在提供服务的银行；最后但同样重要的是，供应链金融的经济效益和社会效益非常突出，借助"团购"式的开发模式和风险控制手段的创新，中小企业融资的收益成本比得以改善，并表现出明显的规模经济。

在供应链运作中，产品内分工的运作模式增加了交易环节，相应地增大了对资金的需求和企业间的交易成本。供应链条上的核心企业因其规模优势，在传统银行信贷活动中被认为低风险贷款人，由于其在供应链中处于主导地位，可以通过不平等的交易条件，将资金占用和财务成本转移给供应链上下游的中小企业；而供应链条上的中小企业在传统银行信贷中被认为高风险贷款人，难以获得资金，即使获得资金，也要因此支付较高的成本。这种传统信贷实践造成的资金供求和财务承担能力的不对称性，必然影响供应链的长期稳定（张方立，2007）。在供应链的背景下，通过金融产品的创新，增强中小企业融资能力，降低其融资成本，已经成为供应链稳定发展的必然要求。供应链金融是一种为中小企业量身定做的新型融资模式，它紧贴供应链的结构及交易特点，借助供应链条上核心企业的信用实力、交易的自偿性以及货物的流通价值，对供应链上单个或上下游多个中小企业提供全面的金融服务（白马鹏，2008）。这种融资模式跳出了单个企业的传统局限，它站在整个供应链的高度，切合产业经济，为供应链内部的企业提供整体金融服务。

7.2.1　不同视角透视供应链金融

国内外专门研究供应链金融的文献还比较少，还没有对供应链融资给出明确的定义，但是各种与供应链有关的融资方式和融资产品都已经在企业中得到了广泛的应用，虽然没有文献对供应链金融的含义进行系统的归纳和总结，但已有许多研究涉及供应链金融的思想和理念。Gonzalo Guillen（2007）等人研究了集生产与企业融资计划于一体的短期供应链管理，提出合理的供应链管理模式可以影响企业的运作与资金融通，从而增加整体收益；Leora Klapper（2006）对供应链中的中小企业采用存货融资模式的机理及功能进行了分析；Allen N. Berger（2006）等人最早提出了关于中小企业融资的一些新的设想及框架，初步提出了供应链金融的思想。

国际上对于供应链金融有三种不同的理解，分别来自供应链核心企业的视角、电子交易平台服务商的视角以及银行的视角（供应链金融课题组，2009）。一是供应链核心企业的视角。根据 Michael Lamoureux（2008）的定义，供应链金融是一种在核心企业主导的企业生态圈中，对资金的可得性和成本进行系统性优化的过程。这种优化主要是在对供应链内的信息流进行归集、整合、打包和利用的过程中，嵌入成本分析、成本管理和各种融资手段而实现的。二是电子交易平台服务商的视角。根据 Aberdeen（2007）的解释，供应链金融的核心就是关注嵌入供应链的融资和结算成本，并构造出对供应链成本流程的优化方案。而供应链融资的解决方案，就是由提供贸易融资的金融机构、核心企业自身，以及将贸易双方和金融机构之间的信息有效连接的技术平台提供商组合而成的。电子交易平台的作用就是实时提供供应链活动中能够触发融资的信息按钮，比如订单的签发、按进度的阶段性付款、供应商管理库存的入库、存货变动、买方确认发票项下的付款责任等。三是银行的视角。从银行角度论述供应链金融的说法很多，如从银行业务拓展方式的角度，认为供应链金融是指银行通过审查整条供应链，基于对供应链管理程度和核心企业的信用实力的把握，对其核心企业和上下流多个企业提供灵活运用的金融产品和服务的一种融资方式；从供应链融资的功能角度，认为供应链金融就是将资金整合到供应链管理中来，既为供应链各个环节的企业提供商业贸易资金服务，又为供应链弱势企业提供新型信贷融资服务的服务产品创新模式；从融资的功能指向角度，认为供应链融资是通过对供应链成员间的信息流、资金流、物流的有效整合，组织和协调供应链运作过程中货币资金的运作，从而提高资金运作效率的一种新型融资模式等。

深圳发展银行副行长胡跃飞（2007）指出，供应链金融就是银行根据特定产品供应链上的真实贸易背景和供应链主导企业的信用水平，以企业贸易行为所产生的确定未来现金流为直接还款来源，配合银行的短期金融产品和封闭贷款操作所进行的单笔或额度授信方式的融资业务。闫俊宏（2007）根据深圳发展银行在供应链金融业务运作方面的经验，对供应链金融进行了定义，即对一个产业供应链中的单个企业或上下游多个企业提供全面的金融服务，以促进供应链核心企业及上下游配套企业"产—供—销"链条的稳固和流转畅顺，并通过金融资本与实业经济协作，构筑银行、企业和商品供应链互利共存、持续发展、良性互动的产业生态。王禅（2007）将供应链金融定义为银行从整个产业链的角度出发，开展综合授信，把供应链上的相关企业作为一个整体，根据交易中构成的链条关系和行业特点设定融资方案，将资金有效注入到供应链上的相关企业，为各参与方提供灵活运用的金融产品和服务的一种融资模式。

7.2.2　供应链金融运作模式研究

作为一个较新的研究领域，目前国内外对供应链金融管理进行系统研究并取得深入成果的并不多，许多文献主要集中于对其概念和价值的描述。在国外的文献中，一般将供应链金融管理称为"Financial Supply Chain

Management"（FSCM），以区别于侧重实物流的"Physical Supply Chain Management"（PSCM）。学者们从不同角度阐述了供应链金融管理产生的原因及其价值所在。Guerrisi（2001）通过考察供应链中物流配送技术和资金转移技术的发展，认为目前的资金流管理技术已经不能与快速发展的物流技术相匹配，因而提出基于互联网的电子货币转移方式将广泛应用于全球贸易链中。John A. Buzacott 和 Rachel Q. Zhang（2004）将基于存货的融资和企业的生产经营决策结合起来考虑当企业在生产运作过程中受到财务资金的限制时，可以通过存货融资的方式加以解决的问题。他们的研究表明，存货融资对于中小企业的成长有重大的促进作用，在长期内，存货融资企业的成长速度是无存货融资企业的 5.48 倍。他们同时考察了在基于资产融资的情况下，企业如何管理其资金、存货以及商业银行如何制定利率、贷款最高限额等信贷政策。Douglas（2004）在分析供应链管理过程的基础上提出了供应链管理的八个要素，提出对资金流的管理以及与其他如采购、研发、配送等过程的协调能够明显改善或促进这八个要素的增值。Richard（2004）总结了 Stanley 公司的成功经验，具体说明了如何在企业中实行供应链金融管理，使物流、信息流与资金流协调一致，从而降低成本。Dan 等（2004）从银行为客户创造价值的角度出发，以美国银行为例，提出需要在全面掌握供应链过程和特征的前提下，通过集成物流与资金流，借助电子支付手段来实现供应链金融管理。Warren（2004）认为供应链资金流管理中存在着许多成本节约和价值创造的机会。与近几十年供应链管理对物流、信息流和顾客服务等方面的研究相比较，对资金流的研究存在明显不足。中小企业在这方面的无效率性使其常常需要维持过高的运营资本来应对供应链资金流的风险。他认为随着支付结算工具的进步和技术解决方案的发展，企业可以更好地管理供应链资金流，减少运营资本，从而增加收益。Stefan（2004）通过对 1000 多家企业财务总监的调研，运用数据包络分析（Data Envelopment Analysis）方法对投入和产出做了定量分析，提出当企业达到一定规模之后，供应链中资金流信息的标准化能够为企业创造价值。

在物流金融实践的推动下，国内的学者近几年也开始意识到供应链中资金流管理的重要性，研究方向主要包括以下几个方面：杨绍辉（2005）

从商业银行金融服务模式的角度，首先介绍供应链金融服务内容，然后分别讨论供应链融资服务与中小企业现金流管理的财务关系、应收账款融资服务和存货融资服务的业务操作模式和产品设计等，提出了供应链金融的集成方案，并通过产品参数设定详细阐述了供应链融资模式、应收账款融资模式和存货融资服务模式。唐少艺（2005）运用供应链金融的思想对中小企业的融资模式创新进行了探讨。闫俊宏、许祥秦（2006）基于对供应链金融的核心理念及特点的研究，针对应收账款、存货和预付账款分别设计了三种基本融资模式，即应收账款融资模式、存货融资模式和预付账款融资模式，并对每种模式的具体运作流程进行了介绍。李齐（2008）从代理融资架构入手，以代理融资担保体系为分析的重点，对代理融资方案的运行模式、外包担保和适用范围等内容进行了初步探索。谭敏（2008）在分析我国供应链金融的发展现状和中小企业竞争机制的基础上，认为我国商业银行应审时度势，加快供应链金融业务的创新发展，构建银行、中小企业和商品供应链互利共存、持续发展的产业生态。

关于应收账款融资的文献主要有：梁红（1999）在《企业应收账款融资创新》一文中，借鉴西方国家有关资产证券化的成熟理论，把应收账款证券化，利用应收账款证券化这一新型的融资工具筹集资金，从而达到激活应收账款的目的。王建清（2000）认为，应收账款融资主要是指通过保险、追索等方式，将跨国公司的国内应收账款出售给国内银行换取短期资金融通的融资方式，并提出了应收账款融资方案的设计原则以及几个值得注意的问题。张家良（2004）探讨了应收账款质押担保所涉及的法律问题。他认为应收账款从法律性质上来看属于合同债权，即基于合同而产生的债权，用应收账款作为贷款质押担保是法律允许的。秦宏昌（2008）对商业银行开展应收账款融资的相关问题进行了深入研究，通过对业务实践中相似的融资方式或担保方式进行比较，就目前法律环境下如何防范法律风险提出了建议和措施。王奇（2008）提出了供应链金融的"池融资"业务，即中小企业无须额外提供抵押和担保，只要将日常分散、小额的应收账款集合起来，形成具有相对稳定的应收账款余额"池"并转让银行，就可以据此获得一定比例金额的融资。

此外，刘春兰（2006）认为贸易融资难成为制约中小企业从事国际贸易业务的瓶颈。这其中既有中小企业本身的问题，也有商业银行方面的问题，还有融资体制方面的问题。针对这些情况，刘春兰就如何解决中小企业贸易融资难的问题提出了对策。闫琨（2007）提出了适用于农业供应链体系的金融服务产品框架。朱文贵（2007）从系统结构的角度分析了供应链金融管理系统的组织结构、流程、功能和决策问题，并对系统中的三个重要因素——融资活动、支付结算活动和采购活动进行建模与优化分析。伍卫（2007）认为供应链是企业产业链中物料和服务的转换，供应链融资的基本要义是把供应链上的相关企业作为一个整体，根据交易中构成的链条关系和行业特点设定融资方案。这种融资模式能解决供应链中资金分配不平稳的问题，整体提升整个供应链中的企业群体的竞争力等。陈建中、肖甲山（2008）认为供应链融资中的商业信用不仅可以优化资金流从而提高供应链整体绩效，而且可以影响上下游企业间的订货批量和订货时间间隔，从而降低供应链成本。他们参照商业信用融资下的经济订货批量模型，以供应链成本最小为目标，探讨了该目标下的最优商业信用融资决策问题，并通过利益共享模型分析了最优商业信用融资决策下实现的成本节约在上下游企业间的合理分配。杨米沙（2008）通过对供应链金融融资模式的分析展示了供应链金融产品营销的五大特点，即专业交叉的复合型营销团队、物流资金流信息流协同运行、客户满意度具有群体性、创新是竞争发展原动力、特定风险认识与防范。

7.2.3　供应链金融的风险研究

国外文献将供应链中的风险阐释为供应链的"脆弱性"。对于"脆弱性"，Paterson（2001）将其分为内部和外部两种。内部脆弱性是企业内部供应链缺乏"敏捷性"的结果，外部脆弱性则主要受两个因素的影响：资源和运输的复杂性、需求与预测的不确定性。而"敏捷性"为一个组织在一个持续变化、不可预测商业环境下的适应能力。Hallikas（2002）和Cranfield Management School（2002）分别从不同角度对供应链风险进行定义，其基本含义如下：（1）供应链风险的来源是各种不确定因素的存在；（2）牛鞭效应使供应链风险被放大；（3）由于供应链网络上的企业之间是相互依赖的，任何一个企业出现问题，都可能波及和影响其他企业，影响整个供应链的正常运作，甚至导致供应链的破裂和失败，因此供应链风险即供应链的脆弱性。

目前，国外已开发出各种模型以供商业银行和投资者用于对贷款和投资风险进行测度。虽然目前已经出现了大量的有关供应链风险管理的文献，但是，这些文献主要集中于定性方面，定量研究的成果较少，对于与融资有关的供应链风险识别、风险评估和管理过程的研究也甚少。王光石、李学伟（2005）分析了供应链金融业务的内涵及其运作过程中的风险控制，提出了商业银行发展供应链金融服务模式应当建立的七个子系统。王灵彬（2006）从信贷业务的共性和供应链融资的特殊性出发，指出了供应链融资面临的多种信贷风险，分析了信息共享对信贷风险的影响，并提出基于信息共享体制的供应链融资信贷风险管理策略。石代伦等（2006）分析了用金融衍生工具的思想来管理供应链风险的价值和影响，该分析基于简单的两阶段供应链，即在供应链中，零售商既可以直接购买产品，又可以购买产品的期权。首先，求解零售商的最优订货政策、供应商的最优生产政策，并给出最优期望利润的解析表达式；然后，说明期权是如何帮助促进信息分享、鼓励风险分担以及提高供应链管理效率的。他们讨论了期权对激励供应链参与方以及提高供应链应对环境变化能力的积极作用，并提供了数值计算得出的观察结果。杨晏忠（2007）将供应链金融运作中的风险归纳为环境风险、政策风险、市场风险、信用风险和法律风险五大类风险，并在对风险和表现形式进行分析的基础上，就如何防范供应链金融风险提出了具体的方法及应对措施。刘士宁（2007）对供应链金融开展过程中的风险进行分析，提出了加大物流企业与银行的合作力度、建立健全市场信息体系、完善操作规范和明确法律责任与义务等防范措施。杨光（2007）针对供应链融资过程中产生的逆向选择风险和道德风险，提出了风险共担融资模式的融资渠道，他认为延迟策略给供应链带来了新的融资模式，处在核心位置的连锁企业成功地克服了信息不对称产生的逆向选择问题，而且具备了办理融资业务的能力。白少布、刘洪（2008）根据企业间的供应链构架建立了供应链融资意义下的收益模型，分析了融资企业努力水平与合作企业、金融机构等诸要素之间的相关关系，引入供应链努力水平均衡线概念，在此基础上分析了企业获取最大收益的有效途径。中国物资储运协会会长姜超峰（2008）针对供应链金融存在的风险和问题，从商业银行角度提出应建立中小企业信用指标体系并对其实施全程控制，从物流企业角度提出应建立物流外包链并建立相应的组织机构和管理体系。

第三部分 优势分析

作为一项金融创新，供应链金融较好地解决了整个供应链条上相关利益主体的收益分配问题，实现了整体收益的最大化；通过先进的信息平台和标准化的流程设计，解决了不同市场主体对风险和收益的差异化需求，降低了融资风险，弱化了信息不对称度；冲破了不动产束缚，实现了中小企业资金的融通，加速了企业资金的周转，提高了资金的利用效率。本部分从整体收益最大化、弱化信息不对称度、降低信贷风险、提高资金利用率等方面对供应链金融相比传统融资模式所具有的优势进行分析。

首先，以由一个制造商和一个零售商组成的两级供应链系统为背景，以商业银行为研究视角，通过商业银行在供应链金融融资模式下的收益分析，运用模型说明商业银行更偏好于为供应链上相关企业提供集合授信，从而阐述供应链金融融资模式相比传统信贷融资所具有的优势。其次，运用银企信贷动态博弈模型论证降低银企交易成本和弱化信息不对称度是解决中小企业融资难的路径依赖，并从信号传递和信息甄别两个方面阐述供应链金融弱化信息不对称度的作用机理。再次，阐述了供应链金融的风险管理体系，并运用模型设立风险分担系数，以第三方物流企业参与下的动产质押供应链融资模式为例进行分析，研究供应链金融如何实现风险、收益相匹配，找到了利益最大化的均衡点。最后，为避免委托代理关系中产生的道德风险，分别分析了供应链金融模式下信贷人与借款人、商业银行与物流企业间的合约选择，通过模型说明供应链金融中的契约设计有效地规避了道德风险，并通过第三方物流企业的参与，缩短了资本流通环节，提高了资金利用效率。

8 信息传递，弱化信息不对称

供应链金融的各种融资产品的发展，给金融机构提供了一条发展高端客户和稳定高端客户的新的途径。整条供应链的整个运作，将核心企业与提供金融服务的银行"绑定"在了一起，同时也帮助链上的中小企业解决了融资难的大问题，增强了中小企业的收益能力，供应链可以长期、稳定、持续地发展，实现了多方共赢的局面。供应链金融是解决中小企业融资难问题的一条有效途径。对于上下游企业（多是中小企业）而言，供应链金融有利于提高企业的信用水平，获得银行金融支持，有效地盘活沉淀资金，提高资金流转效率，进而满足核心企业的要求，与其建立长期合作关系。

8.1 中小企业融资难成因分析

中小企业在发展过程中常常会遇到市场难以解决的资金短缺问题，资金短缺已经成为制约中小企业发展的瓶颈。与大企业相比，中小企业利用信贷途径融资的难度更大，中小企业融资难问题一直是困扰中小企业发展的难题。关于中小企业信贷融资难的原因归纳起来有以下观点：（1）信息不对称导致中小企业融资难。金融机构与中小企业之间的信息不对称，使得银行难以有效识别优质中小企业，从而导致银行对中小企业信贷量不足（贺力平，1999）；当银行面临信息不对称问题时，银行要求中小企业提供担保、抵押等方式来降低逆向选择和道德风险的影响。人们普遍认为，中小企业受处置成本和资产专用性程度等多种因素的影响，在清算时其价值损失相对较大，所以在贷款中所面临的抵押要求也更加严格（郭田勇，

2003）。（2）缺乏中小金融机构导致中小企业融资难。国内部分学者在西方学者提出的"小银行优势"假说基础上，基于银行组织结构的视角对我国中小企业信贷融资难问题进行了分析，认为缺乏一个完善的中小金融机构体系是造成我国中小企业银行融资难的根本原因（林毅夫、李永军，2001；张捷，2002）。李志赟（2002）基于小银行比大银行向中小企业贷款更具信息优势等假设前提，在银行业垄断的模型中引入中小金融机构后发现中小企业可获信贷和社会整体福利都得到了增加。（3）中小企业金融支持服务模式缺失导致中小企业融资难。解决中小企业融资难要建立相应的中小企业金融支持体制，强化金融服务功能和支持力度，增加对中小企业的资金投放。目前，国有商业银行与中小企业在融资体制安排上不对称，是制约中小企业金融支持的主要因素，金融体制改革中出现的体制转换裂缝硬化了对中小企业的政策歧视，不利于中小企业金融支持措施的落实（王朝弟，2003）。供应链金融基于观点（1）和观点（3）提出解决中小企业融资难的方案设计，在弱化信息不对称度的同时为中小企业融资输入全新理念和独特视角，构建全新的中小企业金融服务模式，使中小企业通过信贷市场融资不再可望而不可即。供应链金融对解困中小企业融资难、创新银行中小企业金融服务模式具有较大的现实意义和理论价值。

8.2　银企信贷动态博弈模型

尽管改革开放以来中小企业融资渠道发生了多元化变化，但是由于中小企业自身底子薄、自有资金少，民间融资等各种融资渠道不太畅通，中小企业无力进入正规的资本市场进行直接融资，同时专为中小企业提高信用担保的、包括财政拨款在内的担保体系刚刚起步。因此，在当前的体制和制度框架下，我国中小企业的外源融资主要是依赖间接融资，而在间接融资中主要还是依赖于银行贷款。中小企业和银行发生信贷关系，是一个动态的博弈过程，需要动态分析中小企业违约、银行诉讼等过程来考察中小企业信贷融资难的主要原因及其解决路径。

当中小企业向银行申请贷款后，中小企业和银行之间形成了一个动态的博弈过程。动态博弈过程需满足以下三个假设：（1）双方的行为是顺序发生的，即银行根据中小企业的行为选择是否放贷；（2）下一行动选择之前，所有以前的行为都是可以被观察到的，即银行可以观察到中小企业的经营状况、信用记录及违约状况等信息；（3）每一可能的行为组合下参与者的收益都是共同知识，即中小企业和银行对于自身采取的行为所获得的收益有准确的认识。中小企业从可行集 A_1 中选择一个行动 a_1，当银行观察到 a_1 之后从可行集 A_2 中选择一个行动 a_2，假设中小企业和银行的收益分别为 $u_1(a_1, a_2)$ 和 $u_2(a_1, a_2)$，许多经济问题都符合这种博弈①。当在博弈的第二阶段银行选择自己的行动时，假设中小企业已选择了行为 a_1，那么银行面临的决策问题可以用下式表示：$\max_{a_2 \in A_2} u_2(a_1, a_2)$。假定对 A_1 中的每个 a_1，银行的最优化问题只有唯一解，用 $R_2(a_1)$ 表示，就是银行对企业的行为的反应（或最优反应）。由于中小企业可以预测到银行每一个可能的行为 a_1 所作出的反应，在决定是否申贷时要解决的问题可以归结为 $\max_{a_1 \in A_1} u_2(a_1, R_2(a_1))$。假定企业的这一最优化问题同样有唯一解，表示为 a_1^*，我们称 $a_1^* R_2(a_1^*)$ 是这一博弈的解。当中小企业向银行提出贷款申请时，银行的行动集有两种选择，即贷与不贷，而银行的行动集基于中小企业的经营状况、信用等级、抵押物状况等已知信息。若银行拒绝放贷，则整个动态博弈终止。若银行同意贷款，则银行下一步的行动集由企业还贷行为决定，如中小企业按时还贷，则博弈终止，实现银企双赢。如中小企业违约，银行面临两个行为集：银行可以采取容忍态度，承担坏账损失；也可以进行追究，请求补偿。

（1）完美信息下的银企动态博弈。假设信贷市场具有完美、完全信息，交易费用为零，即具有完善的中小企业金融服务体系，中小企业担保抵押手续简便，且费用低廉；若企业发生违约，高效的司法体系会迅速对银行进行补偿，而且费用极低。运用博弈树描述银企扩展式的动态博弈，如图 7-1 所示。银企动态博弈有四种情况，当中小企业向银行申请贷款

---

① 参与者 2 的可选择行为空间 A_2，可以允许依赖于参与者 1 的行为 a_1。这种依赖性可以表示为 $A_2(a_1)$，或者可以合并到参与者 2 的收益函数中，对那些给定 a_1 时不可行的 a_2，令 $u_1(a_1, a_2) = -\infty$。

时，银行考核中小企业的状况，若银行拒绝放贷，则博弈终止，银行和中小企业的收益都为零，收益集为（0，0）；若银行同意放贷，则银行视企业的还贷行为进入博弈的第二个阶段。若银行贷款后，企业按时足额地归还贷款及利息，则博弈终止，银行和中小企业实现了共赢，收益集为（1，1）。若银行贷款后，企业违约，这时银行有两个选择集：若银行采取容忍态度，不追究企业的责任，则企业获得利润2，银行损失本金－2，收益集为（2，－2）；若银行进行诉讼，企业由于不履行责任而受罚，所获利润为零，银行利益得到补偿，收回本金1，收益集为（0，1）。显然，经过利益的权衡，若企业发生违约，理性的银行在容忍和诉讼之间，必然会选择诉讼，而理性的企业在违约和还款之间，必然选择还款。因此，在完美信息下银企动态博弈的纳什均衡是银行放款，企业履约，实现银企共赢。

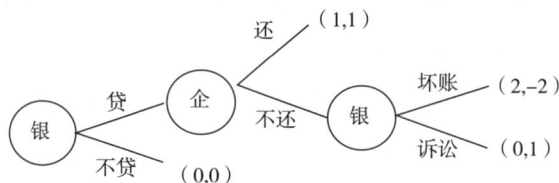

图8－1　完美信息下的银企动态博弈

（2）不完美信息下的银企动态博弈。现实经济生活中是有"摩擦"的，如中小企业担保或抵押可能不足，司法体系效率不高等因素会造成银行在追究违约行为时产生高额的交易费用和漫长的等待时间。在交易费用较高的条件下，银企博弈格局将发生变化，如图7－2所示。若企业发生违约行为，银行进行追究时要付出高昂的交易费用，假设交易费用为0.5，则银行追回补偿后的总收益为0.5。若司法效率低下，在诉讼处理的时间内假定企业运用贷款取得的收益为1.5，重新考虑银企博弈格局，此时博弈的均衡状态发生了改变。在不完美信息下，企业更倾向于违约，而银行为了较少损失，必然采取少贷或不贷的策略。此时的纳什均衡是银行拒绝放贷，企业和银行双方一无所获，导致中小企业融资难。

通过分别对完美信息下和不完美信息下的银企动态博弈进行分析可以发现，完善的中小企业金融服务体系、良好的担保抵押体系或高效的司法

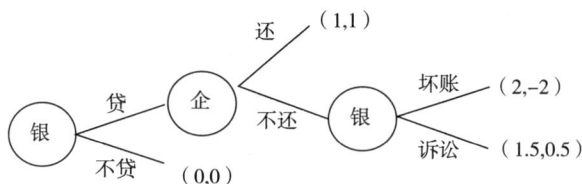

图 8 - 2 不完美信息下的银企动态博弈

制度能有效降低银企交易成本，实现银企共赢；反之，高昂的交易成本和低效的司法制度将增加银企交易成本，加剧中小企业融资难。因此，在缓解中小企业融资难问题时，只有从降低交易成本、促进银企信息沟通入手，才能取得效果。供应链金融作为商业银行的一种新的金融服务模式，在降低交易成本、减弱信息不对称度、增强风险控制能力等方面具有独到的优势。近年来，供应链金融在国际银行业应运而生，成为商业银行新的重要业务增长点。

8.3 供应链金融弱化信息不对称度的作用机理

由以上银企信贷动态博弈模型分析可知，消解银行与企业间的非对称信息，进而削弱逆向选择和道德风险，是解决中小企业融资难的根本途径。供应链金融是对传统信贷文化进行演化与变迁的逻辑起点，供应链金融消除银企间不对称信息的机理如下（李勤，2010）：

（一）通过供应链和监管企业，银行获得了更多的"软信息"

核心企业作为供应链条上物流和资金流的枢纽，成为信息"集散中心"，其与银行的高度配合，为银行在贷前和贷后提供了关键性的信贷决策依据。供应链金融以企业间的真实交易背景为基础，通过来自核心企业的综合信息和供应链成员的交互信息，比如商业信用记录、企业的贸易背景、经营动态、财务状况等，银行即可对供应链成员企业的信用风险作出基本判断。金融业与物流业具有天然的利益和价值契合点。物流企业在提供物流服务的过程中，可以很便捷地掌握供应链上生产者、销售者的详细信息。供应链融资的产品运用很多都涉及对物流的控制。

（二）供应链金融具有畅通的信号传递途径

供应链融资背景下，中小企业具有丰富的信号传递系统来显示自己的质量，如支持性资产、供应链准入体系等。银行也借此掌握了丰富的甄别企业质量的"硬信息"。支持性资产丰富了中小企业传递信号的工具。供应链中每笔交易都有对应的物流与资金流，银行可以将其作为资产支持手段，比如货物质押、应收账款等。中小企业的流动资产在资产负债表中占了很大比重，利用流动资产提供的信用支持为供应链中小企业成员解决融资需求，是供应链融资的基本出发点。核心企业的供应链准入体系也是传递授信企业能力的信号。

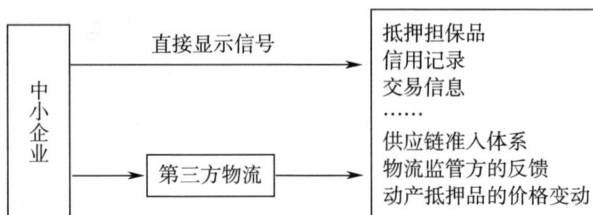

图8-3　供应链金融信号传递

（三）价值链及信誉链增加了企业的违约成本

供应链金融是核心企业与银行间达成的一种面向供应链成员企业的系统性融资安排。核心企业为了整个融资链的信誉，将担负起监督中小企业信息质量的责任。对中小企业来说，进入大企业的供应链系统是一个传递自身质量的信号。供应链融资将风险考察范围延伸到受信主体的上下游供应链、信誉链中，建立在供应链、信誉链基础上的融资链能有效引导企业提高所披露信息的真实性和透明度。企业要想提高自己的信誉，就必须在价值链和供应链上与其他企业诚实合作。这种声誉机制减少了中小企业信贷的道德风险。

在制度不完善的背景下，即使贷款人完全了解借款人的行为或项目收益状况，如果缺乏执行机制或执行成本太高，贷款人仍然不能有效防止借款人的道德风险（金俐，2006）。供应链金融中质押品的性质有利于提高法律执行效率。质押品一般具有易变现、价值稳定、易储存等特点，加上货物监管方对物权的有效控制，即使借款人违约，银行也能在最大限度上减少损失。

（四）科学的风险控制手段降低了信息不对称度

供应链金融模式中的信用捆绑、双重信用体系等风险控制技术使银行在考察企业信息时扩大了时间和空间范围：一是扩大了信息的释放半径，由传统的授信主体与银行之间单一的信息传递改变为供应链、价值链、信誉链与银行之间的信息传递，信息释放空间扩大；二是延伸了信贷博弈的对象与时间，由传统的授信企业与银行之间的双向一次性博弈转变为授信企业与供应链之间的多次动态博弈。此外，供应链融资的不良预警机制要比传统信贷融资的实时性更强。供应链融资业务在风险管理方面的最大优势在于连续的贷后操作，更容易捕捉一些预警信号，提供了观测授信人经营状况以及行业景气度的丰富窗口。

8.4 金融资源整合提升信用水平

马歇尔在他的《经济学原理》中提到了"外部经济规模"的概念。他认为，外部经济是由众多相互联系的企业集中在特定的地方所产生的规模经济。他用外部规模经济说明产业集群存在的理由，认为生产和销售同类产品的企业或存在产业关联的上中下游企业在特定地方集中，会使人才、机构、原材料形成很高的使用效率，而这种使用效率是处于分散状态下的企业所不能达到的，它形成外部规模经济，从而促使企业集中在一起，形成了产业集群。

韦伯则从工业区位的角度对集群进行了深入研究，并提出了"集群经济"概念。他把区位因素分为区域因素和集群因素，认为集群因素可分为两个阶段：第一阶段仅通过企业自身的扩大而产生集群优势，这是初级阶段；第二阶段是各个企业通过相互联系的组织而形成的地方工业化，这就是最重要的高级集群阶段。这种高级阶段的集群就是我们所说的产业集群。韦伯从集群因素造成的经济性——"一般经济开支成本"降低来研究集群产生的动因。①

基于以上理论，罗正英等人指出，由规模经济维系的企业集群引致了信誉链的建立，信誉链的核心是厂商信誉的共建与共享。通过信誉链的建立，处于该链条上的所有厂商的边际信誉度被提高到同一水平。②

企业聚集在一起，相互交易，慢慢建立起一种"共生"机制。它们为了共同利益的最大化，相互协作，相互交流信息，互相监督，这样必然会产生信息的聚集效应。对中小企业来说，为了更好地在供应链中求得生存，必然参加企业间的联络，提供与自身相关的信息以换取供应链中更多的信息，并树立良好的信用形象。在供应链金融模式下，金融机构通过与链内企业合作可以降低其信息搜集成本，中小企业的信誉与大企业的信誉或者中小企业之间的信誉进行了"捆绑"，中小企业与大企业的边际信誉度变为同一条曲线，即处于同等水平共建信誉链提升了中小企业在信贷市场中的地位，这样既强化了银行对中小企业的信贷倾向，有利于增加银行的信贷收益，也降低了银行的信贷成本和风险，节约了交易成本。

胡跃飞（2009）将这种中小企业利用供应链所衍生的信誉链对它的信用辐射和信用增级，获得融资便利，降低融资成本的现象称为"光环效应"。③供应链金融的"光环效应"对中小企业融资的优势体现在如下几个方面。

（1）"光环效应"有利于提升中小企业在信贷市场中的地位，提升企业的融资能力。信誉链将中小企业的信誉与大企业的信誉或者中小企业之间的信誉进行了"捆绑"，从而使处于该链条上的所有厂商的边际信誉度被提高到同一水平。

（2）"光环效应"有效地克服了信息的不对称性，产业集群内的信贷风险更体现在产业风险上，产业风险比个别企业风险的变异系数要小，而且产业风险具有一定的可预测性，因此可以降低信贷风险，加上集群内的

---

① 谭启华：《我国中小企业信誉链融资模式研究》，武汉理工大学硕士论文，2006。

② 罗正英、张雪芬、陶林云：《信誉链——中小企业融资的关联策略》，载《会计研究》，2003（7）。

③ "供应链金融"课题组. 供应链金融——新经济下的新金融［M］. 上海：上海远东出版社，2009.

声誉对企业的生存与发展很重要，企业间的相互联系，比如承包、转包、产品的质量、交货时间、资金结算等本身就是建立在信任的基础上，一旦某企业逃废银行的债务，很快就会在集群内传开。维持声誉的重要性，使集群内的中小企业不会轻举妄动，使企业逃废债务的可能性减少，从而有效地克服了信息的不对称性。

（3）"光环效应"有利于降低银行信贷的交易成本。信贷的交易成本是银行与中小企业从事信贷交易时所花费的时间和金钱，包括搜寻成本、谈判成本、监督成本和其他交易费用。搜寻成本是银行搜寻、筛选申请贷款对象，找到最适合贷款对象的成本；谈判成本是银行与企业谈判的成本；监督成本是银行为了防止道德风险和逆向选择而采取的一系列措施所花费的成本。以往银行对中小企业实施信贷约束的一个重要原因就是交易成本过高，但是，中小企业的集聚可以有效降低信贷的交易成本。商业银行作为资金供给方，通常难以把握中小企业财务状况的真实性和中小企业的经营运作，而依托信誉链后，中小企业以集群的方式向金融机构"团购"授信，大幅降低了中小企业单独申请授信的成本。

（4）"光环效应"有利于提高最终产品的核心竞争力。由于小企业单独向银行申请贷款的融资成本过高，抬高了整个供应链的成本。供应链金融模式下的供应链金融通过信誉链的信用辐射和信用增级以及第三方仓储企业的引入，使得整个供应链的融资成本下降，从而降低了单位产品的成本，有利于提升最终产品的核心竞争力。

传统的供应链管理注重通过价值链、作业链分析来寻求缩减成本、避免不必要开销的机会。然而，反复运用该类成长分析流程，边际利润不可避免地递减。供应链金融模式下的供应链财务管理促进了物流和资金流、信息流之间的整合，通过引入物流企业搭建的信息平台，缓解了供应链中的信息不对称，解决了供应链中企业抵押难的问题，从而对企业库存水平、资金周转、作业流程和最终客户服务水平带来积极影响。

引起供应链财务成本增加的因素包括信息不畅、缺乏协调、延期支付等。商业银行提供供应链金融服务，通过对企业的库存和预付款融资，有助于节点企业盘活资产并腾出流动性以应付更大的订单和更连续的订单流，避免小批量、间歇性的生产活动带来的财务成本的不经济。银行在帮助企业做应收账款管理时，可以利用自身信息优势在商业折扣期内替企业归还欠供应商的应付货款，供应商可以及时回笼资金，经营的连续性得以保证，因高成本融资、催收账款等因素造成的财务成本支出得以节约。

从国外金融仓储的实践经验看，金融仓储服务大多引入电子平台。核心企业将订单、收货、确认付款等信息及时发布在信息平台上，供货商可以通过这些信息向电子平台上的成员银行提出不同阶段的融资请求，银行给予相应的融资批复和出账，电子平台再将买方的结算支付直接导向供应商对银行的还款账户，最终实现银行贷款回收。基于电子平台交易降低了端到端的成本，一系列的银行审批、企业确认工作得到大大简化。通过信息流归集，企业对市场需求变化、产品缺货和现金流短缺能够作出快速反应，供应链企业对市场变化的灵敏程度得以提高。由银行和第三方仓储提供财务管理的金融仓储模式可以有效减少供应链企业信息障碍、缺乏协调、支付延期所带来的财务成本增加因素，有利于信息流、资金流、物流的整合，也有利于整个供应链的成本缩减，进而提升整个供应链的竞争力。

9 降低风险，实现风险收益相匹配

供应链金融模式凭借对物流、信息流和资金流的控制以及面向授信自偿性的结构化操作模式设计，构筑了用于隔离中小企业信用风险的防火墙，并形成了严密的贷后操作环节。这就造成了信用风险向操作风险的"位移"，因为操作制度的严密性和操作制度的执行力度直接关系到防火墙的效力，进而决定信用风险是否被有效屏蔽。在供应链金融模式下，专业的金融机构操作方式以及独立的第三方动产监管方式等，均提高了该融资模式的标准化程度和复制的可能性。同时，通过先进的信息平台和标准化的流程设计，能够解决不同市场主体对风险和收益的差异化需求，降低融资风险。

9.1 供应链金融模式的风险管理

风险识别是风险管理的前提和基础，风险管理起步于风险识别。只有通过科学、系统的方法来识别风险，才有可能对风险有一个整体综合的认识，并且以此为基础合理地选择控制和管理风险的方法。供应链金融模式下，商业银行在开展供应链金融业务前以及过程中，会运用各种方法系统地、连续地对所面临风险以及风险发生的潜在原因进行分析，这是风险识别的过程。制作风险清单是银行识别风险的最基本、最常用的方法，它将银行所面临的风险逐一列举，并与实际经营活动联系起来，动态地来分析风险。基于供应链金融整体融资方案的特征，商业银行在识别其融资风险时除了要考虑融资企业自身的经营状况外，还要考虑到融资企业在供应链中所处的地位和作用以及整个供应链的运行状况，其信用风险识别的内容如表9-1所示。

表9-1 供应链金融信用风险识别主要内容

评估类别	主要内容
企业基本状况	业务内容、股权结构、设立时间、关联企业、管理人员评价等
市场地位	主要产品市场容量、市场占有率、技术水平的层次、销售网络、竞争对手状况等
供应链状况	主要供货商、主要销售对象、结算方式、技术的替代性、与交易对手的利益关联度等
企业的融资状况	申请授信的总额度、在其他银行的授信、其他方式借款等
企业的财务分析	企业经营的重要财务数据、流动资产的详细状况、企业财务趋势的分析等
授信用途及资产支持	授信用途、操作模式、存货状况、应收账款结构和汇款记录、交易对手状况等

资料来源：深圳发展银行—中欧国际工商学院"供应链金融"课题组．供应链金融——新经济下的新金融［M］．上海：上海远东出版社，2009.

风险评估是在风险度量的基础上，分析银行对于风险的承受能力，判断是否采取合适的风险控制措施。在对信用风险进行度量后，银行需要评估风险承受能力。供应链金融模式的操作控制首先要确保授信支持性资产的有效性和可实现性。银行首先应当确认融资企业资产是否真实有效、融资企业是否拥有对资产的完整所有权。在出现信用风险时，确保银行对资产的所有权受到法律保护。银行要事先检查合同和相关协议的内容是否符合法律规定，在签署法律文件时，保证文件的正确性、有效性、完整性和规范性。银行应当确保授信支持资产对于授信信用支持的充分性，也就是资产的价值能充分补偿银行可能出现的最大授信损失。银行还应当确保授信支持性资产受到有效监控，主要是依靠现金流管理和物流管理的相关技术手段。

风险控制是风险管理中的第三个环节。风险控制是对经过识别和评估的风险采取分散、对冲、转移、规避和补偿等措施，进行有效管理和控制的过程。针对供应链金融的特点，对风险进行有效的分类，针对各种风险制定相应的风险控制措施是银行的重要职责。此外，要健全风险管理体系。我国商业银行的风险管理组织架构是总分行制，按行政区设立分支机构，机构下设风险管理部门，管理层次多，对市场信号反应慢。银行风险管理组织体系要适应商业银行股权结构变化，逐步建立董事会管理下的风险管理组织架构。健全的风险管理体系将有助于供应链金融中风险的控制（汤曙光、任建标，2010）。表 9 - 2 以供应链金融中的动产质押模式为例，分析其在模式运作过程中存在的主要风险以及风险控制。

表 9 - 2　　　　　　　　现货质押—动产质押风险控制

步骤	步骤一：核实质押物	步骤二：签订有关合同	步骤三：核定质押物价格	步骤四：出账	步骤五：赎货模式
主要风险点	质押物的真实性、有效性及其是否处于监管方的有效控制下	合同使用的正确性、有效性、合法性、规范性	防范质押物价格脱离市场价格或其成本价格	出账手续是否齐备	保证金或仓单质押手续是否完善，提货后质押是否足值
控制措施	对货物进行实地考核，通知仓储企业有关质押事实并出具确认单	与借款企业、仓储企业签订监管合同和质押合同	由仓储企业提供质押物价格的资料，并由银行进行审核	确保核库报告和仓储企业签章的出质确认书保持一致	由出质人出具质押合同，仓储企业审查质押率，签提货通知单

注：马佳. 供应链金融融资模式分析及风险控制［D］. 天津大学硕士学位论文，2008，33.

供应链金融模式下的现金流管理是指银行通过设定流程模式、产品运用、商务条款约束等安排，对授信资金循环及其增值进行管理和控制，确保授信资金投入后经过交易的增值回流优先偿还银行贷款。对物流的控制包括以第三方协议的方式保证供货商的货物在送抵授信企业后处于银行的控制之下。在供应链金融模式的信用风险度量中，首先要对中小企业的经营状况进行评估。为减少主观判断的误差，在对信用风险进行度量时可以采用结构化的方法控制评估的质量。结构化有两方面含义：一是指结构化的分析过程，二是指结构化的指标体系。在供应链金融业务分析中，企业主体授信信用分析的结构化流程如图 9 - 1 所示。

```
┌──────────────┐  ┌──────────┐  ┌────────────────┐
│ 借款人还款战略分析 │  │ 借款动机分析 │  │ 风险收益比率分析 │
└──────────────┘  └──────────┘  └────────────────┘
          │            │              │
        ┌─────────────────────────────┐
        │     借款企业业务及战略评价      │
        └─────────────────────────────┘
    │              │          │         │
┌──────────┐ ┌──────────┐ ┌──────┐ ┌──────┐
│ 供应链交易状况 │ │ 企业管理层人员 │ │ 财务报表 │ │ 行业分析 │
└──────────┘ └──────────┘ └──────┘ └──────┘
┌──────────┐ ┌──────────┐ ┌──────────┐
│ 定性分   │ │ 财务模拟   │ │ 风险评估   │
│ 析记录   │ │ 压力测试   │ │ 法律意见   │
└──────────┘ └──────────┘ └──────────┘
┌──────────┐ ┌──────────┐ ┌──────────┐
│ 贷款管理   │ │ 贷款审批   │ │ 贷款文件   │
└──────────┘ └──────────┘ └──────────┘
        ┌─────────────────┐
        │ 贷款资金筹措与收回   │
        └─────────────────┘
```

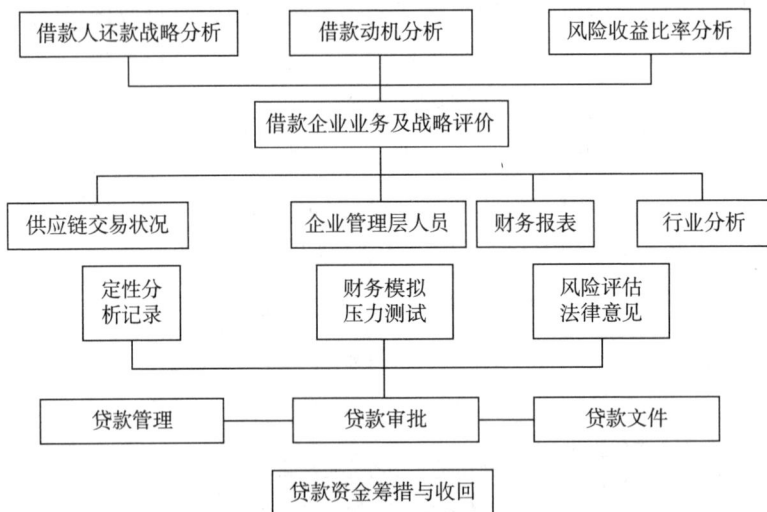

图 9 – 1   供应链金融业务信用分析过程

9.2   供应链金融风险收益匹配的理论分析

对传统信贷融资模式下的风险收益模型，已经有很多学者进行了深入研究，而在供应链金融服务模式下，由于在模式运作中加入了第三方物流企业，且该融资模式冲破了不动产的束缚，融资企业可以以动产作为质押并实施第三方监管，各参与方承担一定风险并获得相应收益，供应链金融实现了各参与方风险和收益相匹配，找到了利益最大化的均衡点，因此在分析供应链金融服务模式中的风险收益值时，需要引入新的制约因素。

基于供应链金融的核心理念和经典模式，本部分以第三方物流企业参与下的动产质押供应链融资模式为例进行分析。假设商业银行给予融资企业动产质押的贷款折扣率为 ω，商业银行根据质押物近几年的价格变动情况来确定质押物价值的均值 $\bar{c}$，进而确定贷款金额 $L = \omega \cdot \bar{c}$；λ 为质押物流动性风险，商业银行对质押物的变现价值为 $(1-\lambda)\tilde{c}$，$0 \leqslant \lambda \leqslant 1$；假设质押物的期末价值为 c，贷款到期的本利和为 θ。根据动产质押供应链融资模式的定义，当质押物期末价值 c 小于到期本利和 θ 时，商业银行选择仍由借款企业将质押物变现，并将变现所得 $\tilde{c}$ 中的 $\lambda t \tilde{c}$ 返还给借款企业，作为对质押物减值风险的分担，在对传统的存货信贷模型进行分析的基础上重新引入风险分担系数 t（$0 \leqslant t \leqslant 1$），该系数的大小由双方事先约定。此时，$p = \int_0^\theta f(c) dc$ 表示质押物的期末价值 $c < \theta$ 的概率，即风险分担概率，商业银行由于对质押物价格走势的估计失误，需要以一定的概率与借款企业分担风险①。

基于以上的假设，在发生 $c < \theta$ 的情况下，商业银行由第三方监管方将质押物变现获得的收益为 $(1 - \lambda t) \tilde{c}$，大于其自身在现货市场亲自变现获得的收益 $(1 - \lambda) \tilde{c}$，而此时借款企业的支出为 $(1 - \lambda t) \tilde{c}$，小于违约情况下支出的成本 $\tilde{c}$，双方的福利都获得改善，获得了帕累托改进。由此可知，供应链金融模式在第三方物流企业的参与下由商业银行和借款企业设定合理的风险分担系数，大大降低了借款企业的信贷风险，并通过商业银行的风险分担机制，实现了风险在信贷双方的配比，在科学控制风险的同时实现了整体收益的提高，使双方达到了风险收益的合理匹配。

以下以供应链金融模式下的风险分担契约理论来分析信贷双方如何实现风险收益的合理配比，以达到最优。模型如下（徐招玺，2008）：

在商业银行和融资企业分担风险的机制下，假设商业银行收益利率的期望 r_l 满足以下等式：

$$L \cdot (1 + r_l) = L \cdot (1 + r) \cdot (1 - p) + p \cdot (1 - t\lambda) \tilde{c} \tag{1}$$

---

① 信贷方在向借款企业提供质押贷款时，双方预期质押物的期末价值随机变量 c，其一般密度函数为 $f(c)$，标准差为 σ。根据质押物几年的价格变动情况来确定质押物价值的均值 $\bar{c}$。按照一定方法确定贷款折扣率 ω 和名义贷款利率 r，进而确定贷款金额 $L = \omega \cdot \bar{c}$，则贷款到期的本利和 θ 就由 $\theta = L \cdot (1 + r) = \omega \cdot \bar{c}(1 + r)$ 来确定。$\tilde{c}$ 为违约条件下的均值，$\tilde{c} = \dfrac{1}{p} \int_0^\theta c \cdot f(c) dc$。$\lambda$ 为质押物流动性风险，信贷方对质押物的变现价值为 $(1 - \lambda) \tilde{c}$，$0 \leqslant \lambda \leqslant 1$，信贷方对质押物的变现价值为 $(1 - \lambda) \tilde{c}$，$0 \leqslant \lambda \leqslant 1$。

在固定贷款折扣率 ω 的情况下，由式（1）对 r 求导，可得

$$\frac{\delta r_l}{\delta r} = (1 - p) - t \cdot \lambda \cdot \theta \cdot f(\theta) \tag{2}$$

r_l 对 r 的二阶导数为

$$\frac{\partial^2 r_l}{\partial r^2} = -(1 + t\lambda) \cdot f(\theta) \cdot \omega \cdot \bar{c} - t\lambda \cdot \theta \cdot f'(\theta) \cdot \omega \cdot \bar{c} \tag{3}$$

同样，对于单峰的对称密度函数 $f(c)$，在 $\theta \leqslant \tilde{c}$ 时，有

$$f(\theta) \geqslant 0, f(\theta) > \frac{(1 + t\lambda)f(\theta)}{t\lambda\theta} \tag{4}$$

因此，$\dfrac{\partial^2 r_l}{\partial r^2} < 0$，$r_l$ 存在最大值，并且在一阶导数为零的地方取到，即

$$1 - p = t\lambda\theta f(\theta) \text{ 或 } 1 - \int_0^\theta f(c)dc = t\lambda \cdot \theta \cdot f(\theta) \tag{5}$$

$$\theta = \theta^*, r = r^* \tag{6}$$

将上式代入可得

$$r_l = \frac{\lambda \cdot \theta^{*2} \cdot f(\theta^*) + (1 - t\lambda)\displaystyle\int_0^{\theta^*} c \cdot f(c)dc}{\omega \cdot \bar{c}} - 1 \tag{7}$$

从而得到在商业银行和融资企业分担风险的机制下，给定贷款折扣率 ω 及其他参数，可以获得最大化商业银行期望利率时的名义贷款利率 $r = r^*$。在 $r < r^*$ 时，$\dfrac{\delta r_l}{\delta r} > 0$，随着 r 的增加，r_l 也会增加，因此商业银行的名义贷款利率 r 应该在区间 $[0, r^*]$ 中取值。由于融资企业的成本会随着 r_l 的增加而增加，如何确定一个双方都能接受的利率水平，需要考虑实践中双方的力量对比和协商。在风险分担的情况下，由于双方总福利的增加，总能通过设置一定的 t 值来使双方的利益都能增加。

由于 $\theta = \omega \cdot \tilde{c}(1 + r)$，当 ω 取相同的值时，商业银行可以设置较高名义贷款利率，取得较高的收益；当 r 取相同的值时，融资企业可以获得更高的贷款折扣率，从而取得更多的融资金额；通过调节 r 和 ω 的取值，在商业银行获得较高的贷款利率的同时融资企业也获得了更多的贷款额度，

双方的利益都得到了增加。

9.3 商业银行风险控制机制创新①

截至 2007 年末，我国银行业金融机构境内外资产总额达到 54.12 万亿元，比 2006 年同期增长 20.8%。其中，国有商业银行总资产仍占主体，占比达 54.7%；股份制商业银行、城市商业银行、外资银行的总资产份额占比分别为 14.7%、6.40%、2.4%。从数字表面上看，部分银行的方向性转型取得了一定的成效，比如零售存款、贷款的增长速度超过公司业务，零售银行业务在银行总盈利中的占比提高等。但是，我们同时也应该认识到，支持这些发展成绩的大部分因素是偶然的因素。比如，银行业发展近几年受到了房地产市场的惠及，房地产市场的繁荣带来银行房产按揭业务的泡沫性增长以及相关利润的激增；全球资源性产品的价格持续攀升，带来了银行相关理财产品的热销等。但是，对于大部分银行而言，产品设计是一个资源条件瓶颈，金融创新受到监管业与技术条件的共同约束，市场接受能力也不足，个性化营销和产品成为核心竞争力还需时日。

在这种情况下，在不脱离现今银行的发展状况的条件下找到一个新的利润增长点是重中之重。于是，供应链金融的出现解决了这个问题。从趋势上看，赊销是替代信用证和跟单托收的重要方式，目前全球贸易中大约 85% 的交易以赊销方式结算，导致传统贸易融资的市场只剩下 15%，这种结算方式的盛行使得银行传统的贸易融资产品快速地失去市场。在这一环境下，银行除了处理支票和汇款外，只能袖手旁观，对客户的供应链运行毫无参与的机会。而供应链金融为我国银行参与客户贸易活动提供了可行的途径和业务转型的机会：原先只是满足客户贸易中个别环节的融资需求，现在要作为企业的战略伙伴，对其整条供应链提供服务方案；过去，银行习惯于以产品为中心的贸易融资策略，现在这种传统策略必须让位于

---

① 裴瑾. 我国商业银行供应链金融业务研究［D］. 首都经济贸易大学硕士论文，2010：14－15.

"价值增值的合作者"。

我国资本市场的快速发展导致商业银行日益预感到自己失去高端客户的危机。与此同时，面对中小企业这个近在身边的急速壮大的市场，商业银行却始终无从下手。在供应链金融业务发展之前，传统的信贷风险控制技术在面对假报表、无抵押担保和随时可能倒闭的授信申请人时，显得苍白无力。这就解释了我们在过去几年中经常看到的情景：在"先圈地，后开发"的策略下，各家银行竞相将自己标榜为"服务中小企业的专业银行"，客观上也对管理当局"鼓励中小企业融资"的急切心情作出了呼应。作为一种新兴业务，供应链金融的优势在于：一是它为中小企业融资的理念和技术瓶颈提供了解决方案，中小企业信贷市场不再可望而不可即；二是它提供了一个切入和稳定高端客户的新渠道，通过面对供应链系统成员的一揽子解决方案，核心企业被"绑定"在提供服务的银行；三是供应链金融的经济效益和社会效益非常突出，借助"团购"式的开发模式和风险控制手段的创新，中小企业融资的收益与成本条件都得以改善，并表现出明显的规模经济。如果说国外银行推出供应链金融的初衷在于维系与老客户的关系，即避免全球化背景下产业组织结构变化导致的老客户流失，那么国内银行业热衷于供应链金融则基于明确的新客户导向，即开发中小企业市场的一种新的授信技术和盈利模式。供应链金融业务一般可以获得利息收入和中间业务收入，商业银行可以以点带面地发展客户，既增强了对核心企业的服务能力，又带来一大片中小客户，业务成本低、效益大，具有很强的吸引力。

长期以来，我国商业银行在经营理念上存在误区，缺乏资本观念和资本约束，往往只重视短期收益而忽视未来风险的扣除，普遍走的是规模扩张型的路子。我国银行偏重企业贷款，这种资产结构加剧了银行资本的消耗速度，致使信贷规模的扩张速度远远超出银行资本的增长速度，同时大量的不良资产又严重侵蚀了银行资本，最终导致我国商业银行存在巨大的资本缺口。在资本约束下，商业银行想要发展，必须通过经营转型来优化盈利模式，而经营转型不仅包括完善治理结构、转变经营理念，发展资本节约型的低风险业务和中间业务等也是非常好的手段。

供应链金融业务具有"自偿性"的低风险特性。所谓"自偿性"，是指融资所支持的真实贸易活动本身能够直接产生足够的现金流偿还融资，"自偿性"使得该项融资比其他融资在还款来源上更有保障，因此，在债项评级中风险较低，在债务人主体评级不变的情况下，低风险的债项评级将直接降低资本的风险权重，从而减少资本的占用。供应链信贷包含对供应链和借款企业等贸易背景的评判，是对借款企业自身资信水平及交易真实度的综合评判。传统的授信审贷由信用等级评定和授信量分析组成，其内容包括客户的历史沿革、组织架构、业务流程、管理能力、人员素质、主导产品（服务）在市场上的地位、市场竞争力、营利性、履约情况、偿债能力、现金状况、营运能力、与银行的业务关系、风险状况、相关效益和重大经营活动等信息，是对单一客户较为孤立的评判。供应链信贷方式是根据客户的真实贸易背景进行授信分析，综合审定给予客户的授信金额、期限和融资品种，是具有量化分析依据的，使融资量能够更准确地满足企业当前的贸易情况。而传统信贷方式的授信量分析主要参照客户以往的或同类企业的资金占用情况，对企业的资金需求进行估算，这个量很难掌握，容易与企业真实的需求存在较大差距。它们相同的是都注重分析借款企业的经营管理能力、经营作风、管理质量、市场经营环境、从事主要经营活动产生现金流的能力和未来的偿债能力，所不同的是供应链授信更关注对借款企业未来现金流的直接取得。引入完善的供应链金融风险管理系统后，通过对供应链和借款企业的评判，可以确定客户是否具有稳定的、可实现的未来现金流；另一方面，通过对真实贸易背景的分析，可以选择合适的融资品种使客户的未来现金流转移至银行可控的账户，从而使银行直接取得企业的未来现金流。

供应链融资突破了我国商业银行传统的评级授信、抵押担保等信贷准入条件的限制，主要依靠交易的实质存在性，通过网络对供应链上的物流、信息流、资金流进行跟踪，建立还款专户，锁定还款资金，有效控制融资风险，为我国商业银行风险控制开辟了新的可行性路线。

10 物流和资金流统一，提高资金利用率

物流、资金流和信息流是供应链运作的三个重要因素。在供应链金融模式运作下，第三方物流企业作为连接中小企业和银行的金融之桥，运用自身的物流信息管理系统，将银行资金流与中小企业的物流有机结合，优化了融资程序，加速了企业生产和销售周转效率，而且通过动产质押，降低了动产的资本占用率，不仅解决了企业的融资难问题，还有效地盘活了中小企业沉淀的资金。供应链金融通过灵活选择不同的运作模式，有效地提高了资金利用率，实现了整个供应链金融的价值增值，最终使各方主体达到了共赢。

10.1 供应链金融模式下信贷人与借款人的合约选择

在供应链金融模式下，信息不对称带来的代理问题是客观存在的，只能靠制度建设或引入激励和监督机制来降低代理成本。一般而言，道德风险可以通过委托方给予代理方一定的价格补偿来解决，但是并不能从根本上解决问题，如果没有监督机制，代理方仍然会采取偷懒的行为。因此，委托代理关系往往会借助契约的约束，通过在各方主体之间建立长期的、关系密切的、互惠互利的合作关系，使得代理方实施道德风险的机会成本增加。因此，在供应链金融模式下有必要设计一个协调各方主体的合作协约，通过合约的设计，以书面的形式规定各自的责任、利益的分配，使双方共享合作利润和共担模式风险，实现总利益的最大化，从而促进供应链金融模式的进一步应用与推广。

信贷人与借款人之间的信贷合约设计是金融仓储服务模式的关键环节

之一。信贷合约设计包括贷款额、贷款利率的确定等，在供应链金融模式下，实现了商业银行和第三方物流企业的通力合作，商业银行往往会依据第三方物流企业提供的有关企业生产阶段、经营能力等信息，制定不同的利率，并随着授信风险不断调整；而且，商业银行最后会根据质押库存商品的价值及其风险水平确定一个贷款限额向中小企业发放贷款，因此贷款额与贷款价值比率和质押物的价值、风险水平等有关，具体包括质押物的价格风险、流动性风险、质押物进出库数量和总价值变动等信息。为了简化模型，可以先将银行和第三方物流企业看成一个整体①——金融机构（信贷人）来分析信贷人和借款人之间的行为。

（一）模型假设

目前关于供应链金融中信贷合约的设计，已有不少研究：张媛媛（2006）研究借款企业和银行合作及不合作两种情形下的贷款价值比率的确定、物流企业和银行合作情形下贷款价值比率的确定、价格波动下的贷款价值比率和平仓比率的确定。李毅学（2007）研究了在委托监管下、统一授信模式下、委托严密监控下、价格随机波动下的贷款价值比率确定。于萍（2007）在对称信息的假设下，分别在存货抵押和基于资产融资模式下求解出信贷人期望利率收益最大化时的名义利率和贷款价值比。王文辉（2008）在分散决策条件下通过分析利率、贷款限额对企业期望收益的影响，设计了银行最优的信贷合约。

在供应链金融模式下，信贷人（银行、第三方物流企业）和借款人（中小企业）签订规范的合同协议，明确各自的权利和义务关系。对于信贷人而言，它们会根据借款人的质押物商品的价值及其风险水平确定贷款限额；对于借款人而言，贷款限额、融资约束直接影响其投资行为和发展前景，并且其投资行为反过来也会影响银行的期望收益和承担的风险水平（王文辉，2008）。鉴于此，本书拟将借款人作为独立的决策主体，与银行的信贷合约设计决策联合起来进行分析，以期使银行根据企业不同的行为模式，安排不同的信贷合约参数。

---

① 于萍，徐渝，冯耕中. 存货质押贷款中信贷人与物流企业的合约选择［J］. 金融与经济，2007（10）.

为了研究方便，下面先做一些模型假设：

1. 在供应链金融模式下第三方物流企业和银行是利益共同体，一起作为金融机构，第三方物流企业严格遵守合同协议条款，诚实地为银行服务，定期向银行报送真实的监管信息，不与借款企业合谋。

2. 假设信贷人和借款人都是风险中性的，都满足理性经济人的假设，且根据所掌握的信息，分别采取行动以最大化自身利益；假设双方合作期为一个周期（这里为一年）。

3. 借款人以所拥有的存货为质押物从信贷人处借款，存货价格的波动并不影响借款人的主要经营效益，而且假设动产库存能够有效控制，即在数量不低于一定量的前提下，保证质押物相对的动态流动；或者保持质押物的总价值为一限定额。

4. 对称信息下，信贷人和借款人可以共同预期获知质押物的平均价值 W_0，即在保持总数量一定的动产库存控制下，$W_0 = \overline{P} \times q_0$，其中 $\overline{P}$ 为信贷人根据近几年的价格信息确定的一个平均价格，q_0 为质押物的数量限额；而在保持总价值一定的动产库存控制下，W_0 则是直接根据近几年的价格信息确定的一个总价值量。

不对称信息下，在保持总数量一定的动产库存控制下，设质押物的价格为随机变量 P（$P_0 \le P \le P_1$），信贷人可以根据近几年的价格信息或其他先验知识确定质押物的先验概率分布：$P \sim F(P)$，其连续密度函数为 $f(P)$，数量为 q_0，则总价值为 $\widetilde{W_0}$；在保持总价值一定的动产库存控制下，设总价值为随机变量 $\widetilde{W_0}$（$W_1 \le \widetilde{W_0} \le W_2$），且 $\widetilde{W_0} \sim F(\widetilde{W_0})$，其连续密度函数为 $f(\widetilde{W_0})$，方差为 σ^2。

5. 信贷人根据质押物的风险，确定贷款价值比 w 和贷款利率 r。

6. 企业初始时刻拥有现金 A_0，从信贷人处获得的最大贷款限额为 A_1，可知 $A_1 = w \times W_0$，设企业实际获得的贷款额为 L（$L \le A_1$），假设理性的企业会选择最大贷款限额进行融资，即企业获得的贷款额也为 A_1；企业会将初始拥有的现金和融资得来的贷款一起投资到某一项目中，设投入到项目的资金为 A，$A = A_0 + A_1$，项目的产出为投入资金的函数 $\pi(A)$。$\pi(A)$ 具有下列性质：

（1）$\pi'(A) > 0$，即项目产出是资金投入的增函数；

（2）$\pi''(A) < 0$，即该项目的产出满足规模报酬递减规律；

（3）假设企业获得银行的全额贷款额时为最优投资量，此时投入资金为 A^*，最大产出为 $\pi(A^*)$；$\pi(0) = 0$，即当投入资金为零时，项目产出为零。

为了简化 $\pi(A)$ 的形式，这里假设 $\pi(A) = \left(\dfrac{A}{A^*}\right)^{\partial} \times \pi(A^*)$，其中 ∂ 为技术水平[①]。

7. 为了研究方便，假定在市场稳定的情况下企业的预期收益是可揭示的，企业可以通过自身较好的努力水平使其运作项目收益最大化[②]，设企业付出的努力程度为 h，并且假设项目成功的概率是与企业付出的努力程度的函数 $p(h)$，且 $p(h)$ 满足下列性质：$p'(h) > 0$，即项目成功的概率是企业努力程度的增函数。相应地，企业付出努力也会产生成本，设产生的成本函数为 $C(h)$，成本函数满足下列性质：

（1）$C'(h) > 0$，即成本函数是企业努力程度的增函数，企业付出的努力程度越大，企业因此承担的成本也越大；

（2）$C''(h) < 0$，即成本函数满足边际递减规律。

8. 若企业违约，信贷人将获得处置质押物的价值，设信贷人最后得到的质押物的处理价值为 W_1，设 $W_1 = \lambda W_0$，其中 λ 为除去质押物价格风险、流动性风险、变现价值、交易成本后的价值系数，$0 \leqslant \lambda < 1$。

9. 设在 $t = T$ 时刻借款人需要偿还的贷款本息和为 B，$A_1 \leqslant B \leqslant \pi(A^*)$。

10. 假设信贷人获得资金的成本（即需要支付的存款的成本）为法定存款利率 r_0，企业投入项目的资金投资于其他项目获取的无风险收益利率为 r_1，这里假定 $r_0 = r_1 < r$。

11. 将该信贷合约用参数 K 表示，则 K 可表示为参数 w、r、B、h 共同决定的一个参数集 $K(w,r,B,h)$。

---

①　该模型借鉴：王文辉，冯耕中，苏潇. 分散决策下存货质押融资业务的信贷合约设计［J］. 复旦报，2008（4）.

②　白少布，刘洪，陶厚永. 供应链融资意义下的企业收益［J］. 经济管理，2008，19-20.

12. 设信贷人的期望收益为 $E\phi_b$，借款人的期望收益为 $E\phi_b$。

（二）合约模型构建

1. 对称信息下：

信贷人的期望收益函数为

$$E\phi_b(w,r,B,h) = p(h) \times (1 + r)L + [1 - p(h)]\lambda W_0 - L(1 + r_0)$$

借款人的期望收益函数为

$$E\phi_c(w,r,B,h) = p(h) \times (\pi(A) - B) - [1 - p(h)]\lambda W_0 - C(h)$$

将 $\pi(A) = (\frac{A}{A^*})^\partial \times \pi(A^*)$ 代入上式，得

$$E\phi_c(w,r,B,h) = p(h) \times \left[\left(\frac{A}{A^*}\right)^\partial \times \pi(A^*) - B \right]$$
$$- [1 - p(h)]\lambda W_0 - C(h)$$

2. 不对称信息下：

商业银行面临偿还风险，因此倾向于贷款限额合约，其期望收益函数为

$$E\phi_b(w,r,B,h) = \int_{W_1}^{W_2} [p(h) \times (1 + r)w\widetilde{W_0}]d_{F(\widetilde{w}_0)}$$
$$+ [1 - p(h)]\lambda W_0 - L(1 + r_0)$$

借款人的期望收益函数为

$$E\phi_c(w,r,B,h) = \int_{W_1}^{W_2} [p(h) \times (\pi(A) - B)]d_{F(\widetilde{w}_0)}$$
$$- [1 - p(h)]\lambda W_0 - C(h)$$

信贷人和借款人制定的信贷合约应该是确定一个参数集 $K(w,r,B,h)$，使得双方期望收益 $E\phi_b$ 和 $E\phi_b$ 最大化。具体而言，银行在信贷合约中选择不同的参数水平，如信贷人可以对同一企业在生产的不同行情阶段提供不同利率的贷款或者针对不同企业有区别地制定贷款价值比，制定差异化的贷款利率；企业根据项目的边际收益和边际成本选择最优的努力程度，最终结合两者共同决定的参数集最大化各自的期望收益。

10.2　商业银行与第三方物流企业之间的合约选择

为了简化研究，以上分析将商业银行和第三方物流企业视为一个整体，即金融机构，和供应链金融业务中的其他主体共同参与信贷合约的制定，实现了整体收益的最大化。然而，商业银行和第三方物流企业在合约签订中具有相对独立性（谢鹏，2008），信息不对称问题的存在使第三方物流企业在追求自身收益最大、风险最小的目标时，极易产生道德风险。因此，银行也应该建立起高效的风险治理机制，规避第三方物流企业的道德风险。

在供应链金融模式运作中，第三方物流企业主要执行两种职能：一是仓储职能，二是信息服务职能（于萍，2007）。对于第三方物流企业而言，虽然其仓储职能会产生一定的委托代理成本，但对其监督可以在较低成本下实现，第三方物流企业的行为偏离银行的期望收益最大化目标较小，因此该项委托代理成本较小；然而，对于第三方物流企业的信息服务职能来讲，其效果取决于第三方物流企业付出努力的程度，要求的监督成本很高，第三方物流企业的行为偏离银行的期望收益最大化目标较大，因此该项委托代理成本较高。因此，银行作为委托人需要与第三方物流企业签订一份适当的合约形式，使得银行按约支付给第三方物流企业的费用尽量小，但是却能有效地监管和激励第三方物流企业执行职能时付出努力的程度，最终达到双方共赢。

按照信贷人和第三方物流企业合约选择的性质划分，合约可以分为三类：一是固定费用合约，即委托人支付给代理人固定费用，自己拥有剩余收益；二是分成合约，即委托人和代理人按约定的比例分享获取的收益；三是固定租金合约，由代理人支付给委托人固定租金并拥有剩余收益。关于协约设计方面，于萍等人（2007）研究了信贷人自身信息能力程度和交易成本不同的情况下，信贷方与第三方物流企业采取的最优合约形式。当信贷人本身信息能力有限，物流企业的信息优势和努力程度对于增加信贷人的期望利率收益相当重要时，宜采用分成合约；当信贷人本身已经具有相当的信息能力时，或者第三方物流企业的努力程度易于监督时，可采用固定委托费用的形式，甚至采用不需要第三方物流企业参与的两方模式；而当第三方物流企业的信息能力对于商业银行期望利率收益至关重要时，宜采用固定租金的形式，甚至可能出现第三方物流企业委托信贷人的形式，或者仓储企业兼并信贷人的纵向一体化。关于银行对第三方物流企业的监督管理机制设计方面，徐鹏、王勇（2008）运用委托代理理论，研究银行激励和监督第三方物流企业努力工作的问题。模型给出银行对第三方物流企业仅采用激励以及激励和监督相结合两种情况下的均衡结果，并对两种结果进行比较。结果显示，与仅采用激励手段相比，银行采用激励和监督相结合的手段会使第三方物流企业更加努力地工作。

根据已有研究，在供应链金融模式下，银行为了更好地激励第三方物流企业努力执行信息服务职能，会采用激励和监督相结合的手段，银行激励水平越高，第三方物流企业付出的努力程度越大，银行给予的激励也会增强；当银行进行监督时，第三方物流企业努力程度越大，且银行监督程度越大，第三方物流企业信息服务能力越强，即随着银行的监督能力的加强，银行对物流企业的激励水平也会越来越高。

在合约形式的选择上，由于第三方物流企业对于质押物的价格、进出库数量及总价值变动等相对于银行而言具有信息优势，并且其努力程度也对金融机构的期望收益具有重要的作用，因此银行宜采用分成合约的形式，即假设协约规定，银行将金融机构获取的收益 $E\phi_b$ 的一定比例 μ，支付给第三方物流企业作为委托费用，即 $\mu E\phi_b$；对仓单质押担保模式中的统一授信模式，银行宜采用固定租金的形式，在该模式下，第三方物流企业参与业务运作的全过程，银行无须参与，此种情况下，第三方物流企业只需承诺按照约定利率 r_g 支付给银行，对于银行而言，只需要满足参与约束 $r_g \geq r_1$，即银行获取的收益不少于其直接贷款的利息收入，银行就会接受固定租金合约，因此最后第三方物流企业与银行博弈的结果是第三方物流企业承诺按照约定利率 $r_g = r_1$ 支付给银行。

10.3　缩短资本流通环节，提高资金利用效率

物流、资金流和信息流是供应链运作的三个重要的因素。在传统理念中，物流和资金流是分开的，采购、生产、销售等部门负责物流管理，而财务部门负责资金流管理。然而，在供应链运作中，物流和资金流的分离会严重影响整体运作效益（何卫萍，2009）。提高物流运营的效率对提高供应链整体的效益至关重要。而要提高物流效率，就离不开资金的有效支持，没有资金流和物流的匹配，就容易导致企业交付资金后未能收到货物，或者货物销售后资金未能回笼，很容易造成企业经营过程中出现严重的资金缺口（刘璇，2007）。因此，企业在发展的过程中面临的最大威胁是流动资金不足，但中小企业由于不动产规模较小、信用不足等原因，无法及时获取充足的银行贷款来弥补资金缺口，因此严重影响了正常运转；并且，中小企业在整个供应链过程中，由于存在严重的动产（存货、原材料等）资金闲置现象，没能更好地实现物流和资金流的匹配，影响了企业的资金周转速度，不利于中小企业的生产。对于资金缺口的弥补者银行而言，存在大量资金闲置，却未能得到充分配置。

如何将银行的资金流和企业的物流相结合，并在此基础上同时实现供应链中企业的物流和资金流的匹配？供应链金融的出现实现了这一目标。供应链金融将物流服务和金融服务相结合，有效地解决了中小企业和银行之间的矛盾，实现了融资与放贷的有效连接。第三方物流企业的出现及其对动产质押物的监管，架起了银行和中小企业之间的桥梁，有效地将物流和资金流相结合。供应链金融缩短了资本流通环节，加快了企业生产、销售周转效率。一般情况下，我国的产品在装卸、储存、运输、销售等环节产生的流通费用约占商品价格的50%，物流过程占用的时间约占整个生产过程的90%，而且经销商用于采购和库存的占压资金也无法迅速回收，大大影响了企业生产、销售的周转效率。在供应链金融模式下，第三方物流企业、供应商、经销商和银行有效地结合起来，并且将供应链上所有的供应、生产、销售、运输、库存及相关的信息处理等活动视为一个动态的系

统，通过先进的信息管理手段对企业提供金融支持，从而使产品的供销环节最少、时间最短、费用最省。企业一旦获得了供应链金融服务业务的支持，就意味着资金缺口问题得到了有效解决，更好地与供应链中的物流相匹配，还可以借助第三方物流企业的监管，大大缩短销售周期，提高经营管理能力。这样，企业不仅有效地解决了融资问题，也加速了自身生产、销售的周转效率，并且企业通过银行融资立即获得资金后，如果再将这笔资金用于其他的流动用途，进一步提高了资金的周转效率。

在中小企业的生产经营活动中，原材料采购和产成品销售普遍存在批量性和季节性的特征，这类物资的库存往往占用了大量宝贵资金，造成了严重的资金闲置现象，没能实现资金的有效利用。供应链金融模式下，银行以市场畅销、价格稳定、流通性强且符合质押物要求的商品质押作为授信条件，运用较具实力的物流企业的物流信息管理系统，将银行资金流与企业的物流有机结合，不仅解决了企业的融资问题，保证了企业的正常生产经营活动，而且还有效地提高了资金的利用效率。一方面，企业可以盘活沉淀资金，释放存量资金，有效地减少库存原材料、半成品、成品的资金占用和滞压，节约财务成本，提高经济效益；另一方面，企业将原材料等动产进行质押获取贷款后，可以将资金投入到新产品的研发、生产和销售上，不断提高企业竞争力，扩大再生产能力，从而为企业创造新的价值，最终提升企业价值链（莞阳、邓金娥，2006）。

我国传统的银行信贷模式下，中小企业常常由于缺乏厂房、机器设备等有效不动产抵押物而得不到信贷资金支持。但同时，生产型或流通型的中小企业在生产经营活动中一般都有原材料、半成品、产品等动产，且这些动产在一定时间范围内有较固定的最低储存量，物资库存往往占用大量资金。如果按其相对稳定的最低储存存货做抵（质）押来申请贷款，就能有效地解决这些中小企业融资难的问题。银行开展动产抵（质）押贷款面临动产价值认定和动产管理与价值监控问题，而专业化的供应链金融的出现能有效地解决以上难题。金融机构利用第三方物流企业提供的物流信息和物流监管，统一物流和资金流，有效解决企业资金沉淀问题。

在我国，产品在装卸、储存、运输、销售等环节产生的流通费用约占商品价格的50%，物流过程占用的时间约占整个生产过程的90%，而且经销商用于采购和库存的占压资金也无法迅速回收，大大影响了企业生产、销售的周转效率。在企业的生产经营中，供应链中小企业成员的资金缺口，常常是由于大型企业转移流动资金压力造成的。许多大型企业凭借其竞争力较强、规模大，在与上下游中小企业的议价谈判中处于强势地位，为了减少运营成本，获取更大的利润，往往在交货、价格、账期等贸易条件方面对上下游配套企业要求苛刻，如向上游赊购或采购库存前移、向下游预付款销售或成品库存后移，造成供应链中小企业成员的资金回收困难。中小企业迫于竞争压力，常常愿意为大型企业提供备用库存，延长资金回收账期，为大企业提供流动资金。这大大影响了中小企业生产、销售的周转效率。

资本循环 $G-W \cdots P \cdots W'-G'$ 规律告诉我们，资本周转速度主要取决于其由商品形态向货币形态的转化速度。企业资本增值能力由资本周转速度和投入周转的资本量 G 决定。动产抵（质）押贷款就是把 W 或 W' 直接变成增量 $\triangle G$，增加资本投入量，把简单再生产演绎为扩大再生产。发展金融仓储业务既可以有效促进企业再生产能力扩大，也可以促进社会再生产过程中生产、储备和消费的良性循环，发挥优化资源配置、提高企业生产和销售效率的作用。供应链金融加快了企业生产、销售周转效率。在金融仓储融资模式下，第三方物流企业、中小企业、银行和大型企业有效地结合起来，使供应链上的供应、生产、销售、运输、库存及相关的信息处理等活动形成一个动态的质押方式。中小企业在获得融资的同时，还加速了销售的周转率。在原材料买回来后，企业通过银行融资就能立即获得资金。如果再将这笔资金用于其他的流动用途，就能有效地盘活企业的沉淀资金，减少资金占用，解决企业实现规模经营与扩大发展的融资问题，提高资金的流转效率，降低结算风险，最终提高整个供应链的运行质量。这样，不仅企业有效地解决了资金问题，银行也通过仓储企业的信息平台，把资金流、信息流和物流统一起来，达到银行、生产方、经销商、物流企业四方共赢。

此外，对于业务正处于高速发展阶段、销售网络和物流配运系统尚未成熟的中小企业来说，供应链金融服务模式可以帮助它们迅速建立销售、配送网络，提供集融资、资金结算、配送、仓储监管于一体的综合金融服务解决方案,使其迅速拓展全国分销网络。第三方物流企业有效地融入到生产企业的原材料供应链和产成品的分销供应链中,可以以其专业的物流知识和丰富的实际操作经验,为企业物流方案的策划和物流项目的实际运作提供海陆空铁多式联运、仓储、搬运、装卸、配送、集装箱运输等多种优质的第三方物流服务,这样不仅可以有效降低企业的物流成本,而且还使其把有限的资金和精力投向企业的核心业务,提高企业的核心竞争力。

11 供应链金融融资模式下的收益分析

供应链金融将企业的经营看做是一个价值增值的过程，主张上下游企业之间进行合作。供应链金融即商业银行对一个产业链条中的单个企业或者上下游多个企业提供全面的金融服务，以促进供应链核心企业以及上下游配套企业"生产—供应—销售"链条的稳固和流转顺畅，通过金融资本与实业经济的协作，构筑商业银行、企业和商品供应链互利共存、持续发展的产业生态，有效解决中小企业融资困难的问题。基于对供应链金融的深入研究，本部分以由一个制造商和一个零售商组成的两级供应链系统为背景，假定两者都为因受资金约束而无法实现最优数量的供应链上的中小企业，以商业银行为研究视角，通过商业银行在供应链金融融资模式下的收益分析，运用模型说明商业银行更偏好于为供应链上相关企业提供集合授信，阐述供应链金融融资模式相比传统信贷融资所具有的优势。

11.1 中小企业对供应链金融的需求

在生产运作过程中，企业由于自有资金的限制，可能难以根据市场需求实现自身最优数量，进而导致不能实现最优收益，因此企业具有寻求融资服务、摆脱资金约束的动机。在传统的融资模式下，具有资金约束的企业向银行提出融资需求，银行根据企业的信用状况及其偿债能力为其提供相应利率的贷款。与大企业相比，中小企业利用信贷途径融资的难度更大，资金短缺已经成为制约中小企业发展的瓶颈。当银行面临信息不对称问题时，银行要求中小企业提供担保、抵押等方式来降低逆向选择和道德风险的影响。中小企业受处置成本和资产专用性程度等多种因素的影响，在清算时其价值损失相对较大，所以在贷款中所面临的抵押要求也更加严格，从而导致银行对中小企业的信贷量不足。

目前，国内针对中小企业信贷融资难问题的研究主要集中在发展金融支持体系、进行融资制度建设和宏观政策建议等方面，考虑到目前国内金融市场的发展状况，要通过此途径来解决信贷融资难问题需要较长时间才能实现。银行等金融机构通过创新发展中小企业融资业务，针对企业的融资需求进行金融产品创新和融资方案设计，通过在信贷市场上寻找多个参与者或利益相关者，建立一种特殊的机制来缓解中小企业信贷融资困境的做法更加切实可行。在物流业高速发展、供应链管理日益成熟的今天，从供应链金融入手为中小企业融资提供方案成了最佳思路。

11.2　参数设定与模型假设

为简化模型，本章以供应链金融下的简单两级供应链为背景进行分析。假定在单个时期内只包含一个制造商 M 和一个零售商 R 的简单的两级供应链系统，在此系统中上游企业 M 与下游企业 R 进行简单的单流程交易活动，即 M 生产产品并出售给 R，R 是产品的唯一需求者；R 购买 M 生产的产品并出售给最终消费者，M 是产品的唯一供给者。假定制造商 M 以不变的生产率生产产品并将其及时卖给零售商 R，假定零售商 R 符合经典的报童模型，在交易结束后 R 将次品返还给 M。

为简化分析，假设在开始各自交易行为之前，制造商 M 和零售商 R 除自有可利用资金外没有其他资产，而自有可利用资金不足以实现最优产量（订货量）；在供应链系统中制造商 M 和零售商 R 都为中小企业，假定它们除信贷融资外无其他融资方式。为实现最优产量（订货量），制造商 M 和零售商 R 向商业银行 B 申请短期资金融通，在模型假定中制造商 M 和零售商 R 均无议价能力。假设各参与方若将资金进行投资，可以获得无风险利率 α'，由此对一定时期内的交易活动做如下假设：

（1）在初始状态下，假设 M 的初始资金为 x_m，且没有其他资产和负债，从商业银行 B 获得贷款 w_m，利率为 α_m。制造商 M 在预测零售商 R 订货量的基础上以生产率 $1/k$ 进行生产，产量为 q_m，单位生产成本为 c_m。

（2）在 kq_m 时期内，假设零售商 R 的初始资金为 x_r，且没有其他资产和负债，从商业银行 B 获得贷款 w_r，利率为 α_r。假定零售商 R 的预期订货量为 q_r，从制造商 M 处以价格 p_m 购买产品量为 $\min\{q_m, q_r\}$，此时未来需求量 ξ 未知并且服从概率分布函数 $\overline{F(u)} = 1 - F(u)$ 且 $f(u) = F'(u)$。此概率分布函数为共同信息。M 在外部市场以价格 c'_m 出售存货且 $c'_m < c_m$。供应链交易活动结束后，M 归还商业银行 B 贷款本金和利息。贷款归还后，M 的现金量为 $X_m(q_m, q_r)$。

（3）在 $(kq_m, kq_m + T)$ 时期，最终消费者对零售商 R 的产品需求量为 ξ，R 以价格 p_r 销售产品并以 c'_r 处理存货，且 $c'_r < p_m$。为简化分析，假定零售商 R 收到的次品量是 q_r 的线性函数且等于 λq_r，其中 $\lambda < 1$。在销售活动结束时，M 以价格 p_m 收回次品 λq_r。零售商 R 归还商业银行 B 贷款本息。贷款归还后，R 的现金量为 $X_r(q_r, \xi)$。

第四部分　供应链金融产品创新模式

金融仓储服务模式是供应链金融产品的创新模式，它为中小企业充分利用企业生产经营过程中的存货和动产进行融资提供了一个解决方案。融资企业通过将动产进行质押获得贷款，解决自身规模经营与发展中的资金短缺问题。因此，对于中小企业而言，其意义主要体现在运用流动资产和存货有效盘活企业的沉淀资金，提高资金的周转效率，解决中小企业资金短缺难题。而对资金的供应者商业银行而言，制定符合中小企业特点的市场策略，积极开展产品创新，推出满足中小企业不同需求的贷款产品和金融服务，有利于扩大业务规模并进行金融服务创新。仓储企业作为独立的第三方，负责对特定动产的动态监管、流程控制，金融仓储服务模式使仓储企业的业务领域向金融领域延伸，带来了金融业和仓储业互补发展的良机，为仓储企业开创了新的发展空间和业务方向。

在金融仓储服务模式运作中，风险控制是其关键环节，科学有效的风险控制体系可以保障资金的安全性并提升这个业务模式的价值，而风险控制指标的选择又是其中的重要因素。在传统融资中，由于中小企业自身因素，商业银行要求其提供担保，而担保方式的实施会产生新的逆向选择风险。本部分基于信息不对称的理论基础，构建数理模型，对传统担保模式和金融仓储业务模式下的风险和收益进行分析比较，阐述金融仓储业务模式对信贷风险的缓释，并通过模型对其效果进行评价。风险主体之间风险与收益的对等、流动资产评估体系的不断完善、对金融仓储服务业务经验的积累和科学有效的风险管理方法，大大降低了此业务模式的风险。

12　金融仓储服务模式

随着供应链管理的不断发展和完善，降低供应链系统总成本，是现代物流研究和实践中的一个核心命题。对于供应链总成本的降低，除了采用优化供应链管理系统并通过协调和整合达到运营改进的策略外，资金流与物流的集成成为研究的热点。研究和实践表明，嵌入物流金融创新的产品，可以达到更好地优化供应链总成本的效果。因此，对于物流金融的研究是近年来物流与供应链管理领域的热点课题。针对供应链条上的中小企业面临的由于缺乏固定资产抵押和有效担保引起的资金短缺问题，基于供应链金融服务的收益分析和优势性设计框架，本书提出一种仓储企业参与下的基于动产质押的融资模式——金融仓储服务模式。该模式是由银行和仓储企业合作，通过对中小企业动产的管理与运作实现资金融通的融资创新模式。它冲破了传统融资中不动产抵押的束缚，有效盘活了中小企业的沉淀资金，提高了资金的流转效率，同时也为供应链系统中的其他利益相关者带来了可观的经济效益和社会效益。

12.1　金融仓储服务模式的提出

本书提出的金融仓储服务模式是供应链金融的融资创新产品，是仓储服务与金融服务相结合的创新融资服务模式之一。在金融仓储融资业务过程中，仓储企业以金融机构代理人和中小企业担保人的双重身份参与其中，可以有效地减少金融机构和中小企业间的不对称信息，缓解金融机构"想贷不敢贷"和中小企业"想借借不到"的资金供需矛盾。金融仓储融资业务的开展，对于解决中小企业融资难、保证金融机构信贷安全和拓展仓储企业服务功能有着十分积极的作用。

融资难问题一直是中小企业发展的瓶颈。由于中小企业在国民经济中的重要地位，中小企业融资难的问题引起了广泛的关注。中小企业透明度低、可信度不佳、经营风险大是银行向中小企业提供贷款时所考虑的关键问题，而有效的担保和抵押则可以减轻银行的顾虑。但是，由于中小企业经营规模有限，固定资产较少，土地、房屋等抵押物不足，同时基于经营战略的需要，中小企业库存资本规模有限，很难提供符合银行标准的抵押物，因此中小企业迫切需要能够盘活库存、减少资金沉淀的创新金融服务模式来获得资金。基于对中小企业融资难成因的研究滋生出多种模式：(1) 传统担保融资模式，即利用担保公司的实力对中小企业进行有效担保，通过付出担保费用委托第三方担保，实现资金融通。(2) "桥隧模式"（金雪军，2007），即通过在传统担保融资模式的三方主体中导入第四方顺利地实现贷款融资，第四方的加入起到了架通信贷市场与资本市场的桥隧作用，使得中小企业能够通过担保公司的信贷担保和风险投资公司的相应承诺及操作来实现外部增信，打通了资本市场与信贷市场。(3) "路衢模式"（金雪军，2009）。该模式是"桥隧模式"的拓展和升级，从引入第四方搭建信贷市场与资本市场的桥隧道，发展为将各种金融资源（担保、信托、投资）、各个市场主体（担保公司、信托公司、银行证券业、中小企业、投资者等）和政府通过网络连接起来，使其发挥各自的优势，构建新的融资方式，共同为中小企业解决融资问题。"路衢模式"区别于"桥隧模式"的一个重要突破口是增加了担保机构与信托金融机构的合作。信托的引入激活了整个资金链，实现了资金的放大作用和资金的循环使用。针对解决中小企业融资难问题的一系列研究成果，由于其内在问题受到一定制约，不能得到广泛应用，因此要更好地解决融资难问题，必须寻找新的创新融资模式，而金融仓储服务模式的产生是针对中小企业由于缺乏固定资产抵押和有效担保引起的资金短缺问题的系统解决方案。

在传统的信贷模式下，存在着明显的供需矛盾：一方面是中小企业急需资金而发展壮大；另一方面，商业银行却有大量资金无法贷出。库存资金的闲置，不仅对于整个社会来说是资源配置失调和效率的浪费，而且对商业银行自身来说也损失了巨大的潜在收益。信息不对称造成商业银行在给中小企业贷款过程中的高放贷风险和高审核成本。在放贷之前，由于中小企业财务制度不健全，经营管理状况难以明确掌握，银行为避免逆向选择带来的风险，需要做大量的信息获取和审核工作，这相比于大型企业信息的真实性和易得性，无疑需要较高审核成本。在放贷之后，由于中小企业成为资金的实际使用者和管理者，银行难以进行完全有效的监管和干预，由于银企信息不对称产生道德风险。商业银行在动产质押过程中需要了解中小企业各个生产经营环节特点及动产周转状况以实现有效、实时的风险控制。商业银行亲自监管抵押物受到诸多限制，如仓库的容量、对不同物品的保管要求、管理的复杂性等，从而影响了动产质押业务的普及。如果有专业的第三方公司来保管和监管中小企业的抵（质）押物，商业银行可以提高效率，节约成本，简化管理，更明确地掌握质押物信息。

现代经济高速发展，而传统仓储企业在我国长期以来业务单一，规模普遍较小，对于仓储企业来说，亟须拓展业务范围和加强银行以及企业的合作以扩大市场占有份额，金融仓储服务模式无疑是仓储企业开展业务创新的一个重点。随着我国物流金融、供应链金融的发展，中小企业对仓储租赁的需求日益强烈，仓储业迅速做大产业的各项条件已经具备，仓储企业面临着巨大的发展机遇。童天水（2009）根据存货资产测算出动产抵（质）押贷款市场需求量为 5 万亿 ~ 7 万亿元，占全部贷款余额的20% ~ 25%，但我国动产抵（质）押一直没有形成一定的规模，如广西动产抵（质）押贷款余额为 140 亿元左右，占全省金融机构贷款余额总数的比重不到 0.5%。因此，我国金融仓储具有巨大的发展空间。金融仓储服务模式使仓储企业的业务领域向金融领域延伸，带来了金融业和仓储业互补发展的良机，为仓储企业开创了新的发展空间和业务方向。仓储企业成为金融仓储服务模式中不可或缺的重要环节，在中小企业和银行之间搭建起一座畅通的金融桥梁，使供应链运作流程中各个环节的资金流得以顺利周转。

12.2 金融仓储服务模式的理念剖析

金融仓储服务模式从广义上讲就是面向物流运营的全过程，应用各种金融产品，实施物流、资金流、信息流的有效整合，组织和调节供应链运作过程中货币资金的运动，从而提高资金运行效率的一系列经营活动。狭义上讲，金融仓储服务模式是指商业银行以市场畅销、价格稳定、流通性强且符合质押物要求的商品质押作为授信条件，运用较具实力的仓储企业的信息管理系统，将银行资金流与企业的物流有机结合，向中小企业提供集融资、结算等多项银行服务于一体的银行综合服务业务。

金融仓储融资业务是一般动产质押业务的升华，与一般的动产质押业务的业务特征相比，具有标准化、规范化、信息化、远程化和广泛性的特点。标准化是指动产标的的质量和包装标准都以国家标准和协议约定的标准由仓储企业验收；规范化则指所有动产质押物都按统一、规范的质押程序由仓储企业看管，确保质押的有效性；信息化主要是指对所有质押品的看管，都借助仓储企业的物流信息管理系统进行，有关业务管理人员都可通过互联网检查质押物的情况；远程化即借助仓储企业覆盖全国的服务网络，确保可以在全国各地开展异地业务，并能保证资金快速汇划和物流及时运送；而广泛性是指该业务服务客户是各类企业，既可以是制造业企业，也可以是流通业企业，只要这些企业具有符合条件的物流产品，银行都可以提供此项服务。

金融仓储融资业务打破了传统的思维方式，为商业银行获取更大的市场和利润回报提供了新的途径，同时也创新性地引用动产质押来解决部分企业融资困难的问题。金融仓储融资业务的服务对象为缺少土地、房产等固定资产却拥有较多流动资产的中小企业，这类企业往往难以满足现行银行融资中的担保条件。金融仓储融资业务相对于传统思维方式下的抵押贷款的不同之处也正是这项业务本身的创新点，对于银行来说，这种创新可以大大降低银行资产的非市场风险。银行借助仓储企业的规范性和整体实力，通过调整资产结构降低授信风险，确保贷款资金安全，而且银行还突破区域限制，与外地的生产商发生联系，拓展了银行的业务范围，在此基础之上开拓和发展一批优质的新客户群体，在保证安全性的前提下提高资产的收益性。金融仓储融资业务把静态的库存变成资金这一经济运行的血脉，促进了经济的良性循环。通过金融仓储融资业务，中小企业将自有的库存原料或商品质押给银行，可获得贷款，盘活资金，加速资金周转。以原材料或产成品等动产质押的方式贷款，有利于建立银行与企业间的融资纽带，盘活企业短期闲置生产资料、零部件、产成品的价值，降低企业运营的成本，疏通企业筹集资金的渠道。金融仓储融资业务的开展为中小企业拓宽了融资渠道，帮助有产成品的中小企业获得贷款，缓解了中小企业的资金压力（张媛媛，2006）。

金融仓储融资与信用融资相比，可有效降低银行贷款风险，而较不动产抵押融资变现能力强且流动快，对银行回收资金风险小，有效规避银行贷款风险。在金融仓储服务模式下，由于动产的强流动性特征以及我国法律对抵（质）押生效条件的规定，银行在抵（质）押物的物流跟踪、仓储监管、抵（质）押手续办理、价格监控乃至变现清偿等方面面临着越来越多的挑战，限制了银行此类业务的进一步发展。因此，在尽量避免对物的流动性损害的前提下，对流动性的物实施有效监控，是金融仓储产品设计的核心思想。由于掌握着大量的历史和实时的物流信息，仓储企业在抵（质）押物监管及价值保全、资产变现、市场动态方面具备良好优势。仓储企业深度参与供应链金融，分担物流金融中的"物控"和"货代"职能，在降低银行风险的同时，为中小企业赢得银行授信提供了便利。金融机构与仓储企业的合作关系在不断加强和深化，有仓储企业参与的、新型的中小企业投资机构和信用担保及服务体系正在建立。在协助银行拓展供应链金融服务时，仓储企业也给自身带来了价值增值。通过参与金融仓储服务，物流管理已从物的处理提升到物的附加值方案管理，使物流供应商在客户心目中的地位大幅度提高，金融仓储服务模式有助于仓储企业赢得更多客户和拓展业务范围。

12.3　与传统信贷模式、"桥隧模式"、"路衢模式"的比较

金融仓储融资模式和传统信贷模式都是为企业融通资金，并收取一定利息，帮助企业达到融通资金、扩大生产经营规模的目的。与传统银行贷款集中在不动产抵押或第三方信誉担保的模式不同，在金融仓储融资模式

中，融资企业若在申请银行贷款时出现没有足够的不动产或者有价证券或者第三方提供担保的情况，可以在银行、借方企业和仓储企业三方签订相关协议的条件下，将其所拥有的生产资料、存货、商品等动产作为质押物，由仓储企业保管，银行依据该动产的价值或财产权利判断贷款敞口。此项业务中，仓储企业除提供仓储服务外，还负责监管货物流动状况，并及时向银行提供有关信息，从中获取监管费及相关费用（马晓霞，2010）。金融仓储融资是仓储企业服务功能的拓展和升级，它具有使资金流这一环节不断增值的功能。由于所提供的融资形式不同，因此性质也不同，如表12－1所示。

表 12－1　　　　　　　　金融仓储融资业务与银行贷款的区别

	金融仓储融资业务	银行贷款
融资形式	既融资又融物，同时进行	融通资金
合同标的	货权、动产	资金
业务交往中涉及的关系	质权人、出质人、监管人的监管关系、买卖关系、租赁关系	贷款人和借款人的借款关系
会计处理	不计入资产负债表的负债项目，不影响银行对企业的贷款限制	资产负债表的负债项目

在改善以往借贷状况的过程中，传统担保模式遇到很多问题，其中风险收益不对称的问题最为突出，即担保公司仅仅收取担保费却要承担整个借贷过程中的大部分风险。为了解决这个问题，一种创新型的贷款担保运作模式——"桥隧模式"产生了，通过引入第四方——风险投资，架通了信贷市场与资本市场，实现了价值链的扩延，达到了四方合作共赢的局面，但在推广"桥隧模式"的实践过程中仍存在一些制约因素，此时另一种模式——"路衢模式"的出现，弥补了传统担保模式和桥隧模式的缺陷，借鉴并吸收了两种模式的精华，为解决中小企业的融资问题铺平了道路。随后，金融仓储服务模式的出现更是为中小企业的融资打开了另一扇新的门窗，将仓储服务与金融服务结合，通过第三方的监管，实现了物流和资金流的统一。这三种模式的创新都对缓解中小企业融资困难的问题起到了"及时雨"的作用，同时也实现了各方主体的共赢。它们在参与主体、资金的有效运用及融资风险的控制和降低方面存在差异，本书通过对

几种融资模式的比较分析，以期为以后更多的创新融资模式奠定基础，给予更多的启示。

金融仓储服务模式既不同于传统担保模式，又不同于创新的"桥隧模式"和"路衢模式"，它是把仓储服务与金融服务相结合进行服务模式的一种创新。在这种模式下，仓储企业作为独立的第三方，成为不可或缺的重要主体，负责对特定动产的动态监管、流程控制，出具集货物存储、仓单交易、仓单抵（质）押于一体的标准仓单，并免费向仓单持有人提供仓单的咨询、转让、抵（质）押备案服务，确保每个交易环节的安全畅通。与以上融资模式类似，金融仓储服务模式的风险控制也需要各方主体（仓储企业、银行、中小企业）充分合作，发挥各自的专业优势，在实现优化分工的同时，实现风险分担的优化配置。然而，金融仓储模式的风险控制将对中小企业融资风险的认识和控制提升到一个全新的视角。首先，银行和其他金融机构对融资主体的评估重点从具体融资企业转移到了对供应链整体的评估，而对具体融资企业更加注重动态评估企业在整个供应链中的位置和作用，重视企业个体的交易行为和对手的动态的业务链。其次，由于金融仓储模式下中小企业融资的基础是动产质押，而贷款回收的基础是动产交易发生的真实性，因此银行通过分析供应链各环节中交易真实性的特点，来设计相应的契约和条款控制风险。

13　金融仓储服务模式运作流程

　　金融仓储服务模式的特点是充分利用企业生产经营过程中的存货和流动资产进行融资，因此，对于中小企业而言，其意义主要体现在盘活流动资产和存货，解决资金短缺难题。而对资金的供应者而言，其意义主要是扩大业务规模并进行金融服务创新。金融仓储服务模式采用科学的标准和原则，依据该模式下中小企业的融资特质对企业进行筛选，以界定该模式特定的服务对象，从源头上体现了该模式特有的优越性。商业银行、仓储企业及中小企业三方通力合作实行标准化的业务操作流程，规范化的合同协议保障了各方的合法权利，使各参与方在模式运作中明确了责任，同时降低了模式运作的法律风险；仓储企业完善的流程控制及监管体系，大大降低了信息不对称度，在运作过程中就很好地控制了模式风险，仓储企业利用自身的信息优势和地域优势向商业银行出具监管报告，并定时报送监管信息，以便于银行实时控制风险。

13.1　引入该模式各方主体

　　金融仓储服务模式作为解决中小企业贷款难的一种创新形式，是基于中小企业在国民经济中的地位和作用而产生的。金融仓储服务模式下对中小企业的筛选遵循标准化操作，是不同于传统信贷模式下企业筛选方式的创新，该模式对中小企业的引入实现科学化的介入方式和标准化的操作流程。在金融仓储服务模式下，要对仓储企业进行系统性分析，找出影响企业优劣水平的各相关因素，在参考有关资料和专家意见的基础上归纳整理，得到可以综合反映仓储企业优劣水平的评价指标体系。金融仓储服务模式建立完善的组织架构及有效的风险控制体系，保证模式顺畅安全地运作，在充分保证各方主体风险与收益相匹配的原则下缓解中小企业融资难问题。

（一）科学、全面筛选中小企业

金融仓储服务模式下的中小企业筛选要根据国家对于中小企业发展的指导思想，即"选择重点，规范操作，总结经验，稳步推进"与"支持发展与防范风险相结合、政府扶持与市场操作相结合、开展担保与提高信用相结合"的三个原则要求，结合企业的实际情况对中小企业进行筛选。金融仓储服务模式是一项新业务，为有效规避风险，银行对企业的审查相对严格，获得批准者一般都是各项业务素质比较优良的企业。比如，广发行在审贷时，一般选取行业市场占有率居前四位的企业，而且产品畅销、价格稳定、流通性好，同时也考虑企业的财务状况、实力、品牌知名度等，目的是控制好信贷风险。与传统信贷业务的审查不同，金融仓储服务业务对所服务的中小企业的审查更强调企业的成长性，这涉及该企业的还款来源。此外，经营管理团队、产品及其技术含量、市场等也是审查的重点。对中小企业的信用评价指标体系如表 13－1 所示。

表 13－1　　　　　　　中小企业信用评价指标体系

评价要素	评价指标	权重	指标满意值	指标不允许值
企业基本素质	企业规模	2		
	领导素质	5		
	管理水平	4		
偿债能力指标	资产负债率	5	60%	90%
	流动比率	4	1.5	0.8
	速动比率	5	1.4	0.5
现金流量评价	现金流动负债比率	5	16%	8%
	经营活动现金流量增长率	4	10%	4%
	现金利息保障倍数	5	1.5	0.7
盈利能力指标	净资产收益率	5	16%	8%
	总资产报酬率	4	10%	4%
	销售利润率	5	15%	5%
营运能力指标	营收账款周转率	5	400%	50%
	存货周转率	5	400%	50%

续表

评价要素	评价指标	权重	指标满意值	指标不允许值
创新能力指标	研发费用收入比率	4	20%	5%
	近三年设备更新率	4	20%	5%
	专职研发人员比率	4	8%	2%
企业成长与发展能力指标	销售收入增长率	5		
	净利润增长率	5		
	净资产增长率	4		
履约情况	贷款本金按期偿还率	4	100%	50%
	贷款利息按期偿还率	4	100%	50%
行业成长性及宏观环境评价	行业销售收入增长率	4		
	环境政策	4		

注：张卓琳. 中小企业信用担保机构有效运行模式研究［D］. 中南大学博士学位论文，2005.

（二）系统、审慎选择仓储企业

在金融仓储服务模式运作中，仓储企业的引入有利于银行控制风险。一方面，仓储企业在仓储、运输领域的专业化技能，使其能够比银行更有效地对质押物进行管理，保证银行担保物权的价值和安全性；另一方面，仓储企业通过现场实时监管，能够比银行获取更多的授信预警信号。对于仓储企业的一般管理原则是"分类认定、区别对待、择优汰劣、动态管理"，基本要求是选择合作意愿强、经营管理能力强、有一定实力、资信良好的仓储企业。对仓储企业的管理职责包括准入调查、评级、审查和认定，日常关系维护，风险预警和重大事项报告，监管资格等级动态管理，管理制度建设和流程设计等。

在金融仓储服务模式中，银行对仓储企业的基本准入标准考虑以下一些因素（王铁军，2004）：具备独立法人资格，有一定注册资本，有固定经营场所或合法仓储场地，具备一定经营规模，能独立承担民事责任并具备一定的违约责任赔偿能力；具有仓储经营资格，专门从事仓储监管业务，合法经营，有一定行业经验以及仓储经营的历史；具有良好的商业信誉、良好的过往服务信用记录，与银行、企业未发生过质物纠纷或其他道德风险；具有较强的责任意识，能积极配合银行按照监管协议约定内容严格监管质押货物，与银行有顺畅的沟通渠道，能保证银行对货物享有实际出入库控制权和处置权；有完善的仓储管理制度，规范的出入库管理制度、内部控制和业务操作流程；有较完善的培训制度，仓储管理员有丰富的专业经验，对所监管货物的规格、质量、等级有辨别能力。除此之外，应尽量避免选择业务上与借款人有较强关联性或对借款人依赖性较大的仓储监管方，一般不选择与借款人或出质人有股权、实际控制、间接控制、共同持股等关联关系并在日常经营过程中有实质性关联交易和资金往来的仓储企业。

（三）建立企业数据库，实时控制风险

在金融仓储服务模式下，企业数据库的价值所在，实际上也是目标企业关系管理的价值所在，它把关于目标企业的分散数据集合起来，向金融机构提供关于中小企业的总体、统一的看法。建立企业数据库可以把信息集成起来，同时录入关于企业的其他相关信息，使得金融机构对企业的看法更加完整，通过对目标企业的实时控制，达到减少和分散风险的目的。因此，从最基本的企业数据库的建立、维护和完善开始，做好基础工作，

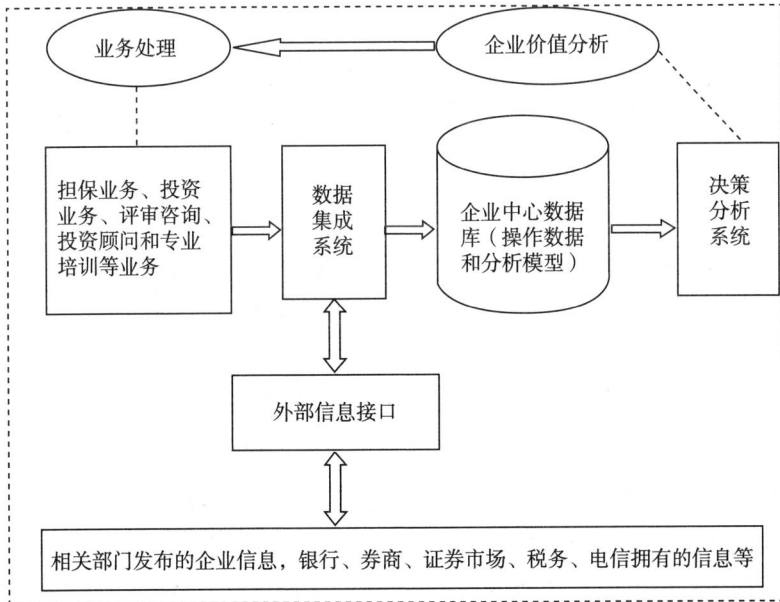

资料来源：陈瑞华. 信息经济学［M］. 天津：南开大学出版社，2003.

图 13 - 1　企业数据库的构成

充分挖掘隐藏在数据背后的信息，才能在此基础上正确识别不同价值的企业，减少风险，从而获得盈利。

企业数据库以企业中心数据库为核心，还包括数据集成系统与决策分析系统。因此，企业数据库的实施主要体现在企业业务和外部信息处理、企业数据集成系统、数据仓库和决策分析系统四大部分。如图 13 - 1 所示，建立企业数据库的目的最终体现在进行企业价值分析，以便更有效地开展业务。

13.2　标准化的业务操作流程

金融仓储服务模式采取标准化的流程设计，中小企业提出融资要求，仓储企业向中小企业推荐其合作行，银行对中小企业的动产质物及信用评级进行考核，若符合银行金融仓储模式的要求，则由银、企、储三方签订规范化的合同协议，明确三方的权利和义务关系。由仓储企业对贷款企业的动产标的物实施监管，并开具标准化的仓单，贷款企业以仓单作为抵押获得银行贷款，从而实现融资。仓储企业要建立完善的监管体系和顺畅的流程控制，对质押物进行第三方监管，并定期抄送监管报告上报银行，以便银行实时控制风险。

（一）银、企、储签订规范化合同协议

在金融仓储服务模式运作中，借贷合同或委托动产管理合同所涉及资金往往用于金融仓储的操作，仓储企业的中介地位、仓储业务的特点决定了仓储企业一方面能够管理并在一定程度上控制中小企业的动产流通，另一方面能了解客户货物交易及持仓情况。因此，借款合同的当事人常常在签订借款合同的同时，与仓储企业签订委托监管协议，授予仓储企业监管权，把仓储企业看成是能够保证借贷资金、委托资产安全的监督者。委托监管协议的表现形式很多，有的由仓储企业与借款合同双方在合同之外，专门签订独立协议；有的则把委托监管协议内容放入借款合同或委托资产管理合同中，这类合同在金融仓储业务中往往被称为"三方监管协议"。委托监管协议是从属于借款合同或委托资产管理合同的从合同。主合同有效是委托监管协议有效的前提，也是仓储企业监管权发生的前提。合同协议是确立金融仓储服务中关系方权利和义务关系的法律凭证，标准、规范化的合同协议一方面可以明确三者在业务操作中的责任，做到合理地分工合作，保证业务的安全顺畅，另一方面可作为纠纷发生时的书面凭证。

首先，中小企业与仓储企业签订仓储协议，将货物送入仓储企业的仓库，仓库审核确认并接收后，开具仓单。其次，中小企业凭借该仓单向银行申请贷款，银行对仓单进行审核，中小企业、银行和仓储企业协商签署仓单质押贷款三方合作协议书，仓单出质背书登记交付银行；仓储企业同银行签订不可撤销的协作银行行使质押权保证书，确定双方在合作中各自履行的责任，银行与中小企业签订账户监管协议。最后，银行按照货物价值的一定比例向中小企业发放贷款，从而顺利实现中小企业的融资。本书以商业银行和仓储企业独立签订的三方监管协议为例，阐述各参与方承担的责任和义务。仓储企业与银行签署的合作协议示例如下：

动产监管业务合作协议

甲方：××仓储企业

乙方：××银行

为推动动产担保信贷业务开展，有效控制风险，实现银企双方共赢，经双方友好协商，在开展动产监管业务合作方面达成共识，并形成以下合作协议：

一、甲方是经批准合法专业从事仓储、担保、仓储服务的公司，为乙方提供独立的第三方动产监管服务；乙方及其下属支行在符合法律法规、金融政策的前提下，给予甲方一定的业务推荐。

二、甲方对于乙方推荐的业务应优先受理，并以监管意向书的形式向乙方提供一案一策的监管方案。甲方作为独立的第三方，接受乙方的委托，按照乙方的要求，负责为乙方指定的仓储货物进行动态监管、控制、管理，包括货物的入库、出库、调整及货物情况的及时查询，确保货物安全、充足、足值。

三、具体业务发生时甲方、乙方和物主签订具体的仓储监管协议，并依约执行。甲方因监管不力造成乙方损失的，需承担赔偿责任；乙方则需按约支付货物保管、监管费用。

四、甲方应尽早完成监管信息系统的开放，并为乙方开通查询所委托监管的动产情况的权限。

五、甲乙双方应指定专人联系业务，定期沟通业务中的问题。

六、合作期内，甲方发生承包、租赁、合并、兼并、合资、分立、联营、股份制改造、破产等行为，甲方应提前两个月以书面形式通知乙方，并征得乙方同意，否则乙方有权终止本协议。

七、甲方发生合并、兼并、合资、分立、联营、股份制改造等体制变更行为的，合作期项下的全部义务由变更后的机构承担。

八、甲方应定期（半年、年终）向乙方提供真实的财务报表及对外担保业务情况，乙方有权了解甲方的投资、盈利、资金流向等财务信息。

九、在合作期内，双方不得单方面提前解除协议。确因客观原因，一方需要提前解除协议的，应提前一个月通知另一方，并征得另一方同意，共同就协议终止后双方的权利、义务达成一致意见。本协议未尽事宜，甲乙双方可签订补充协议。

十、本协议合作期一年，期限届满，合作期内已发生的业务，甲方应继续按具体协议中的约定履行义务。

十一、本协议一式四份，甲乙双方各两份。本合作协议自双方签章起生效。

甲方（公章）　　　　　　　　　　　　乙方（公章）
日期　　　　　　　　　　　　　　　　日期

由于仓储企业的监管权是主合同双方当事人共同委托产生的，因此由仓储企业对监管范围内的资金运作情况进行及时通告，并通知当事人补充货物或转入资金的行为，是委托监管协议确定的监管权的主要内容，也是贷款人或委托人对贷款或委托动产检查权、监督权最直接的表现。这一监管权既是仓储企业的权利，又是仓储企业的义务。委托监管协议约定将贷款人或资产委托人的检查权、监督权授予仓储企业，仓储企业实际上是代理贷款人或资产委托人行使检查权与监督权，因此仓储企业的通告及通知行为，相对于借款人或资产受托人来说是一种权利；另一方面，仓储企业既然接受了贷款人或资产委托人的委托，就有义务保证它们的检查权与监督权得以有效实施。另外，仓储企业的监管权既然是基于委托监管协议的授权而产生的，其权利的行使就应在授权的范围内进行。因此，委托监管协议必须明确约定通告及通知的时间或前提条件、频率，以及通告或通知的范围、内容等。仓储企业任何超出授权范围的行为，未经授权方事后追认的，仓储企业将对行为的后果承担相应责任。

委托监管协议的有效有赖于其基础合同的有效，委托监管协议委托的监管权是由基础合同各方对仓储企业的共同委托，其主要内容是通过对中小企业动产的监管，保证动产的总数量或者总价值、向有关各方通告、通知监管账户内资金。对于中小企业资金账户管理、平仓与资金的划转等内容，仓储企业必须按有关规定的要求进行，不能仅依据委托监管协议的约定进行。

（二）仓储企业完善的流程控制和监管体系

金融仓储服务模式借助仓储企业的参与实行第三方监管，仓储企业借助其良好的仓储、配送和物资管理条件，作为中小企业的第三方仓储中心，帮助中小企业以存放于仓储中心的动产获得金融机构的质押贷款。仓储企业不仅为金融机构提供了可信赖的质物监管，还帮助质押贷款主体双方解决了质物价值评估、拍卖等问题，并可以有效融入中小企业的产销供应链中，为其提供良好的第三方仓储服务。仓储企业掌握着客户特别是主要客户的大量历史和实时的货物交易信息，仓储企业参与质押贷款后，作为连接中小企业与金融机构的综合性服务平台，天然的信息优势可以充分发挥。仓储企业与金融机构不断巩固和加强合作关系，联合建立中小企业信用担保及服务体系。

（1）质押货物的监管

在金融仓储服务模式运作中，质押货物的监管是动产质押中非常重要的环节。仓储企业受银行委托对货物进行监管，根据要求制定存货管理的具体办法，同时银行可以定期进行监控。对质押物在金融仓储服务模式中进行监管的办法一般是冻结该项资产，这样操作简便且易于控制。但是，对于很多中小企业而言，存货占用的企业资金较多，而且存货周期短，周转速度快，冻结存货会影响企业的业务。针对这样的情况，一些金融机构推出新的金融产品"动产及货权质押授信"，对于质押存货通过不断"追加部分保证金—赎出部分质押物"以满足正常经营需要，顺利解决融资和资金占压问题。中储集团无锡公司还推行了总量控制的模式，将全部库存作为质押物，由银行控制总量以保证银行的资产安全。通过互联网络，随时掌握企业库存状况。

金融仓储服务模式通过仓储企业把质押物的管理与中小企业供应链整合起来，提高了中小企业的贷款积极性，同时也加快了贷款的回收。就具体操作来说，如可以采取追加保证金的方式来赎出质押物，银行要与借款人签订账户监管协议，明确借款人要在银行开立专用监管账户，补充相应数量的保证金或者动产项下所有货物的货物回笼款按照比例打入该项账户。仓储企业应该对货物出库、销售等环节根据银行要求提供监管服务。

（2）动产库存的控制

在金融仓储服务模式运作中，动产质押融资的难点在于不断变化中的库存控制。负责监管质物的仓储企业可以选择保持质物名称、质量、状况不变，并且数量不低于一定量的前提下，质物相对的动态流动；或者保持质物的总价值为一限定额。前者是在保持一定总量的前提下，采取相同的物品来替换标的物；后者是在保持一定总价值的前提下，用相同价值的物品置换标的物。

在应用总数量管理控制库存的运作中，仓储企业对存放在自身仓库的动产进行核查登记，输入金融仓储服务模式的网络信息平台。银行根据质押物的市场价格并参考仓储企业的建议，确定相应质押物的市场价值，并依据贷款金额和贷款折扣率确定库存总量下限。当企业需要取用物资时必须取得仓储企业的同意，并通过网络信息平台将取用物资的相关信息（时间、数量、品种、规格等）发送至仓储企业的信息控制平台。仓储企业会根据企业的生产进度对质押物定期进行库存盘查，同时派人不定期地对库存情况进行抽查。当物资库存总量低于风险下限时，仓储企业会通知银行并要求贷款企业补充相同物品或者归还部分贷款，否则即冻结质押货物。仓储企业负责对中小企业补充的货物进行质量、品种、规格、数量的检查。贷款企业归还全部贷款后，银行通知仓储企业解除监管，贷款企业恢复对货物库存的控制权。

在以总价值方式控制库存的运作中，由于企业在生产的不同阶段会产生不同的半成品，各种动产的数量比例不一定相同，并且同一品种在不同时期、不同型号的比例也不尽相同，因此企业在进行动产质押的融资过程中，对货物库存的控制可以采取总价值下限控制方式。该方式下，出库的货物和入库的货物在品种、规格、数量上不相同，但它们在价值上相等。这要求仓储企业随时掌握各种货物的市场价格变动情况，准确、迅速地对每次入库的货物进行价值评估。质物相对动态流动的动产库存控制取得成功的关键在于仓储企业融入客户企业的程度以及信用管理的完善程度（陈晓红，2008）。

（3）便捷的质物处置服务

在金融仓储服务模式下，动产质押货物处置的特征是仅转移标的物的占有权，而不转移标的物的所有权。因此，通常情况下不宜单方面任意处置质押标的物。在金融仓储服务模式运作中，若企业到期不能偿还债务，仓储企业可以根据质押物相关的资料信息，协助商业银行制定相应的处理办法，如何确定合理折价的比例和幅度是处置质押品的关键。质押物的处置通常有两种情况：第一种是贷款还未到期，由于质押物的市场价格大幅下跌，质押物总价值低于商业银行风险下限，此时商业银行会通知借款人追加风险保证金。若贷款企业不履行追加义务，仓储企业可接受银行委托，对质押物加以平仓销售，收回贷款本金。第二种是贷款到期，但监管账户内的销售回笼款不足以偿还贷款本息且无其他资金来源作为补充，仓储企业可接受银行委托，对仓储的相应数量货物进行销售处理，直到收回贷款本息。以上两种处置方式和有关要求均需在质押前以书面的形式与借款人作出明确的约定。大型仓储企业一般具备现货市场的功能，可以提供拍卖等协助处理质押物的服务，对质押物的处置更加透明和便捷。如无锡中储物流公司就开办了苏南地区最大的金属材料现货交易市场（徐川，2004）。

（4）定期报送监管信息，便于银行实时控制风险

在金融仓储服务模式下，由于银行更关注动产交易的风险，因此，对风险的评估不再是只对主体进行评估，而是更多地对交易本身进行评估，

这种评估方式真正评估了业务的真实风险。仓储企业定期向银行报送监管信息，实时监管贷款企业的动产交易、质押品价格、进出库数量及总价值变动等信息，银行根据仓储企业的监管报告给贷款企业提供的利率可以随其生产阶段而变动，并随着授信风险加以调整。例如，银行可以在生产的不同行情阶段提供不同利率的贷款，在订单阶段，因不确定性较高，其利率较高，可贷款乘数较低，但随着生产流程的进行，授信风险降低，利率调降，贷款乘数调升。又如，原材料采购阶段形成的暂时不需要使用的原材料，由于其价值比较容易确定并且仓储监管费用较低，银行面临的风险相对较少，所以可以利用原材料仓单融资，以较低的利率获得资金，而生产阶段形成的半成品，由于其处于移动状态中，价值不易确定并且监管费用高，银行承担较高的风险，相应设计较高的利率，实现风险和收益的匹配。

由以上分析可以看出，在金融仓储服务模式下，利用仓储企业先进的信息平台和标准的业务流程，结合金融机构的金融服务专业优势对贷款企业的动产仓位实时控制，大大降低了银行的信贷风险。仓储企业对贷款企业的真实经营状况、动产质押品的价格行情、动产的流转回收速度等方面的了解较银行具有专业优势，仓储企业定期向银行发送监管信息，银行可以在仓储企业专业分析的基础上控制自身的信贷风险。金融仓储服务模式一方面利用各关系方的专业优势整合了金融资源，另一方面通过多方合作，在降低银行信贷风险的同时实现了中小企业所需资金的顺利融通。

14 金融仓储业务模式及创新

业务模式（business model）用于表示产品、服务与信息流的架构，包含各个商业参与者及其角色的描述、各个商业参与者潜在利益的描述以及获利来源的描述①。在模式运作中，企业拥有明确的业务模式的作用在于明确地表达价值主张、确认市场定位、界定企业的价值链结构、估计成本结构与获利潜力、描述企业在价值网络中的定位、确认潜在的合作对象与竞争者以及形成竞争策略。这六个属性合起来又形成另一个功能：确认实现这个模式所需的财务资本与扩大其事业的路径②。在金融仓储服务模式运作中，为了保证贷款的安全性，银行选择与仓储企业合作开展仓储融资，所谓"融通仓"，即仓储企业和银行合作的产物。金融仓储服务模式是指一个以质押物资仓管与监管、价值评估、公共仓储、物流配送、拍卖为核心的综合性金融仓储服务平台。仓储企业将仓库改造成具有综合功能的融通仓，与银行合作，为中小企业融资提供便利。金融仓储服务模式可以归结为两种基本模式：基于权利质押的仓储模式和基于动产质押的仓储模式。仓储企业参与金融仓储服务模式的形式一般为仓单质押担保业务和保兑仓业务。

---

① Timmers P. Business Models for Electronic Markets ［J］. Journal on Electronic Markets, 1998, 8 (2): 3 – 8.

② Chesbrough H, Rosenbloom. The Role of the Business Model in Capturing Value from Innovation: Evidence From Xerox Corporation's Technology Spinoff Companies ［J］. Industrial and Corporate Change, 2002, 11 (3): 529 – 555.

14.1 金融仓储服务基本运作模式

金融仓储服务模式作为解困中小企业融资难的模式创新，在我国是新兴产物。结合各商业银行开展金融仓储服务模式的具体实践，在我国现阶段，金融仓储业务的基本模式主要有两类：基于权利质押的金融仓储业务模式和基于动产质押的金融仓储业务模式。

（一）基于权利质押的金融仓储业务模式

基于权利质押的金融仓储业务模式即仓单质押担保融资模式，是指中小企业将货物存放在仓储企业的仓库，由仓储企业出具仓单作为中小企业的货权凭证，中小企业以仓储企业开出的仓单作为质押物向银行申请贷款的信贷业务，是仓储企业参与下的权利质押业务。仓单是仓储企业在与中小企业签订仓储保管合同的基础上，对存货人所交付的仓储物进行验收之后出具的物权凭证。在金融仓储服务模式运作中，仓单是一种可流通、可背书转让的有价证券。仓单是仓储企业对存货人所交付的仓储商品进行验收之后出具的物权凭证，可分为标准仓单和非标准仓单，前者凭借其标准化结构可以进入期货市场交易，变现能力更强，因而对债权的保障性更好。仓单质押在银行的信贷体系中早已出现，但主要是从担保方式的角度看待，用于补充普通企业贷款中的信用不足问题。而从金融仓储业务的角度，则是将质押仓单价值视为融资对价，融资的期限、金额、贷后管理等都以质押的仓单为基础。这一观念的转变将大大拓展仓单质押融资的目标市场，并提高风险管理的精度。

但在我国，真正的仓单流通管理体制还没有建立起来，关于仓单的规定还存在着很多空白，在合同法中没有明确地规定仓单的法律地位。由于仓储业服务不统一，仓单缺乏统一的格式，不同仓储企业有不同的规范，提取货物时是否必须是存货人、如何识别仓单的合法持有者，这些方面都没有明确的法律条文或者依据，各仓储企业有自己的规定。在实际操作中，若存货人需要将若干仓单合并，或者需要将仓单分割使用，缺乏标准化的操作方式和业务流程。从我国的金融仓储业务实践来看，由于开展仓单质押融资业务的市场和制度环境未完全成熟，普通仓储企业签发的仓单没有经权威的机构认证，仓单的标准化程度低并且使用和流通范围有限，因此，完全意义上的仓单质押融资在国内开展得很少，仓单更多的是作为一种存货凭证，仓单的流通机制还未形成，金融仓储业务更多的是以动产质押融资的形式出现。

（二）基于动产质押的金融仓储模式

基于动产质押的金融仓储业务模式即存货质押融资，是指中小企业将其拥有的动产作为担保，向资金提供方如银行出质，同时将质物转交给具有合法保管动产资格的仓储企业进行保管，以获得贷款的信贷业务活动。存货质押融资业务是仓储企业参与下的动产质押业务。粮油、棉花、有色金属、钢材、纸浆、玻璃、汽车、橡胶、化肥、原油等，因价值稳定以及市场流通性好，而被纳入质押的范围。动产质押品种的选择，在一定程度上反映出商业银行对风险规避的考虑。在金融仓储服务模式运作中，商业银行和仓储企业实施"总量控制"、"总价值控制"和"不断追加部分保证金—赎出部分质押物"等操作方式，在确保信贷安全的前提下，增强质押商品的流动性。

存货质押融资可以分为静态质押和滚动质押。静态质押融资是融资企业将商品质押给银行，并存放于仓储企业监管下的仓库，仓储企业代银行占有和监管质物，并向银行出具质押专用仓单或质物清单，银行据此向借款人提供融资。在静态质押融资中，商品入库后一般不得更换，但可随融资余额减少提取相应部分，直至担保的融资清偿为止。静态质押融资作为存货融资的基本模式，已经广泛应用于生产、贸易企业融资中。为更好地解决客户商品移库问题，通过仓库租赁的法律安排，实现了在第三方仓库乃至企业自有仓库的质押监管，从而大大拓宽了静态质押融资的适用性。滚动质押融资是在静态质押融资的基础上发展起来的一种更为便捷的物流融资方式，其基本结构与静态质押融资类似，区别在于滚动质押融资事先确定质押商品的最低要求值，在质押期间超过最低要求值的部分可自由存入或提取，同时允许质物按照约定方式置换、流动、补新出旧。实践中，滚动质押融资模式更加契合企业经营需要，灵活性更强，从而为企业经营提供了更多的便利。融资企业可以将其变现能力强的原材料、半成品、产成品都列入质押商品名单。银行在生产经营全程监管基础上为其提供一揽子融资方案，既实现了对物流和资金流的全程监控，及时了解企业经营，有效防范业务风险，又可以提高企业获得的融资额度（汪华，2008）。

14.2　仓储企业出具仓单的担保模式

仓单质押担保模式是金融仓储服务的基本操作模式，是银行、中小企业、仓储企业共同完成的动产质押产物，它是指借款企业以市场畅销、价格波动幅度小、处于正常贸易流转状态而且符合要求的产成品或其采购的原材料抵押作为银行授信条件，然后在其后续生产经营过程中或质押产品销售过程中分阶段还款，运用仓储企业的物流信息管理系统，将银行的资金流与企业的物流进行信息整合，由商业银行向企业提供融资、结算服务等一体化的银行综合业务服务，由仓储企业提供质押物品的监管、价值评估、信用担保等服务，从而架起银企间资金融通的桥梁。

在仓单质押担保模式下，借款企业凭借由仓储企业开具的仓单或提供的质物清单获得融资，这样作为质物的存货就可以看成获得了部分的变现而得到经营的现金，减少存货对资金的占用，加速资金流转。银行持有借款企业背书的仓单或是确认的质物清单而向其放款，质物完全在仓储企业的监控之下，而仓储企业对质物的处置则完全按照银行的指示，银行和仓储企业的关系实质上是委托—代理关系，仓储企业以其专业性代理银行进行质物监控。仓储企业负责对质物的价值评估、出入仓库管理等，在发生借款企业违约的情况下帮助银行对质物实行拍卖变现。三方通过存货质押贷款都可以获得各自的利益：借款企业及时获得了现金，减少了存货积压对资本的挤占，可以减少经营的资本需求量或用于扩大生产，加速了生产性流动资金的周转速度；银行在仓储企业的帮助下在一定程度上克服了信息不对称，减少了因对具体质物不了解而带来的风险，克服了自身监管不到位和监管费用高的弱点，开拓了之前因风险的考虑而不愿涉及的中小企业贷款领域，增加了贷款收入；仓储企业由于代理银行进行质物监管，不但扩大了业务量，还深挖了业务参与度，取得质物仓储、运输、监管等费用,尤其是监管费用已经成为一部分仓储企业的重要收入来源。

(一)一般仓储质押模式①

有融资要求的中小企业把货物存储在仓储企业的仓库中,然后凭借仓单向银行申请贷款,银行根据质押品的价值和其他相关因素向客户企业提供一定比例的贷款。这一过程中,仓储企业负责监管和存储质押品。异地仓储质押模式是对地理位置的一种拓展。中小企业可以根据需要申请将质押的货物存储在附近的仓库或者是自身仓库中,在得到银行和仓储企业许可后,银行委托仓储企业派员监管质押物,仓储企业将其库存货物审核并开具仓单,企业用此仓单向银行质押取得授信。这要求仓储企业充分利用遍布全国的仓储网络,整合社会仓储资源,甚至是客户自身的仓库。具体操作流程如图 14 - 1 所示。

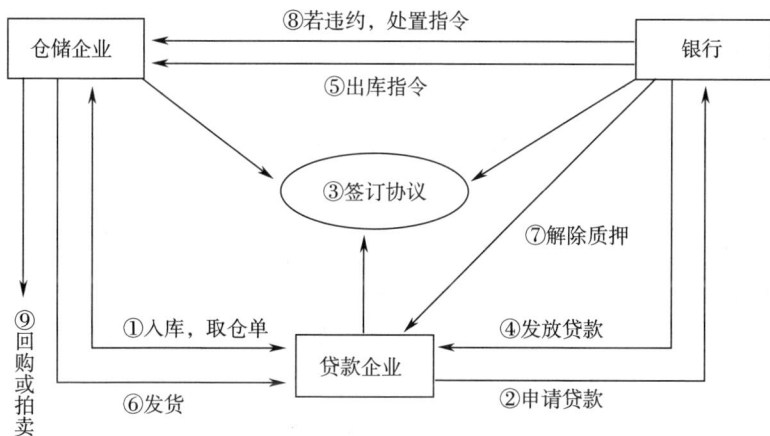

图 14 - 1 仓储质押模式的操作流程

操作流程说明:

①中小企业与仓储企业签订仓储协议,将货物送入仓储企业的仓库,仓库审核且确认接收后,开具仓单。

②中小企业凭借该仓单向银行申请贷款,银行对仓单进行审核。

③中小企业、银行和仓储企业协商签署协议,仓单出质背书登记交付

---

① 陈晓红,陈建中. 中小企业供应链融资 [M]. 北京:经济科学出版社,2008.

银行；仓储企业和银行签订协助银行行使质押权保证书，确定双方在合作中各自履行的责任。

④银行按货物价值的一定比例向中小企业发放贷款。

⑤融资过程中，仓储企业负责监管货物，接收银行的出库指令。

⑥仓储企业确定出库指令无误后，安排货物出库。

⑦贷款完全收回，银行解除仓单质押，并将仓单归还中小企业。

⑧若中小企业违约，银行则下达处置指令给仓储企业。

⑨仓库接到处置指令后，对质押的货物进行拍卖或者回购。

（二）统一授信模式

该模式充分体现了融通仓的作用和意义，在这种模式下，仓储企业在中小企业融资过程中扮演了十分重要的角色，比在前两种模式中所占的比重更大。银行根据仓储企业的规模、经营业绩、运营现状、资产负债比例以及信用程度等，授予仓储企业一定的信贷额度，仓储企业可以直接利用这些信贷额度向与之长期合作的中小企业提供灵活的质押贷款。仓储企业直接监控质押贷款业务的全过程，银行基本不参与该质押贷款的具体运作。

首先，仓储企业直接同需要融资的企业接触、沟通和谈判，代表银行同贷款企业签订质押借款合同和仓储管理服务协议，在向企业提供质押融资的同时，为企业寄存的货物提供仓储管理服务和监管服务。其次，贷款的中小企业在货物的质押期间，为保证正常生产需要不断进行质物的出库，此时企业出具的出库单无须经过银行的确认，而直接由仓储企业确认即可。这样，在业务操作过程中就省去了银行确认、通知、协调和处理等许多环节，缩短了出库时间，在保证银行信贷安全的前提下，提高了贷款企业的运作效率。

统一授信模式在操作流程上与仓储质押模式的区别在于：银行不再与单个中小企业签订合约，而是在对仓储企业的风险和财务状况进行综合评价的基础上，就核定的授信额度，与其签订授信协议，再由仓储企业和中小企业签订借款合同和仓储协议，企业分批按时还贷，仓储企业直接确认安排货物出库即可。

具体操作流程如图 14 - 2 所示。

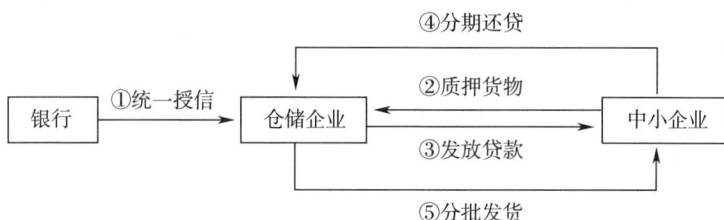

图 14 - 2 统一授信模式

（三）反担保模式

仓单质押担保模式中银行基于风险的考虑不直接给予借款企业质押物担保进行贷款，而是要求通过有实力的仓储企业信用担保来贷款，仓储企业则以借款企业的质押物进行反担保，这是反向担保融资，是存货质押业务的衍生。反担保也可以有其他多种方式，比如以借款企业自身资产担保、借款企业的控股股东担保、其他企业联合担保等。这样，银行借助有良好信用的仓储企业能大大降低贷款风险，同时降低了仓储企业与借款企业合谋的可能。而仓储企业因以自身信用担保来帮助借款企业进行贷款而更加深入地参与其中，可以说是仓储企业通过自身的资本实力更深层次地参与了生产型企业的银行融资行为中，实质上也是其很好地利用自身可以较好地控制货物物流的能力，进一步拓展业务范围，提高市场竞争力和盈利能力。

对于某些以寄存在仓储企业仓库中的货物向银行申请仓单融资仍有困难的中小企业而言，可以通过反担保模式得到贷款。该模式需要大型仓储企业构建中小企业信用担保体系，仓储企业以中小企业寄存的货物作为反担保抵押物，通过担保实现贷款；或者仓储企业直接为中小企业申请仓单质押贷款提供担保，间接地提供中小企业信用。具体操作流程如图 14 -3 所示。

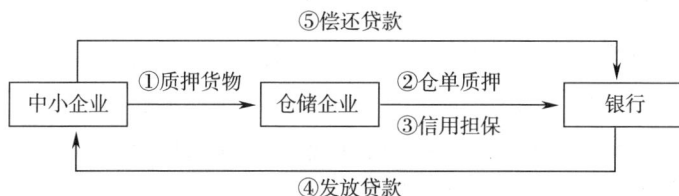

图 14 -3 反担保模式

仓储企业在仓单质押担保模式中起着至关重要的作用，质物在仓储期间非自然的损失须由仓储企业来承担，同时仓储企业需印证借款企业提货单的真伪，如因借款企业伪造经银行确认的提货单仓储企业给予发货而给银行带来的损失需由仓储企业承担。另外，在滚动质押融资中，仓储企业需对新质物进行估值，避免借款企业以次充好而产生坏货风险。货权风险也要给予关注，特别是在对借款企业自有仓库的监管上，如何判定借款企业对入库的质物是否有所有权或处置权十分重要，当然也存在一定的难度。要避免多重质押和非法的质押物，在选择委托监管对象上尽量选择与自身有长期业务往来的企业并选择适当的质押物品种。由于银行自身对质物的市场等了解不足，选择与专业实力强的仓储企业进行合作尤为重要，这样可以帮助银行对质物进行有效监管，并且减少仓储企业与借款企业合谋骗取银行贷款的可能性。在需要对质物拍卖变现时，仓储企业也能帮助银行尽量减少损失。

14.3　原材料质押融资模式

原材料质押融资模式的特点是"先票后货"，中小企业先获得贷款购买原材料，然后将采购的原材料交付给仓储企业做质押。在贷款期间，中小企业分次偿还贷款，并获得相应的原材料的释放，仓储企业协助其完成物流配送。融资期间，原材料供应商承担回购的义务。在融通仓的仓单质押融资中，作为融通仓的仓储企业，是连接中小企业与银行的桥梁，是中小企业融资顺利进行的关键。除了仓储和监管质押的货物外，仓储企业还要提供价值评估、物资拍卖业务，尤其是还肩负着主导建立信息共享平台的责任。仓储企业的加入之所以能解决中小企业融资困境，首先在于它的业务活动使它十分了解作为质押的库存货物的相关信息，如规格、型号、质量、原价和净值、销售渠道、承销商等，这在一定程度上解决了银行与中小企业间的信息不对称，并使得仓单融资的质物价值评估更准确，质物拍卖而回收贷款更顺畅。其次，仓储企业聚集起众多单笔业务量小的中小企业贷款，分担银行部分业务及成本，解决了银行中小企业贷款运营成本相对较高的问题，并提高了整个仓单融资业务流程的效率。

这种模式的具体做法有两种：（1）银行在中小企业缴纳一定的保证金后，先开出银行承兑汇票交给企业，企业凭借银行承兑汇票向供应商采购原材料，将原材料准确无误地评估后交付给仓储企业入库存储，仓储企业将制成的仓单交付给中小企业给银行做质押，银行在银行承兑汇票到期时将汇票兑现，将款项划拨给原材料供应商。（2）"先抵押，后质押"。中小企业先以银行认同的动产做抵押，获得银行承兑汇票用于购买原材料，待原材料经评估并交付仓储企业入库后，银行在银行承兑汇票到期时将汇票兑现，并将抵押贷款转为以该批原材料为质押物的仓单质押贷款。如果说统一授信模式和反担保模式是在本地仓储质押的基础上的进化和衍生，那么保兑仓就是另一种完全不同形式的仓单质押，这里加入了供应商的商业信用，由四方参与签订协议。其基本操作流程如图14－4所示。

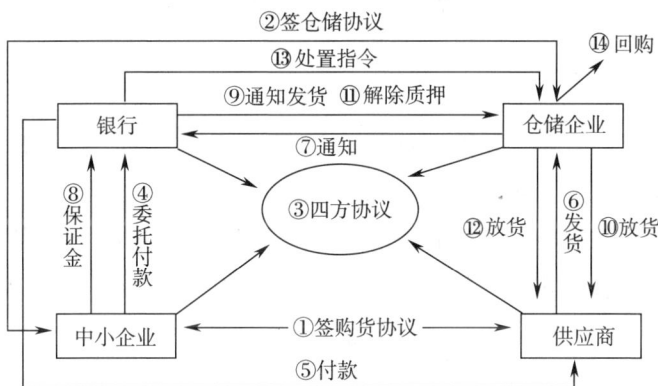

图14－4　保兑仓模式的操作流程

操作流程说明：

①申请贷款的中小企业与供应商签订购货合同；

②中小企业再与仓储企业签订仓储协议；

③中小企业、银行、仓储企业和原材料供应商就合作事宜进行协商，达成一致后，签署买方信贷四方协议；

④中小企业和银行签订贷款协议，并缴纳20%的保证金，委托银行支付货款；

⑤银行付款给原材料供应商；

⑥原材料供应商收到银行付款后即将货物发送至仓储企业的仓库；

⑦仓储企业对货物进行验收，合格后入库保存，同时通知银行；

⑧中小企业向银行缴纳一定数额的保证金；

⑨银行通知仓储企业释放相当数量的原材料；

⑩仓储企业接到银行下达的出库指令后，安排货物出库；

⑪当银行贷款完全收回时，银行通知仓储企业全部放货并解除质押；

⑫仓库释放全部剩余货物；

⑬若中小企业没有按时缴纳保证金或违约，银行有权处置质押货物，并通知仓储企业执行；

⑭仓储企业接到指令后即安排进行厂商回购或者自行回购。

原材料质押融资模式下参与各方基本能实现多赢。银行通过对行业内较大规模和较强实力的生产制造商所确定的经销商的支持，既使其业务获得了很大的拓展，同时银行可以对此类业务收取更高的贷款利率从而获得更高的经营利润。有了仓储企业的参与后，银行可以将质物监管、变现等业务委托给仓储企业，发挥其网络和信息的优势。同时，银行则专注于其擅长的金融运作，从而更加有效地利用资源。仓储企业由于参与了银行主导的保兑仓业务而获得了运输、仓储、监管等收益，相对传统的运输、仓储服务，保兑仓模式下仓储企业参与了更多的业务单元。对质物的估值、质物货权的鉴定、质物的变现等都对仓储企业提出了更高的要求，使有实力的仓储企业能脱颖而出，获得更大的市场份额和业务量。同时，由于参与更有附加值的服务，仓储企业的经营利润也能得到相应的提高，避免与小型运输、仓储公司在低层次的同质化竞争，并通过与银行的合作巩固了与借款企业的业务关系，建立了自身较为稳定的客户群，并且增加了对潜在客户的吸引力。借款企业一般是为数众多的中小企业，特别是许多贸易商，由于银行难以对其进行信用评级，它们一般很难直接获得银行的贷款，尤其对于动产的质押更是难上加难。在仓储企业参与后，由于与仓储企业存在一定的业务关系而使仓储企业对其相对了解，同时仓储企业凭借良好的信用及与银行的合作关系，来帮助借款企业获得银行的贷款，起到了很好的桥梁作用。供应商在取得银行承兑汇票后可以选择贴现或到期兑现，根据生产需要灵活安排资金使用，避免直接向采购方供货可能导致的债务问题。

原材料质押融资业务能够促进供应商与销售商贸易的顺畅进行，加快资金在整个供应链中的周转速度。对供应商而言，能够实现批量销售，保障收款，降低资金成本，提高资金使用率。对销售商而言，其提供了融资的便利，解决了全额购货的资金困难，批量采购，降低成本。同时，其也保障了银行利益。保兑仓业务中各方也承担了一定的风险。就银行来说，由于在保兑仓业务中起着主导的作用，其承担了更多的风险。首先，银行在借款企业缴纳一定保证金后向供应商开具银行承兑汇票，这本身就有一定的风险。银行对借款企业的经营不能很好地监控，万一借款企业违约，银行会有一定的损失，这就要求银行在选择融资企业的时候要谨慎。其次，为了防止供应商与采购方合谋骗取银行贷款，银行一般在开具汇票时会附加供应商回购的条款，这与替代采购模式操作相似。在货物入库仓单生成后，保兑仓的操作变为仓单质押的操作，一切风险和风险管理与仓单质押无二致。仓储企业主要承担的还是在货物监管上的风险，借款企业需要承担市场风险。在操作上，出于风险分担的考虑，保兑仓各方会约定一定的规避条款，比如采购方与供应商签订购销合同时也可能约定回购、利润分成等条款，银行为了激励仓储企业努力完成银行的代理业务而避免其与借款企业合谋等，也会与仓储企业在代理费用上进行协商，最终通过多种风险规避和分担机制使参与各方连成利益的共同体，紧密各方的合作关系。同时，由于保兑仓业务涉及供应商回购的条款，为了保证在回购时供应商有这个实力可以履行该条款，选择供应商时都会选择在行业内有较大规模和较强实力的制造商，例如钢铁行业排名靠前的钢厂或是家电行业较为知名的大企业等，而后在该生产制造商的众多经销商中选择一部分有一定经营规模和资金实力的经销商给予贷款。同时，考虑到该商品的变现能力和价值变动等因素，往往只选择大宗商品的行业，像钢铁、家电、汽车等。

15　金融仓储服务模式下
信贷风险优化分析

　　金融仓储服务模式在国内还是一种新事物，无论是仓储企业、银行，还是中小企业都处于摸索阶段。在金融仓储服务模式运作中，风险主体之间风险与收益的对等、流动资产评估体系的不断完善、对金融仓储服务业务经验的积累和科学有效的风险管理方法，大大降低了此业务模式的风险。在金融仓储服务模式运作中，商业银行首先面临着信用风险，这是由该模式融资的客户群指向决定的。由于金融仓储服务模式的核心价值在于解决中小企业的融资困境，因此中小企业所固有的高风险问题不仅无法回避，而且正是金融仓储业务这一新兴的风险管理技术所着力应对的。

15.1　仓储企业的担保规避逆向选择

　　由于非对称信息问题的大量存在，银行面临着中小企业过高的逆向选择。为了降低信贷风险，信贷配给成为我国商业银行在与中小企业博弈过程中的理性选择，融资难因此成为长期阻碍中小企业发展的一大难题。从国内外很多为中小企业提供第三方担保的成功经验来看，中小企业担保机构的存在可以有效地减少商业银行和中小企业之间的信息不对称，可以有效地减少中小企业的逆向选择，可以有效地缓解商业银行和中小企业之间"想贷不敢贷"与"想借借不到"的资金供需矛盾，从而在解决中小企业融资难问题中具有十分重要的作用。

　　金融仓储是仓储企业作为第三方担保人而开展的一种新型融资服务。仓储企业开展的金融仓储担保，区别于信用担保机构的信用担保方式，是专门针对以动产质押为基础而形成的仓单的一种权利质押担保方式。与信用担保方式相比，仓储企业开展的金融仓储担保能否更加有效地优化信贷风险是值得深入研究的重要问题。为此，本章接下来将运用数理模型，对中小企业在信用担保和金融仓储担保两种不同担保贷款方式过程中发生逆向选择的可能性进行对比分析。在信息不对称条件下，解决中小企业融资难的问题，实质上就是解决信息不对称问题。在金融仓储业务中，仓储企业以第三方担保人的身份参与其中，可以有效地减少商业银行和中小企业间的信息不对称，从而架设起商业银行和中小企业间的信用桥梁。本章将通过建立数理模型，从理论上对金融仓储模式业务的可行性进行论证。

15.2 数理模型的构建[①]

在斯蒂格利茨和温斯解释商业银行对中小企业信贷配给现象假设的基础上，本书作出以下假设：

假设一：假定中小企业有多个投资项目可供选择，每个项目都有两种可能的结果，即成功或失败；成功时的收益 $R > 0$，失败时的收益为零。

假设二：假定给定申请担保贷款的中小企业的所有投资项目具有相同的收益均值 T，且为担保机构所知，那么，若 $p(R)$ 是给定项目成功的概率，则 $p(R) \cdot R = T$，即项目成功时的收益 R 越高，与之相对的风险也越高，成功的概率 $p(R)$ 越低。

假设三：假定中小企业每个投资项目需要的资金为 M，中小企业没有自有资金（若企业有自有资金，并不影响推导过程和结果），担保贷款是中小企业唯一的资金来源，商业银行是中小企业唯一的资金供给者，贷款利率为 r。

假设四：假定担保机构的担保费率均为 g，且担保机构为了获得更多有关中小企业的信息，将由此而产生的费用全部转嫁给申请担保贷款的中

---

① 该模型的构建主要参考：伍辉娥．基于非对称信息理论的金融仓储融资业务风险优化研究 ［D］．重庆大学硕士学位论文，2009：20–24。

小企业，将此信息费用与担保贷款额度之比记为 i。

在上面假设的基础上，现进行模型的构建及分析。

（一）中小企业通过信用担保贷款的情形

中小企业信用担保是指信用担保机构和商业银行约定，当中小企业不能履行债务时，信用担保机构按照约定履行债务或承担责任的行为。

根据以上假定，中小企业通过信用担保机构贷款的期望利润函数为

$$\pi = p \times [R - (1 + r + g + i) \times M] - (1 - p) \times g \times M$$

如果中小企业不投资，期望利润为零。因此，存在一个临界值 R^*，当且仅当 $R \geqslant R^*$ 时，中小企业才会申请信用担保贷款投资。因为 $p(R) \cdot R = T$，这也意味着存在一个临界成功概率 p^*，当且仅当 $p \leqslant p^*$ 时，中小企业才会申请信用担保贷款。结合中小企业投资的期望利润函数和期望收入函数，中小企业投资的临界点 (p^*, R^*) 必然满足以下方程组：

$$p^* \times [R^* - (1 + r + g + i) \times M] - (1 - p^*) \times g \times M = 0$$

$$p^* \times R^* = T$$

联立方程组，解得

$$p^* = \frac{T - g \times M}{(1 + r + i) \times M}$$

$$R^* = \frac{T \times (1 + r + i) \times M}{T - g \times M}$$

假定 p 在 $[0, 1]$ 区间上的密度函数为 $f(p)$，分布函数为 $F(p)$，那么中小企业申请信用担保贷款项目的平均成功概率为

$$\bar{p} = \frac{\int_0^{p^*} pf(p)\,dp}{\int_0^{p^*} f(p)\,dp} = \frac{\int_0^{p^*} pf(p)\,dp}{F(p^*)}$$

因此：

$$\frac{\delta\bar{p}}{\delta r} = \frac{\frac{\delta p^*}{\delta r} \cdot p^* \cdot f(p^*) \cdot F(p^*) - \frac{\delta F(p^*)}{\delta r} \cdot \int_0^{p^*} pf(p)\,dp}{F^2(p^*)}$$

又因：

$$\frac{\delta F(p^*)}{\delta r} = \frac{\delta F(p^*)}{\delta p^*} \cdot \frac{\delta p^*}{\delta r} = f(p^*) \cdot \frac{\delta p^*}{\delta r}$$

所以：

$$\frac{\delta \overline{p}}{\delta r} = \frac{\delta p^*}{\delta r} \cdot \frac{f(p^*)}{F^2(p^*)} \cdot \left[p^* \cdot F(p^*) - \int_0^{p^*} pf(p)dp \right]$$

同理可得：

$$\frac{\delta \overline{p}}{\delta i} = \frac{\delta p^*}{\delta i} \cdot \frac{f(p^*)}{F^2(p^*)} \cdot \left[p^* \cdot F(p^*) - \int_0^{p^*} pf(p)dp \right]$$

$$\frac{\delta \overline{p}}{\delta g} = \frac{\delta p^*}{\delta g} \cdot \frac{f(p^*)}{F^2(p^*)} \cdot \left[p^* \cdot F(p^*) - \int_0^{p^*} pf(p)dp \right]$$

所以，当 $\dfrac{\delta p^*}{\delta r} = -\dfrac{T - g \times M}{(1 + r + i)^2 \times M}$ 时，

$$\frac{\delta \overline{p}}{\delta r} = -\frac{T - g \times M}{(1 + r + i)^2 \times M} \cdot \frac{f(p^*)}{F^2(p^*)} \cdot \left[p^* \cdot F(p^*) - \int_0^{p^*} pf(p)dp \right] \quad (1)$$

当 $\dfrac{\delta p^*}{\delta i} = -\dfrac{T - g \times M}{(1 + r + i)^2 \times M}$ 时，

$$\frac{\delta \overline{p}}{\delta i} = -\frac{T - g \times M}{(1 + r + i)^2 \times M} \cdot \frac{f(p^*)}{F^2(p^*)} \cdot \left[p^* \cdot F(p^*) - \int_0^{p^*} pf(p)dp \right] \quad (2)$$

当 $\dfrac{\delta p^*}{\delta g} = -\dfrac{1}{1 + r + i}$ 时，

$$\frac{\delta \overline{p}}{\delta g} = -\frac{1}{1 + r + i} \cdot \frac{f(p^*)}{F^2(p^*)} \cdot \left[p^* \cdot F(p^*) - \int_0^{p^*} pf(p)dp \right] \quad (3)$$

因为 $\dfrac{f(p^*)}{F^2(p^*)} \cdot \left[p^* \cdot F(p^*) - \displaystyle\int_0^{p^*} pf(p)dp \right] > 0$ ，所以式（1）、式

（2）、式（3）的正负号取决于各自剩余项的正负号。

现对以上各式的经济含义进行分析。

对于式（1），当 $T > g \times M$ 时，$\dfrac{\delta \overline{p}}{\delta r} < 0$ ，表明当项目收益均值大于担保

费用时，信用担保贷款项目的平均成功概率与商业银行利率呈负相关。也

就是说，商业银行利率越高，中小企业信用担保贷款投资项目成功的概率

越低，违约的概率越大。对申请信用担保贷款的中小企业来说，当中小企业知道商业银行会提高利率以控制风险后，部分成功申请信用担保贷款的中小企业的博弈决策必然是选择风险大、收益高、成功概率低的投资项目。随着商业银行利率的逐步升高，某些风险较小、收益较低、成功概率较高的投资项目会逐渐退出信用担保贷款市场，剩余投资项目的平均风险水平增大，项目成功的概率将下降。在"坏项目驱逐好项目"的同时，"高风险的中小企业驱赶走低风险的中小企业"，担保市场的逆向选择随之产生。

对于式（2）而言，当 $T > g \times M$ 时，有 $\dfrac{\delta \bar{p}}{\delta i} = \dfrac{\delta \bar{p}}{\delta r} < 0$，表明当项目收益均值大于担保费用时，信用担保贷款项目的平均成功概率与信息费用所占担保贷款额度的比率呈负相关。也就是说，担保机构收取的信息搜寻费用越高，中小企业信用担保贷款投资项目成功的概率越低，违约的概率越大。这主要是因为信用担保机构为了控制担保贷款项目的风险，展开针对申请担保贷款中小企业经营活动、运营状况、财务状况、投资项目前景及其现金流状况等有关信息的调查，以获得接近真实情况的中小企业资料，由此产生的相关费用和成本将部分或全部转嫁到申请信用担保贷款的中小企业身上。这势必增加中小企业的财务费用，从而使得中小企业违背商业银行和信用担保机构的意愿，抛弃风险较小、收益较低、成功概率较大的投资项目而选择风险较大、收益较高、成功概率偏小的投资项目，增加逆向选择的可能。

对于式（3），无论在何种情况下，都有 $\dfrac{\delta \bar{p}}{\delta g} < 0$，表明信用担保贷款项目的平均成功概率与担保费率始终负相关，因为担保费率是在商业银行利率基础之上，中小企业为了获得信用担保贷款必须增加的成本。

（二）中小企业通过金融仓储担保贷款的情形

中小企业金融仓储担保是指中小企业把商品存储在仓储企业的仓库中作为质押物，然后凭借仓储企业开出的仓单向商业银行申请贷款，商业银行根据质押商品的价值向中小企业提供一定比例的贷款，同时授权仓储企业代理监管商品。

假定其他假设条件不变，中小企业进行金融仓储担保贷款，须向仓储企业提供质押品 G。此时，中小企业的期望利润函数为

$$\pi = p \times [R - (1 + r + g + i) \times M] - (1 - p) \times (g \times M + G)$$

此时，同样存在一个临界点 (p^*, R^*) 满足下列方程组：

$$p^* \times [R^* - (1 + r + g + i) \times M] - (1 - p^*) \times (g \times M + G) = 0$$

$$p^* \times R^* = T$$

联立方程组，解得：

$$p^* = \frac{T - (g \times M + G)}{(1 + r + i) \times M - G}$$

$$R^* = \frac{T \times (1 + r + i) \times M - G}{T - (g \times M + G)}$$

假定 p 在 $[0,1]$ 区间上的密度函数为 $f(p)$，分布函数为 $F(p)$，那么中小企业申请金融仓储贷款项目的平均成功概率为

$$\bar{p} = \frac{\int_0^{p^*} pf(p)\,dp}{\int_0^{p^*} f(p)\,dp} = \frac{\int_0^{p^*} pf(p)\,dp}{F(p^*)}$$

同样有：

$$\frac{\delta \bar{p}}{\delta r} = \frac{\delta p^*}{\delta r} \cdot \frac{f(p^*)}{F^2(p^*)} \cdot \left[p^* \cdot F(p^*) - \int_0^{p^*} pf(p)\,dp \right]$$

$$\frac{\delta \bar{p}}{\delta i} = \frac{\delta p^*}{\delta i} \cdot \frac{f(p^*)}{F^2(p^*)} \cdot \left[p^* \cdot F(p^*) - \int_0^{p^*} pf(p)\,dp \right]$$

$$\frac{\delta \bar{p}}{\delta g} = \frac{\delta p^*}{\delta g} \cdot \frac{f(p^*)}{F^2(p^*)} \cdot \left[p^* \cdot F(p^*) - \int_0^{p^*} pf(p)\,dp \right]$$

且 $\dfrac{\delta \bar{p}}{\delta G} = \dfrac{\delta p^*}{\delta G} \cdot \dfrac{f(p^*)}{F^2(p^*)} \cdot \left[p^* \cdot F(p^*) - \int_0^{p^*} pf(p)\,dp \right]$

当 $\dfrac{\delta p^*}{\delta r} = -\dfrac{[T - (g \times M + G)] \times M}{[(1 + r + i) \times M - G]^2}$ 时，

$$\frac{\delta \bar{p}}{\delta r} = -\frac{[T - (g \times M + G)] \times M}{[(1 + r + i) \times M - G]^2} \frac{f(p^*)}{F^2(p^*)} \cdot \left[p^* \cdot F(p^*) - \int_0^{p^*} pf(p)\,dp \right]$$

(4)

当 $\dfrac{\delta p^*}{\delta i} = - \dfrac{[T - (g \times M + G)] \times M}{[(1 + r + i) \times M - G]^2}$ 时，

$$\frac{\delta \bar{p}}{\delta i} = - \frac{[T - (g \times M + G)] \times M}{[(1 + r + i) \times M - G]^2} \cdot \frac{f(p^*)}{F^2(p^*)} \cdot \left[p^* \cdot F(p^*) - \int_0^{p^*} pf(p) dp \right]$$

(5)

当 $\dfrac{\delta p^*}{\delta g} = - \dfrac{M}{(1 + r + i) \times M - G}$ 时，

$$\frac{\delta \bar{p}}{\delta g} = - \frac{M}{(1 + r + i) \times M - G} \cdot \frac{f(p^*)}{F^2(p^*)} \cdot \left[p^* \cdot F(p^*) - \int_0^{p^*} pf(p) dp \right]$$

(6)

当 $\dfrac{\delta p^*}{\delta G} = \dfrac{T - (1 + r + g + i) \times M}{[(1 + r + i) \times M - G]^2}$ 时，

$$\frac{\delta \bar{p}}{\delta G} = \frac{T - (1 + r + g + i) \times M}{[(1 + r + i) \times M - G]^2} \cdot \frac{f(p^*)}{F^2(p^*)} \cdot \left[p^* \cdot F(p^*) - \int_0^{p^*} pf(p) dp \right]$$

(7)

现在对以上各式的经济学含义进行分析。

对于式 (4) 而言，当 $T > g \times M + G$ 时，有 $\dfrac{\delta \bar{p}}{\delta r} < 0$，说明当项目收益均值大于担保费用和质押物价值之和时，中小企业逆向选择依然存在。但是，通过将式 (4) 与式 (1) 对比发现，在开展金融仓储担保贷款的过程中，随着质押物价值的上升，中小企业发生逆向选择的可能性会越来越小。而当 $T \leqslant g \times M + G$ 时，即当 $G < T - g \times m$ 时，有 $\dfrac{\delta \bar{p}}{\delta r} \geqslant 0$，说明足额的质押物是中小企业不发生逆向选择的必要条件，金融仓储担保贷款中高价值的质押物保证可消除中小企业的逆向选择。因此，金融仓储担保有助于抑制或消除中小企业逆向选择的发生。

对于式 (5) 而言，当 $G \geqslant T - g \times m$ 时，有 $\dfrac{\delta \bar{p}}{\delta i} = \dfrac{\delta \bar{p}}{\delta r} \geqslant 0$，说明当质押物价值高于项目收益均值与担保费用之差时，金融仓储担保贷款项目的平均成功概率与信息费用所占担保贷款额度的比率呈正相关，即增加信息费用有利于加大贷款项目的平均成功概率。因为足额的质押物可均衡中小企业的收益风险关系，抑制中小企业盲目追求高收益项目的动机；且在金融仓储担保贷款过程中，仓储企业相较于信用担保机构和商业银行而言，具有更多的信息优势，从而有助于减少逆向选择。其中，仓储企业的信息优势主要表现在：其一，由于保持着长期稳定的合作关系，仓储企业对中小企业的各种信息，如库存货物的基本情况、库存的变动等掌握充分；其二，作为专业从事货物流通的机构，仓储企业更易获取产品的市场供给变化和价格波动等信息。

对于式（6），当 $(1 + r + i) \times M > G$ 时，有 $\frac{\delta \bar{p}}{\delta g} < 0$，说明中小企业虽然提供了质押物，但当质押物价值不够大时，中小企业信用担保市场仍然存在逆向选择问题，但将式（6）与式（2）对比发现，担保质押物有助于减少逆向选择问题。当 $(1 + r + i) \times M < G$ 时，有 $\frac{\delta \bar{p}}{\delta g} > 0$，说明质押物价值足够大时，中小企业不会发生逆向选择，这再次证明金融仓储担保是减弱或消除逆向选择的必要条件。

对于式（7），一般都有 $T > (1 + r + g + i) \times M$，即 $\frac{\delta \bar{p}}{\delta G} > 0$，说明中小企业质押担保贷款投资项目的平均成功概率与中小企业提供质押物的价值呈正相关，即中小企业提供质押物的价值越大，中小企业选择项目的风险越小，成功概率越高。这又一次证明金融仓储担保是解决商业银行与中小企业间信息不对称、减弱或消除中小企业逆向选择的有效方式。

15.3　金融仓储模式的效果评价

在"中小企业—信用担保机构—商业银行"的信用担保贷款活动中，虽然开展信用担保可以增强商业银行对中小企业贷款的信心，为中小企业融资提供更多的机遇，但随着商业银行利率和信用担保机构信息费用及担保费率的上升，中小企业选择投资项目的成功概率会呈下降趋势，中小企业在筛选投资项目时有机会主义冲动，仍会发生不同程度的逆向选择。

在"中小企业—仓储企业—商业银行"的金融仓储担保贷款活动中，

中小企业在提供的质押物价值不足的情况下，仍然存在某种程度的逆向选择；但是，相较于"中小企业—信用担保机构—商业银行"的担保方式，仓储企业由于具有商业银行代理人和中小企业担保人的双重身份，可以更加有效地减少商业银行和中小企业之间的信息不对称，可以更加有效地减弱中小企业的逆向选择，且在质押物价值足额的情况下可消除中小企业的逆向选择。这表明金融仓储担保相较于信用担保可以更加有效地缓解商业银行与中小企业的借贷矛盾，降低信贷风险。

16　金融仓储服务模式下质押率研究

造成中小企业融资难的主要原因是中小企业既没有足够的信用评级，也没有足够的不动产或第三方保证提供担保，由中小企业提供动产质押是一条有效途径（中国人民银行，2006），金融仓储服务模式应运而生，金融仓储业务是仓储企业参与下的一类动产质押贷款业务。在金融仓储业务运作中，中小企业将其所拥有的存货交由具有合法资格的仓储企业保管，并持仓储企业开具的仓单向商业银行提供质押以获得银行贷款，银行、中小企业和仓储企业三方签订相关协议以明确各方的权利和义务。金融仓储业务具有动产质押的共有优点：通过对质押物的实时监管和平仓补偿机制，有效地减少了融资企业的违约损失，缓释了银行的信用风险。金融仓储业务相比于传统动产质押业务的独特之处在于，由于第三方仓储企业的参与，商业银行可通过与仓储企业的通力合作，利用仓储企业的专业优势降低交易成本且准确地获取借款企业及质押存货的信息，借力仓储企业完善的信息平台有效地监控质押存货价值的波动，对风险进行实时控制。若借款企业到期不能按时清偿贷款本息，商业银行可以通过仓储企业在行业内的信息优势和特殊地位，及时地将质押存货进行平仓变现以清偿其债务，这就极大地规避了贷款的流动性风险。

16.1　基于质押率的风险控制

国内一些有远见的银行开始尝试探索物流金融创新，并获得了巨大成功。以深圳发展银行为例，深发展正着力搭建供应链金融的科技平台，平稳推进供应链营销策略，通过吸引供应链条核心企业来扩大客户基础。发达国家在存货质押融资业务的实践方面较为成熟，许多银行已制定了规范、全面的存货质押融资手册，有效地促进了金融仓储业务在实践中的发展。综合以上对金融仓储业务的研究，许多研究还停留在定性阶段，尤其是本书所关注的金融仓储服务模式中质押存货的贷款价值比率——贷款额与质押存货价值的比率即质押率，是金融仓储服务模式中风险控制的关键指标，直接关系到银行承担信用风险的大小，但大多数商业银行在实践中却完全依靠经验对质押率进行估值。这种估值方式使银行无法定量地分析质押存货的价格波动、企业违约概率、第三方仓储企业监控的严密程度等与贷款价值比率的相关关系，从而无法准确地根据商业银行的风险容忍水平确定相机抉择的存货质押融资业务的贷款价值比率。因此，分析有关贷款价值比率的定量模型，为银行的相关决策提供科学依据将具有重大的研究和实践价值。

在金融仓储服务模式中，银行须与借款企业和物流企业签订三方质押贷款合同，合同中的贷款额度指标是贷款风险控制的一个重要指标，对存货质押融资业务模式的贷款价值比率分析在理论上属于质押物对信用风险暴露的影响和质押率如何确定的研究范畴，关于这方面的研究已有一些学者从不同的思路进行了探讨。遵循 Merton（1974）的结构式方法，Stulz 和 Johnson（1985）首先研究了质押物定价对质押担保债务的影响，而 Joki-vuolle 和 Peura（2003）在对质押物定价研究的基础上沿着这一结构化的思路研究了质押贷款的贷款价值比率。Cossin 和 Hricko（2003）在给抵押信用支持工具定价时，用结构化方法确定了质押物的折扣率，其与贷款价值比率相对立，两者之和为 1。基于结构式的模型，由于假定违约因素的内生性，所以在研究质押率过程中暗含着只有特定的债务合约和质押物价值波动才能促使融资企业违约，而实际运作中，和特定债务不相关的其他因素如公司的流动性问题等，都可能促使融资企业违约，而且即使特定合约的质押物价值低于贷款额度，企业也有可能不违约。Cossin 和 Huang（2003）克服了结构化思路研究的缺陷，外生给定了企业违约的概率，并基于 Jarrow 和 Turnbull Jarrow 等（1995）、Duffie 和 Singleton（1999）提出的简化式的思路分析得出了一个与银行风险承受能力相匹配的质押物折扣率。

关于金融仓储业务的风险控制指标，已有一些学者对存在借款企业道德风险时担保贷款的贷款额度等进行过分析，其中 Boot、Thakor 和 Udell（1991），Gabriel、Salas 和 Saurina（2004）以及庞素琳和黎荣舟（2001）等分析了担保贷款的贷款额及相似指标对道德风险的规避，但这些学者大多是统一考虑各种担保物，并假定各种担保物的价格稳定，没有考虑到融资企业的运营决策对担保物价值的影响。在金融仓储业务的实践中，由于各质押物的特点不同，其市场价格常常是变动的，尤其在模式运作中质押物是存货，其变现价值常常与融资企业具体的运营决策相关。季节性存货以及生命周期较短且供应商承诺回购的存货，其市场价格往往在正常销售价格和处理价之间变动，因此质押存货的价格波动主要来源于需求量以及下游企业总的订购决策。对于以这类存货作为质押物的企业，如果其贷款用于增加库存，银行通过控制其贷款限额，也就控制了企业的订购决策，从而部分地控制了质押物的变现价值。

针对供应链金融中的存货融资业务的研究，都针对存货融资的特点，考虑了担保物价值本身存在的变化，以及造成担保存货价值变动的融资企业库存决策。Buzacott 和 Zhang（2004）分析了企业的库存决策及银行的利率、贷款限额决策行为。Maqbool 和 Hu（2008）也基于 Stackelberg 博弈模型研究了质押率问题，在银企博弈的第二阶段，分析了企业在银行给定利率情况下借款订购季节性存货的数量，然后在第一阶段，通过考虑企业在第二阶段的订购反应，分析了银行期望利润最优的贷款利率决策。张媛媛和李建斌（2008）则基于 Buzacott 和 Zhang 的分析，研究了企业的库存决策与银行的贷款价值比的关系。李毅学等（2007）通过系列文章研究了风险规避的银行在价格随机波动存货融资中的质押率决策行为。本书基于存货融资质押物风险指标分析的思路，将风险控制措施应用在供应链决策中，针对季节性存货质押融资中委托简单监管模式及相应成本收益结构，借用银行在供应链融资中常用的风险评估策略，考虑了金融仓储服务模式下风险规避银行的贷款额度决策行为。

16. 2　基本假设和模型设计

在金融仓储服务模式运作中，供应链条上的借款企业利用动产质押方式进行融资，假设借款企业和商业银行是风险中性的，对风险既没有偏好也没有厌恶，借款企业进行融资的质押物标的是存货，商业银行和仓储企业合作，仓储企业负责对质押物进行第三方监管，商业银行、仓储企业、中小企业签订协议，明确权利和责任，商业银行和仓储企业形成委托代理关系，在模型假定中质押物的仓储费用由借款企业支付。假设借款企业存货质押的单位成本为 c ，商业银行按照存货市场价格的平均值核算的正常销售价格为 p ，借款企业销售剩余存货的处理价为 c'（或者供应商的回购价为 c' ），单位存货的仓储费用为 s 。假设市场对质押物的总需求为 ε ，那么借款企业在订购存货时，已知质押物需求服从分布 $F(x) = p(\varepsilon < x)$ ，且密度函数为 $f(x) = F'(x)$ 。在金融仓储服务模式运作中，商业银行与仓储企业整合资源，充分合作，仓储企业利用自身的信息优势和物流优势积极参与业务运作，并为商业银行提供充分、真实的借款企业信息，商业银行在为借款企业融资前就对借款企业的经营状况、存货的市场价格、质押物的市场需求状况有充分的了解和把握，因此在银行质押率确定过程中，为了简化模型，假设质押物的市场需求分布状态为商业银行和借款企业的共同知识。

由于在金融仓储服务模式中，如第五章所述，仓储企业对融资企业动产质押采取两种方式进行监管，一种是总数量方式管理库存，另一种是总价值方式控制库存。为简化分析，我们剔除质押物价格因素，以总数量方式分析库存问题。在应用总数量管理、控制库存的运作中，仓储企业对存放在自身仓库的动产进行核查登记，输入金融仓储服务模式的信息控制平台。当企业需要取用物资时，必须取得仓储企业的同意，并通过网络信息平台将取用物资的相关信息（时间、数量、品种、规格等）发送至仓储企业的信息控制平台。当物资库存总量低于风险下限时，仓储企业会通知银行并要求借款企业补充相同物品或者归还部分贷款，否则即冻结质押货物。仓储企业负责对借款企业补充的货物进行质量、品种、规格、数量的检查。借款企业归还全部贷款后，银行通知仓储企业解除监管，借款企业恢复对货物库存的控制权。

依据总数量库存管理方式，假设借款企业的存货包括初始存货和追加存货两部分。假设借款企业将初始存货 q_0 做质押进行融资，银行根据质押物的市场价格并参考仓储企业的建议，确定相应质押物的市场价值，并依据贷款金额和贷款折扣率确定库存总量下限。假设银行确定的质押率为 λ，则银行给予借款企业的贷款额度为 $\lambda c q_0$。假设在金融仓储服务模式下借款企业将从商业银行获得的全部贷款用于再订购的存货量为 q，可知 $\lambda c q_0 = cq$。假定融资企业再订购的存货 q 没有质押给银行，其使用权受借款企业自身控制，但再订购的存货放入仓储企业仓库，由仓储企业负责保管。假设银行采取委托简单监管模式，在这种模式下，商业银行与仓储企业形成简单委托代理关系，仓储企业行使简单监管职能，仓储企业确保质押物数量达到库存总量下限，而对于融资企业的质押物销售不干涉，所以在商品销售业务上，无法确保质押的存货 q_0 先销售，而且假设融资企业在期末保证付给仓储企业质押存货 q_0 的简单监管费用即仓储费用。银行设定的贷款利率为 α，银行为借款企业设立封闭式账户回收质押存货 q_0 的销售货款。假设借款企业违约概率为 p，则 $1-p$ 为借款企业不违约的概率，可定义为企业的信用度。如果借款企业不违约，则无论封闭式账户现金流是否足够偿还贷款本息，银行都不会遭受信贷风险；而如果借款企业违约，则银行对委托仓储企业监管的存货进行平仓。若平仓拍卖后封闭式账户的现金流无法支付银行的贷款本息，银行将面临贷款风险。假设借款企业在存货销售后及时偿还银行贷款后的现金流为 $\prod_1$，融资企业发生违约时的现金流为 $\prod_2$，融资企业遵循利益最大化原则，则其履约还款的条件为 $\prod_1 > \prod_2$。

如果借款企业以 $1-p$ 的概率还款，其可控制的存货为 $q_0 + q$，其现金流为

$$\prod{}_1 = p\min\{\varepsilon, q_0 + q\} + c'\max\{0, q_0 + q - \varepsilon\} - cq(1 + \alpha) - s(q_0 + q)$$

$$(1)$$

如果借款企业以 p 的概率违约，则质押存货 q_0 将被银行委托的仓储企业控制并平仓拍卖，借款企业可控制的存货只能是再订购的存货 q，则其现金流为

$$\prod\nolimits_2 = p\min\{\varepsilon, q\} + c'\max\{0, q - \varepsilon\} - cq(1 + \alpha) - sq \qquad (2)$$

在市场需求 $\varepsilon \geq q_0 + q$ 时，若借款企业选择还款，则借款企业归还贷款后的现金流 $\prod\nolimits_1 = p(q_0 + q) - cq(1 + \alpha) - s(q_0 + q)$；若借款企业选择违约，则借款企业期末的现金流 $\prod\nolimits_2 = pq - sq$，履约还款的条件 $\prod\nolimits_1 > \prod\nolimits_2$，可知当 $q \leq \dfrac{p - s}{c(1 + \alpha)}q_0 = q_2$ 时，借款企业会在需求为 $\varepsilon \geq q_0 + q$ 时选择还款，反之则选择违约。

在市场需求 $q \leq \varepsilon \leq q_0 + q$ 时，若借款企业选择还款，则借款企业归还贷款后的现金流 $\prod\nolimits_1 = p\varepsilon + c'(q_0 + q - \varepsilon) - cq(1 + \alpha) - s(q_0 + q)$；若借款企业选择违约，则借款企业期末的现金流 $\prod\nolimits_2 = pq - sq$，履约还款的条件 $\prod\nolimits_1 > \prod\nolimits_2$，此时需求需满足 $\varepsilon \geq q + \dfrac{cq(1 + \alpha) + (s - c')q_0}{p - c'} = \varepsilon^*$。当 $q \leq \dfrac{c' - s}{c(1 + \alpha)}q_0 = q_1$ 时，可知 $\varepsilon^* \leq q$，因 $q \leq \varepsilon \leq q_0 + q$，所以借款企业还款的概率 $p = 1$；当满足 $q_1 < q \leq q_2$ 时，可得 $q \leq \varepsilon^* \leq q_0 + q$，在 $q \leq \varepsilon^* \leq q_0 + q$ 的需求范围内，只有当需求满足 $\varepsilon^* \leq \varepsilon \leq q_0 + q$ 时，借款企业选择还款；当 $q > q_2$ 时，可得 $\varepsilon^* \geq q_0 + q$，在 $q \leq \varepsilon \leq q_0 + q$ 的需求范围内，借款企业还款的概率 $p = 0$。

在市场需求 $\varepsilon \leq q$ 时，若借款企业选择还款，则借款企业归还贷款后的现金流 $\prod\nolimits_1 = p\varepsilon + c'(q_0 + q - \varepsilon) - cq(1 + \alpha) - s(q_0 + q)$；若借款企业选择违约，则借款企业期末的现金流 $\prod\nolimits_2 = p\varepsilon + c'(q - \varepsilon) - sq$，履约还款的条件 $\prod\nolimits_1 > \prod\nolimits_2$，可知当 $q \leq q_1$ 时，借款企业会在需求为 $\varepsilon \leq q$ 时选择还款，反之则选择违约。

综上分析，可知当 $q \leq q_1$ 时，借款企业还款概率 $p = 1$；当 $q > q_2$ 时，借款企业肯定不会还款，还款概率 $p = 0$；而当 $q_1 < q \leq q_2$ 时，借款企业

还款的概率 $p = 1 - F(\varepsilon^*)$ ，因 ε^* 是贷款额度 $\lambda c q_0$ 的函数，可知借款企业还款概率随贷款额度的变化而变化。

通过以上分析，可知在金融仓储模式运作中，若借款企业不违约，银行不会有任何贷款风险；若借款企业违约，则借款企业可以通过存货销售回笼到封闭式账户中的现金偿还贷款本息和，银行没有任何贷款风险；存货销售回笼到封闭式账户中的现金有可能少于贷款本息和，银行将必然面临借款企业违约的风险。

16.3　商业银行质押率决策

在金融仓储服务模式下，存货质押的标的一般为市场畅销、价格稳定、流通性强且符合质押物要求的商品。在模型分析中，假定融资质押的存货是铝、铜或石油等标准商品，依据 Smith、McCardle（1998）和 Brennan、Schwartz（1985）的分析，假设质押物为标准商品并假设其价格的运动遵循几何布朗运动规律。在初始阶段，借款企业将单位 q_0 现价为 p 的标准存货作为质押物交由银行指定的具有合法资格的仓储企业保管，并依据金融仓储业务模式的运作流程向银行申请贷款。

假设商业银行的贷款质押率为 λ ，那么商业银行会根据借款企业的质押物总价值给予一定比例的贷款金额 L ，由假设可知 $L = \lambda p q_0$ ，假设时间为 t ，对金融仓储服务模式下的存货质押融资业务进行模型假设。

质押物的标的遵循标准化的原则，根据几何布朗运动规律，其价格变化为遵循对数正态分布的随机过程，满足以下条件：存货价格连续变化；在贷款周期内，存货的预期收益率 μ 和收益方差 σ 保持不变；存货收益在任何时间段互相独立且复利收益率服从正态分布，即有 $\ln\left\{\dfrac{p(t_2)}{p(t_1)}\right\} \sim N$

$$\left[\left(\mu - \frac{1}{2}\sigma^2\right)(t_2 - t_1), \sigma^2(t_2 - t_1)\right].$$

贷款利率为常数 α ，则在合约结束时质押物标的贷款本息和为 $L_t = L_0 e^{\alpha t}$ 。

银行委托物流仓储企业保存的质押存货在贷款期间将发生持有成本，银行将持有成本记入贷款利率 α 中，最后向借款企业统一收取。

假定合约期限为 T，在这期间，补仓的频率为 k，每一次补仓的时间间隔为 n（$T = kn$），并假设补仓的触发水平为零，即在补仓时刻，只要质押存货的可贷价值（可贷价值 = 当前市场价值 × 贷款价值比率）偏离了贷款本息和，就要有一次补仓以重建平衡。

假定此贷款按年计算的违约概率外生给定为 Q，并服从均匀分布。Q 值的大小由银行对企业进行调查分析后进行评级或直接根据历史数据估值而得。在 T 期初（$t = 1, 2, 3, \cdots, T$），由于贷款利率 α 的影响，贷款本息和为 $L_t = L_0 e^{\alpha n(k-1)}$ 且此时质押物数量为 q_{t-1}，单位数量市场价值为 p_{t-1}，则有 $L_0 e^{\alpha n(k-1)} = \lambda p_{t-1} q_{t-1}$。那么，当合约延续到 t 期末时，将出现以下三种情况：

一是当 $L_0 e^{\alpha n(k-1)} = \lambda p_{t-1} q_{t-1}$ 时，即 T 期末贷款本息和等于 t 期末质押存货的价值时，存货价值位于商业银行贷款额度下限以上，这时商业银行没有信贷风险，借款企业不需要补充质押存货，模式运作三方参与者签订的合约继续有效，仓储企业继续对借款企业的存货进行监管。

二是当 $L_0 e^{\alpha n(k-1)} < \lambda p_{t-1} q_{t-1}$ 时，表明借款企业用于质押的存货价值远远超过了银行贷款额度的下限，此时银行也没有信贷风险，但对于借款企业来讲，大量的存货沉淀占用了资本，影响了资金的快速周转，增加了存货的机会成本，因此借款企业可抽回一定数量的质押存货，使 $L_0 e^{\alpha n(k-1)} = \lambda p_{t-1} q_{t-1}$，保证自身利益的最大化。

三是当 $L_0 e^{\alpha n(k-1)} > \lambda p_{t-1} q_{t-1}$ 时，市场价格波动等因素使得借款企业用于质押的存货价值低于银行贷款额度下限，此时商业银行存在一定的信贷风险。在金融仓储服务模式下，仓储企业会通知借款企业补充一定的质押存货或者追加保证金，以确保银行的利益。借款企业只有补充一定数量的质押存货，使 $L_0 e^{\alpha n(k-1)} = \lambda p_{t-1} q_{t-1}$，合约才得以继续。若借款企业违约，它将不会补充质押存货或追加保证金，合约将终止，进入清算程序，银行将委托仓储企业将借款企业的现有质押存货进行平仓拍卖来清偿贷款本息，此时银行所遭受的最大损失将是 $L_0 e^{\alpha n k} - q_{t-1} p_t$。

由以上分析可知，T 期初，$L_0 e^{\alpha n(k-1)} = \lambda p_{t-1} q_{t-1}$，所以可以推导出 q_{t-1}

$= L_0 \, e^{\alpha n(k-1)} / \lambda p_{t-1}$。市场价格波动等因素使得借款企业用于质押的存货价值低于银行贷款额度下限,即当 $L_0 \, e^{\alpha n(k-1)} > \lambda p_{t-1} q_{t-1}$ 时,若借款企业发生违约,则银行遭受的损失折现值为

$$W_t = e^{-rnk}(L_0 \, e^{\alpha nk} - q_{t-1} p_t) = e^{-rnk}\left(L_0 \, e^{\alpha nk} - \frac{L_0 \, e^{\alpha n(k-1)}}{\lambda} \cdot \frac{q_t}{q_{t-1}}\right)$$

在银行与借款企业的信贷活动中,银行会利用自身的风险管理机制设定一定的风险容忍度,设 W 为银行愿意承受的最大损失水平,结合金融仓储模式的运作流程并设 W 为标的资产的函数,有 $W = \beta L_t$,则 T 期质押存货价格波动造成的损失 W_t 不小于 $W = \beta L_t$ 的概率可以表示为

$$p(W_t \geqslant W) = p\left(L_0 \, e^{\alpha nk} - \frac{L_0 \, e^{rn(k-1)}}{\lambda} \cdot \frac{q_t}{q_{t-1}} \geqslant \beta L_0 \, e^{rnk}\right)$$

$$= p\left[0 \leqslant \frac{q_t}{q_{t-1}} \leqslant \lambda(e^{\alpha nk} - \beta \, e^{rnk-\alpha n(k-1)})\right] \qquad (3)$$

$$= p(-\infty) < \ln\frac{q_t}{q_{t-1}} \leqslant \ln[\lambda(e^{\alpha nk} - \beta \, e^{rnk-\alpha n(k-1)})]$$

令 $D(\lambda) = \ln[\lambda(e^{\alpha nk} - \beta \, e^{rnk-\alpha n(k-1)})]$。

在金融仓储服务模式中,质押物的标的遵循标准化的原则,根据几何布朗运动规律,其价格变化为遵循对数正态分布的随机过程,由此可知

$$\ln\frac{q_t}{q_{t-1}} \sim N\left[(\mu - \frac{1}{2}\sigma^2)n, \sigma^2 n\right]$$

将其代入式(1)得

$$p(W_t \geqslant W) = N\left[\frac{D(\lambda) - (\mu - \frac{1}{2}\sigma^2)n}{\sigma\sqrt{n}}\right] \qquad (4)$$

简单监管下存货质押融资模式采取简化式的思路,假设借款企业违约发生的概率外生且独立于动产质押贷款,因此银行关注的将是质押存货价格波动造成的损失 $W_t \geqslant W$ 和企业违约这两个事件同时发生的联合概率。根据模型假设贷款年度违约概率为 Q,且服从均匀分布,所以在第 T 期违约的概率为 nQ,因此,可得这两个事件发生的联合概率为

$$p(T) = N\left[\frac{D(\lambda) - (\mu - \frac{1}{2}\sigma^2)n}{\sigma\sqrt{n}}\right]nQ \qquad (5)$$

假设在金融仓储服务模式中，基于仓储企业的第三方监管，银行和借款企业是一次博弈行为，此时借款企业只能违约一次，在第 T 期前不违约的概率为 $(1 - nQ)^{t-1}$，所以可得在第 T 期银行遭受的损失不小于 W 的概率为 $(1 - nQ)^{t-1}p(T)$。

因此，可得在整个贷款期内，银行遭受的损失不小于 W 的概率为

$$p(W_t \geq W) = p(1) + (1 - nQ)p(2) + \cdots + (1 - nQ)^{t-1} \cdot p(T)$$

$$= \sum_{t=1}^{T} (1 - nQ)^{t-1} \cdot nQ \cdot N\left[\frac{D(\lambda) - (\mu - \frac{1}{2}\sigma^2)n}{\sigma\sqrt{n}}\right] \quad (6)$$

$p(W_t \geq W)$ 反映了商业银行对金融仓储服务模式下特定存货质押贷款的风险偏好。如果银行确定了 $p(W_t \geq W)$，并同时相应确定借款企业的违约概率 Q、盯市频率 k、贷款时间 T 和贷款利率 α 等参数，就能确定存货质押融资业务贷款价值比率 λ 的数值解。银行既可以保持与其他贷款业务的风险水平内部一致性，对特定的存货质押融资业务确定合适的质押存货贷款价值比，也可以就某一贷款业务，对不同的质押存货确定相应的贷款价值比率，以保持这一贷款业务的风险水平的不变。

第五部分 发展前景及借鉴

供应链金融是物流服务和金融服务两者结合的产物。在我国供应链金融的实践中，围绕着银行、物流企业、借方企业三方主体，商业模式正在不断地发生演化，具体表现在发放贷款方由单纯的商业银行向银行、担保机构、保险机构等联合体方向发展，物流企业由单纯地拥有仓库资产的企业向第三方物流企业、中介管理公司、特许连锁经营方向发展，借方企业由单纯的流通企业向包括流通、生产企业的更广的范畴发展。供应链金融作为一种新型的具有共赢特征的金融服务产品，通过整合金融资源和各主体，逐渐迈入了中小企业融资的宽广网络大道，并形成了巨大的社会需求，具有良好的发展前景。

广西"十三五"规划将加强金融产品创新、探索中小企业融资模式、拓展中小企业融资渠道作为推进金融强省建设的重要内容。通过建立合理、高效的中小企业金融服务体系来破解中小企业融资难问题，既是广西经济走在全国前列的客观需要，也是推动广西转变经济发展方式的关键之举。供应链的产生为中小企业融资实施整体性解决方案奠定了基础，与之相关的供应链金融应运而生。供应链金融具有巨大的市场潜力和良好的风险控制效果，深发展、招商银行最早实行供应链产品创新。围绕供应链上中小企业迫切的融资需求，多家商业银行开始发展供应链融资、贸易融资、物流融资等供应链金融服务。该模式对于解决强制性优序融资、道德风险和信息不对称具有促进作用，是解困中小企业融资难的一剂良方。

17　发展供应链金融的意义及障碍

供应链金融的独特魅力在于三个方面：从金融服务提供方看，它能促使商业银行跳出只为单个企业提供金融服务的局限，创新性地让银行从全新的角度和供应链全局来考察融资企业状况，这从根本上改变了银行业传统的观察视野、思维脉络和发展战略；从金融服务接受方看，它以一种独特的方式为链条上的中小企业提供整体融资方案，盘活了企业的沉淀资金，提高了资金利用效率，实现了中小企业融资渠道的创新，解决了中小企业融资难问题；从金融服务的中介方看，它使物流企业的业务领域向金融领域延伸，带来了金融业和物流业互补发展的良机，为物流企业开创了新的发展空间和业务方向。

17.1　链式金融解困中小企业融资难

17.1.1　突破融资瓶颈

在传统信贷模式下，由于银企之间的信息不对称性，银行往往难以对企业进行有效的监控，企业从而有可能作出损害银行利益的行为。首先，和大型企业相比，中小企业在经营规模、资金实力、产品档次、管理水平以及抗风险能力上都有相当大的差距，这使得中小企业往往无法提供和大型企业相媲美的抵押物，信用等级较差。其次，相对于大型企业来说，中小企业在媒体上公布的信息一般都没有经过财务审计，其经营状况、财务状况、管理状况、客户关系以及合同关系等信息对于银行来说都是私人信息，银行难以根据中小企业的资产现状、贷款用途和过去的违约记录等资料在事前就确定其违约风险，并且一旦发放贷款，银行便难以进行监管。相反，中小企业作为资金或项目的直接经营管理者，通常比银行更清楚贷款会用于哪些投资项目、投资的期望收益和风险有多高、拖欠贷款的可能性有多大等具体信息，有的企业甚至还可能在签订信贷合同之前为了获取银行的贷款故意隐瞒不利信息或者捏造虚假信息，或在签订信贷合同之后无视银行的利益选择高风险的投资项目①。作为贷款人的银行却无法得知各个中小企业的预期收益和还款概率，从而难以从众多的贷款申请者中挑选出哪些是低风险的企业、哪些是高风险的企业。银行通常仅仅是了解借款人的整体情况，即中小企业的平均风险和平均收益，而对于单个中小企业，往往难以判断其是高风险者还是低风险者。银行通常希望企业努力经营以便能够按时还款。但事实上，银行往往无法观察到企业的努力程度，企业获得贷款后不一定会像银行所期望的那样努力经营，从而无法获得较好的收益，难以按时归还贷款，银行也因此形成坏账。这就形成了信贷市场上的道德风险。在中小企业的收益给定条件下，较高的贷款利率意味着投资成功时较低的利润。因此，只有那些投资成功时获得的收益较高的企业愿意申请贷款。但是，在期望收益一定的条件下，较高的成功时收益对应的是较低的成功概率，因此如果银行提高贷款利率，其真正的贷款者会是那些高风险、还款可能性低的企业，较高风险的中小企业挤走了较低风险的中小企业。具体来说，那些经营业绩优良、还款能力强的中小企业往往会充分考虑自身的偿付能力，仅在借款收益大于利息支出时才愿意借款；相反，那些经营业绩较差、还款能力弱的企业往往不充分考虑自己的偿付能力，为了能够顺利融资，情愿支付比一般企业更高的利率。因此，在较高的利率水平下，银行所发放的贷款通常是流向风险较高的企业，因而往往不能够顺利回收，形成坏账。这就形成了信贷市场上的逆向选择。

供应链金融则创新性地把仓储企业作为独立的动产监管方引入到中小企业融资中来，通过强大的信息平台和标准化的监管流程，保证对符合银行要求的总数量或总价值动产进行监管。独立的第三方动产监管对于银行和中小企业而言，充当了一个信号传递者的角色，从而有效降低了中小企

---

① 黄海沧，李建琴. 中小企业信用担保的冷思考［J］. 浙江社会科学，2003（4）.

业与银行之间的信息不对称程度。供应链金融服务模式成功地构筑了以中小企业、银行、物流企业为信息收发点，以企业经营能力、资信状况等为信息传播内容的信息空间。物流企业无论是监管信息的及时反馈还是贷款企业的真实状况，在对于融资中小企业的选取上都比银行更有优势。物流企业拥有丰富的监管经验和特定的专业知识，能够从专业的角度识别中小企业的风险，能够在信息不对称的环境下挑选到高质量的信贷对象，从而保证资金的安全性和收益性，降低中小企业在融资过程中的逆向选择和道德风险，提升中小企业的信用等级，增加银行对中小企业贷款的积极性[①]。

17.1.2 拓展融资渠道

为促进中小企业的发展，改善中小企业的融资环境，国家相继出台了一系列的政策和措施。从 2005 年开始，中国银监会提出中小企业金融服务六项机制建设，要求各商业银行从风险定价、独立核算、高效审批、激励约束、专业化培训和违约信息通报等六个方面完善机制建设。各金融机构积极创新，通过实施差别利率、灵活的还款方式、下放审批权限等做法，为中小企业提供资金支持。中小企业间接融资在品种、结构上表现出了新的特点：由于银行对中长期贷款的审批管理较为严格，中小企业长期贷款所占比重呈下降趋势，流动贷款相对增加；抵押和担保贷款成为中小企业的主要贷款方式；针对小企业的金融服务模式不断涌现，"桥隧模式"、"路衢模式"、金融仓储服务模式从不同的视角创新性地解决了中小企业贷款难的问题。

目前，中国金融市场上间接融资占主导地位，而间接融资中商业银行是主导性的。据人民银行调查统计，截至 2008 年 10 月末，中小企业贷款余额为 11.5 万亿元，同比增长 12.9%，占全部企业贷款余额的 52.8%，占各项贷款余额的 38.4%。在经济正常运行时中小企业通过银行贷款方式获得经营性资金的需求在一定程度上能够得以满足，但整体而言，商业银行等金融机构金融服务、产品的供给不足。在中小企业间接融资过程中，中小企业资信差，且没有银行可接受的可质（抵）押资产，也没有足够资

---

① 周明. 物流金融的价值及风险分析 [J]. 物流论坛，2008 (7).

信等级的第三方企业愿意提供担保，造成中小企业资金需求和信贷供给之间的巨大差距，从而使中小企业贷款效率低下，信用监督和评估体系缺乏。而与中小企业相匹配的中小金融机构不仅数量严重不足，而且面临进一步发展的诸多障碍，无力满足广大中小企业对金融服务的需求。

现阶段，我国中小企业要获得自身发展所急需的资金，主要有以下几条途径：

一是银行抵押贷款。这是中小企业的主要融资途径，但银行和中小企业之间的沟通和信息交换往往存在着很大的问题，使得融资成本高企。

二是证券市场。融资风险小，是中小企业获得发展所需资金的最佳途径。融资成本相对较低，但不是所有的中小企业都有足够的资金实力跨入证券市场的门槛。

三是民间借贷。相对于银行抵押贷款，民间借贷的融资成本较高且融资风险较大，易发生法律纠纷。

四是融资租赁。融资租赁模式在国外较为普遍，而我国目前这方面的业务量还很小，在资本市场中所占的份额不及美国的1%，约为韩国的10%。

五是典当。一种以实物为抵押、以实物所有权转移的形式取得临时性贷款的融资方式。与银行贷款相比，典当贷款融资效率高，贷款规模小，融资成本高。

供应链金融允许中小企业利用原材料、库存、应收账款、在市场上经营的商品等做质押进行贷款，盘活沉淀资金，通过引入第三方仓储企业化解银行与中小企业的信息不对称问题。银行对融资主体的评估重点主要转移到了对供应链整体的评估，而对具体融资企业则更加注重动态评估企业在整个交易中的位置和作用，重视企业个体的交易行为和对手，重视企业个体动态的业务链，而把对各中小企业的融资项目层次的评估留给了更熟悉中小企业经营状况和动产周转状况的金融仓储企业。相比传统的银行信贷，中小企业的信用水平得以提高。

此外，供应链金融服务模式下的银行贷款可以支持很多用途的授信，包括开立信用证、流动资金贷款、商业承兑汇票保证贴现、银行承兑汇票、保函等。金融仓储的运作模式包括一般仓储质押模式、统一授信模式、反担保模式、保兑仓模式等。因此，中小企业可以从自身需求出发，选择不同的供应链金融服务模式向银行申请贷款，拓宽融资渠道。

17.1.3　提高资金利用效率

在我国传统的银行信贷中，中小企业常常由于缺乏厂房、机器设备等有效不动产抵押物而得不到信贷资金支持。但同时，生产型或流通型的中小企业在生产经营活动中一般都有原材料、半成品、产品等动产，且这些动产在一定时间范围内有较固定的最低储存量，物资库存往往占用大量资金。如果按其相对稳定的最低储存存货做抵（质）押来申请贷款，就能有效地解决这些中小企业融资难的问题。银行开展动产抵（质）押贷款面临动产价值认定和动产管理与价值监控问题。而专业化的金融仓储的出现能有效地解决了以上难题。金融机构利用仓储企业提供的物流信息和物流监管，统一物流和资金流，有效解决企业资金沉淀问题。

我国产品在装卸、储存、运输、销售等环节产生的流通费用一般约占商品价格的50%，物流过程占用的时间约占整个生产过程的90%，而且经销商用于采购和库存的占压资金也无法迅速回收，大大影响了企业生产、销售的周转效率。供应链中小企业成员的资金缺口常常是由于大型企业转移流动资金压力造成的。许多大型企业凭借其竞争力较强、规模大，在与上下游中小企业的议价谈判中处于强势地位，为了减少运营成本，获取更大的利润，往往在交货、价格、账期等贸易条件方面对上下游中小企业要求苛刻，如向上游赊购或采购库存前移、向下游预付款销售或成品库存后移，造成供应链中小企业成员的资金回收困难。中小企业迫于竞争压力，常常愿意为大型企业提供备用库存，延长资金回收账期，为大型企业提供流动资金。这大大影响了中小企业生产、销售的周转效率。

资本循环 $G-W\cdots P\cdots W'-G'$ 规律告诉我们，资本周转速度主要取决于其由商品形态向货币形态的转化速度。企业资本增值能力由资本周转速度和投入周转的资本量 G 决定。动产抵（质）押贷款就是把 W 或 W' 直接变成增量 $\triangle G$，增加资本投入量，把简单再生产演绎为扩大再生产。发展金融仓储业务既可有效促进企业再生产能力扩大，还能促进社会再生产过程中生产、储备和消费的良性循环，发挥优化资源配置，提高企业生产、销售效率的作用。

供应链金融加快了企业生产、销售周转效率。在金融仓储融资模式下，物流企业、中小企业、银行和大型企业有效地结合起来，使供应链上的供应、生产、销售、运输、库存及相关的信息处理等活动形成一个动态的质押方式。中小企业在获得融资的同时，还加速了销售的周转率。在原材料买回来后，企业通过银行融资就能立即获得资金。如果再将这笔资金用于其他的流动用途，能够有效地盘活企业的沉淀资金，减少资金占用，解决企业实现规模经营与扩大发展的融资问题，提高资金的流转效率、降低结算风险，最终提高整个供应链的运行质量。这样不仅企业有效地解决了资金问题，银行也通过物流企业的信息平台，把资金流、信息流和货流统一起来，达到银行、生产方、经销商、仓储企业四方共赢。

此外，对于业务正处于高速发展阶段、销售网络和物流配运系统尚未成熟的中小企业来说，供应链金融可以帮助企业迅速建立销售、配送网络，提供集融资、资金结算、配送、仓储监管于一体的综合金融服务解决方案，使其迅速拓展全国分销网络。由于物流企业有效地融入了生产企业的原材料供应链和产成品的分销供应链中，可以以其专业的物流知识和丰富的实际操作经验，为企业实施物流方案的策划和物流项目的实际运作，提供海陆空铁多式联运、仓储、搬运、装卸、配送、集装箱运输等多种优质的第三方物流服务，这样不仅可以有效降低企业的物流成本，而且还能使其把有限的资金和精力投向核心业务，提高核心竞争力。

17.2 实现商业银行业务模式创新

供应链金融模式是多产业、多领域及多种技术的有机融合体，其运作强调物流企业要向它的上游和下游寻找服务对象，通过同它们建立战略合作伙伴关系，实现优势互补，提高其整体竞争力。所以，银行在同物流企业合作时，不仅可以与其建立长期稳定的业务关系，而且还可以通过提供延伸性的服务，把服务拓展到与仓储企业相联系的上下游优质中小企业，使得生产厂商、仓储企业、零售商或最终消费者的资金在银行体系内部实现良性循环，缓解银企之间的信息不对称，有效降低中小企业的单位开发、维护成本，从而开拓出新的客户群体。银行通过分析供应链各环节中交易真实性以及对物流、资金流的动态把握，设计相应的契约和条款来控制风险。银行通过供应链金融拓宽了业务渠道，形成了新的利润增长点。

17.2.1　一揽子金融服务

供应链金融的客户群是多元化的，既包括大企业及其战略伙伴，也包括各类中小企业及物流企业，因此可以提供的金融服务种类几乎涵盖了银行所有产品，收益模式也覆盖了资产负债业务、中间业务。

供应链金融涉及大量的信贷业务，主要包括：（1）人民币额度借款，即中小企业与银行签订人民币额度贷款合同并确定一定的借款额度后，可以在该借款合同的有效期内循环使用该借款额度下的贷款金额，且贷款期限不受额度有效期的限制，经分次签订借款合同，可以从实际出发与银行协商确定。（2）流动资金贷款。主要用于企业正常生产经营周转或临时性的资金需要的本外币贷款项目。但是，对于新成立的仓储企业或者物流部门来说，需要投入一定的资金用于仓储工具、信息管理以及物流网络等基本系统的建设和维护及改造。（3）票据业务。票据业务对于满足企业短期的资金需求，降低企业经营风险及融资成本，提高资产质量、经营效益等都具有特殊作用，它是在商品交易和资金往来过程中逐渐发展起来的一项传统类型的业务。（4）中长期贷款。对于企业的前期基础设施建设，或者主要用于固定资产项目的建设、购置、改造及其相应配套设施建设，银行可提供中长期贷款支持并跟踪维护。

供应链金融中很多与资金流和物流的控制相关，因此结算吸引的效果非常突出。现代物流多元化、网络化的发展趋势特点要求银行能够为企业提供高效、快捷和安全的资金结算服务网络，保证物流、信息流和资金流的"三流"统一和融合。仓储企业、融资企业在日常经营中多是采用汇兑、银行托收、汇票承兑、信用证等结算工具，这就会增加银行资金结算、票据承兑换、网上支付等中间业务收入。

现金管理业务是依托网上银行与重要客户管理信息系统两大核心平台，结合日常结算手段，根据具体客户个性化需求和已有的信息和咨询服务、账户管理、短期融资等金融产品进行拆装和整体打包的综合性、复合型金融服务产品，包括以账户和供应链为核心的收付款交易管理、以现金资源共享和集中化控制为核心的流动性管理、以创造现金流价值为核心的投融资管理以及以保障企业营运资金安全为核心的风险管理等。该服务的目标是协助企业从最大限度上提高资金运转效率并且降低财务成本，这也是银行为重要客户提供的一项综合服务。在金融仓储模式下，由于中小企业缺乏财务规范性和融资经验，银行可以利用自身优势向其提供相关的财务顾问、信息和账务管理等中间业务服务，为企业提供理财方案，建立科学的资金管理机制，提高中小企业资金使用效率，在促进中小企业发展的同时，获得大量的沉淀资金和理财收入。而对第三方物流企业而言，银行可为其提供符合其人性化和特殊化需求的现金管理方案，包括对企业的收款、付款以及流动性管理并完成企业资金归集，以及为企业提供存款组合和资产委托管理等一系列理财服务规划方案，并通过加强对企业现金流量的分析预测，建立科学的资金管理体制和机制，做好全面的筹划从而提高仓储企业资金使用率。

物流融资主要是指银行通过正常贸易项目商品抵（质）押，以及重要单据控制、应收账款转让等其他手段，借助实力较强的大型物流公司的物流信息管理系统，将银行资金流与企业的物流有机结合，向公司客户提供融资、结算、划转等一系列银行服务的综合性、一体化服务业务。在金融仓储模式下，银行可以通过向经销商或生产商进行物流融资，实现银行、厂商、经销商、物流企业的四方共赢，达到盘活整个供应链的目的。

17.2.2 优化信贷结构

供应链金融服务模式有利于降低商业银行的信贷风险。首先，供应链金融模式下中小企业贷款有充足的动产作为担保，在及时合理监控动产市场价格的前提下，能够有效地保障银行融资安全，加上动产抵（质）押贷款相对而言单笔金额小，且分散于不同企业之间，因而发展动产抵（质）押贷款可以降低信贷集中度，分散信贷风险。其次，银行开展动产抵（质）押贷款，相对减少企业互保贷款。我国当前银行信贷担保方式多以不动产抵押和企业互保为主，特别是企业互保形式，不是风险的化解，只是风险的累积，这在一定程度上会强化银行风险的传递与扩散。最后，供应链金融服务模式要比传统流动资金贷款的实时性更强，由于贷后操作的连续性特征，一些预警信号更容易被及时捕捉。金融物流企业提供标准化的动产价值合同设计和专业的动产管理，设置"补差"机制以及不良预警机制，通过市场价格监控及时反馈动产价值信息，及时采用保价手段，以稳定抵（质）押物价格①。比如，在客户的赎货进度与预期有明显差异的情况下，就可以启动应急响应，这样就避免了不良发生后的被动处置。应急响应还可以包括停止剩余额度的继续出账，以避免进一步的损失可能。

供应链金融服务模式有利于优化金融业的信贷结构。当前，我国银行业信贷结构的失衡现象越来越严重，已引起政策层的高度重视。2009 年全年金融机构新增贷款为 9.59 万亿元，其中长期贷款占 76%。我国银行贷款长期化现象十分严重。越来越多的信贷资金流向基础设施建设和个人住房按揭项目，企业直接用于生产经营的流动资金需求却难以满足。人民银行工作会议提出 2010 年要着力优化信贷结构。优化信贷结构需要提高直接满足生产经营需要的短期贷款的比重。从发达国家的信贷运行来看，应收账款担保融资和动产担保融资是短期贷款的最主要方式，分别占短期贷款的50% 和 30%。因此，发展供应链金融，帮助企业申请动产抵（质）押贷款，既能在一定程度上保证信贷资金流入实体经济市场，减少信贷资金违规流入股市、楼市等高风险领域的情形，又有利于信贷资金及时进入生产流通领域，防止信贷资金长期化，宏观上有利于优化金融业的信贷结构。

17.3 延伸物流企业金融服务之手

在新经济快速发展的今天，物流业作为一个集商流、资金流、信息流于一体的产业，正在国民经济发展中起着越来越重要的作用。国家统计局2009 年底公布的经济普查资料、物流业 2009 年度统计资料、中国仓储协会对全国规模以上物流企业的调查统计资料表明，近 5 年，我国物流业得

① 陶永诚. 金融仓储的经济效应及其发展的思考 [J]. 浙江金融，2010（3）.

到较大发展；2009 年虽然受到国际金融危机的影响，物流业增加值的增幅较往年有较大下降，但物流业的投资额继续保持高速增长；为了应对国际金融危机，仓储企业积极开拓进取，也产生了一些新的经营业态，实现了盈利模式的创新。但是，物流业长期存在的一些深层次问题已突出显现，主要表现在：物流企业的规模仍然偏小，营业收入仍然偏低；物流技术发展水平低；物流管理人才缺乏；国家缺少对物流行业的有效监管；信贷相关法律尚未成熟完善等。

随着我国物流金融、供应链金融的发展，中小企业对仓储租赁的需求日益强烈，仓储业迅速做大产业的各项条件已经具备，面临着巨大的发展机遇。童天水（2009）根据存货资产测算出动产抵（质）押贷款市场需求量为 5 万亿 ~ 7 万亿元占全部贷款余额的 20% ~ 25%，但我国动产抵（质）押一直没有形成一定的规模，如浙江动产抵（质）押贷款余额为130 亿元左右，占全省金融机构贷款余额总数的比重不到 0.5%。因此，我国供应链金融具有巨大的发展空间。

供应链金融服务模式使仓储企业的业务领域向金融领域延伸，带来了金融业和物流业互补发展的良机，为物流企业开创了新的发展空间和业务方向。物流企业成为供应链金融服务模式中不可或缺的重要环节，在中小企业和银行之间搭建起一座畅通的金融桥梁，使供应链运作流程中各个环节的资金流得以顺利周转。例如，浙江涌金仓储股份有限公司就是一家专业从事金融仓储的民营企业，它不仅形成了成熟的商业模式，而且业务规模发展很快，2009 年的授信额度已达 15 亿元。与此同时，2009 年以来，浙江各地又涌现出"和金"、"长运"、"银桥"、"千岛湖新城"等一批与"涌金"业务定位与商业模式类似的专业仓储公司。这已经说明了"金融仓储"的市场潜力与产业化发展趋势。

供应链金融为银行开展动产抵（质）押贷款业务提供了安全、有效的保证。通过场地控制、现场派员、独立建账、远程监控和定期报告，为银行提供了全方位的信息和保障，成为银行可靠的合作伙伴。供应链金融还可帮助银行对客户进行先期评估，扩大银行的客户群，提高其贷款效率。供应链金融为企业利用其自有动产进行抵（质）押融资提供了一个平台。企业利用这个平台，可以高效、便捷地与银行对接。供应链金融监管商为企业推荐合适的银行，帮助企业更易于获得融资。对于市场集中的、微小型的企业或商户，供应链金融监管商可采用集群式仓储融资或连片开发的方式，为这些客户解决贷款难题。物流与金融的业务整合及创新，对银行、物流企业、借方企业都有较强的吸引力，可以达到三方得利、共同发展的多赢目的。在这种业务形式中，物流企业接受银行委托，实际占有质押物，此时银行对风险的关注点也发生了变化，检验质押物的法律属性是否明确、价格波动是否稳定以及流通变现是否容易等成为银行控制风险的主要内容，即将还贷的借款企业的信用风险转化为质押物的价格波动风险。同时，防范物流企业的道德风险，充分考虑借款企业的经营（销售）能力，也成为银行风险控制关注的内容。

对于物流企业来说，参与该项服务，可以拓展服务领域，增加业务品种，有助于积极争取客户，赢得市场份额。在我国，由于社会信用体系不健全，现实环境中存在着大量的信用欺诈，对众多中小企业来说，看住货物要比看清楚这些企业的信用容易得多，所以按照《担保法》的规定实施对质押物的物理占有就有必要。在这种情况下，银行等金融机构要实现对动产质物的占有权，必须借助借方企业之外的第三方提供质物监管与仓储管理服务。面对为数众多的中小企业和分散的贷款，银行等金融机构不可能为每一笔业务代借方企业寻找合适的质物监管或仓储管理人，同时也不愿接受质物分散存放在各借方企业自己的仓库中。因此，在质押担保模式中引入物流企业作为第三方中介机构，对整个业务的发展产生了积极的作用。银行作为质权人，不完全具备监管质物的条件，此时仓储企业出现，担负起帮助银行看管质物的职责，满足了质权人的要求，为质押业务的开展扫除了障碍。通过第三方的仓储企业提供相关的信息服务，可以改善信息不对称情况，提高银行信贷资金盈利能力。供应链金融使第三方仓储在客户的物流环节扮演了独立管理人的角色，这种角色恰恰为银行提供了各种金融服务的代理人接口。企业对供应链金融服务商的要求已经从最初的仓储服务需求扩展到预付款、结算等金融服务需求。而物流企业恰恰控制了客户的有效资产，这为物流企业向金融服务延伸提供了资产支持。

17.4　供应链金融的发展障碍①

17.4.1　供应链管理意识普遍松散

企业对供应链管理的态度决定着银行供应链金融业务营销的前景。目前，国内企业对供应链管理的重视程度还不够，尤其是对一些中小企业来说，供应链管理缺乏真正实施的主客观条件，暂时还停留在理论层面。统计资料显示，美国、德国企业流动资产周转率为 8 次/年，日本为 7 次/年以上，而我国国有及规模以上非国有企业流动资产周转率仅为 1.6 次/年。流动资产周转率从一个侧面充分反映了中外企业的供应链管理意识及其差距。

中国企业供应链管理意识缺乏的原因是多方面的：一是中国的市场经济发展还不充分，在传统计划经济残余思想的作用下，有一部分企业还没有真正建立起完善的现代企业制度，仍然处于传统、粗放的管理状态；二是多数企业缺乏有效的管理激励机制，不能充分发挥人力资本的作用，无法调动管理人员的积极性和创造性；三是一些企业的中高层领导在面对新经济时代的挑战和压力时，明显缺乏创新意识和开拓意识，不愿意尝试新的管理方法；四是大多数企业的管理者缺乏必要的、与供应链相关的培训教育，对供应链管理认识不够深刻。供应链管理理念不能被全面、深入地认识和应用，理论与实践严重脱节。供应链管理的全面覆盖化本身是个实现多赢局面的优化进程，也将促进供应链金融的进一步发展，但国内这么多企业在没有深入认识的前提下肯定是达不到国际管理水平的，这直接影响的不只是企业自身的利润降低，更对整个供应链上的企业产生消极影响，也对供应链金融的发展起到了阻碍作用。

由于国内企业供应链管理的意识普遍薄弱，供应链系统的管理普遍表

---

① 裴瑾. 我国商业银行供应链金融业务研究［D］. 首都经济贸易大学硕士学位论文，2010.

现出松散的特征，具体表现在供应链的边界模糊，核心企业对供应链成员的管理缺乏制度化、有效的手段。在这种条件下，供应链融资对核心企业的吸引效果就被弱化，核心企业的资信引进有时缺乏利益激励。而成员企业对核心企业的归属感不强，供应链对参与企业的约束力不大，这也会导致银行在供应链金融业务中的风险加大。这种状况不仅使得银行可选择开发的链条有限，而且需要谨慎评估供应链内部约束机制的有效性。这解释了国内供应链金融相对集中于汽车、钢铁等有限几个行业的原因。

17.4.2 业务发展欠缺稳定的技术平台支持

在供应链金融业务的发展过程中，技术平台的引进是很重要的。国际银行在开展供应链金融业务时就大多用到了先进的网络技术，比如说荷兰银行，它是一家拥有全球布点和网络的商业银行，在开展供应链金融业务时它合理运用互联网技术，自己开发了一套 MAXTRAD 系统，这套系统可以将信用证贸易下涉及多家银行及买方的单证统一处理，客户可以通过电子银行平台在全球各地实现发送交易指令、查询交易、定制报告等功能，节省了银行和客户双方的成本，最大限度地实现了交易的程式化和自动化。

和国外相比，国内信息技术的发展是不够先进的，尤其是与金融配套的电子商务和信息技术的发展。供应链金融业务操作风险大、操作成本高，信息技术的充分发展能够解决操作成本过高的问题。目前，单证、文件传递、出账、赎货、应收账款确认等环节需要大量人力，这给供应链金融业务增添了很多成本，同时也是风险的额外来源，所以发展此项业务配套的技术平台是很重要的。从另一个技术角度而言，电子商务手段也有助于增强贸易背景可视度，降低交易成本，但国内银行普遍没有将供应链金融系统整合到这类平台之中，而是将贸易环节和融资环节割裂来看，所以银行和政府相关部门要积极建立相关电子平台，将各种信息有机整合到平台之中。

大部分银行的供应链金融业务风险控制尚未独立于传统流动资金贷款的风险控制体系运行，对供应链金融的理解仅停留在营销概念层面，风险控制的核心体系并没有建立起来。这样不仅不能发挥此项业务的成本优势，也存在着较大风险隐患。比如，大多数银行没有对供应链金融业务设置专门的债项评级体系，还在沿用传统贷款业务的评级方法；没有特别的审批通道，还是层级审批制；没有专业化的操作平台，操作风险控制缺失；缺乏针对核心企业和物流监管合作方的严格的管理办法，操作上具有随意性。

供应链金融业务大大拓宽了贷款业务的范围，它以流动资产做抵押，加上与物流企业进行的合作。在此种业务中，银行承担的风险具有与之前业务不同的特征，需要对不同的流程给予重视。有些存货商品价值容易受时间、气候等自然因素的影响，价格随市场需求波动较大，对这类流动资产价值进行合理评估的操作难度大，银行需要建立新的流动资产价值评估体系，并且统一各种评估方法和标准，使得存货价值和信贷资金一致，不仅充分满足客户的资金需求，还要减小由于价格变动而导致的贷款回收的隐性风险。

17.4.3　动产担保物权法律环境不健全致使业务流程复杂

在美国等发达国家，综合性的单一担保物权替代了多种传统形式的动产担保权益，动产抵押采用统一登记制度，信贷人无须实际占有借款人动产，而享有担保物易变现、易执行的相关便利。而国内有关动产担保物权的设定、保护及实现的相关法律严重滞后于国际最佳实践，信贷人的权益没有得到真正的保护，这使得银行在货押业务操作中必须引入第三方物流作为不可或缺的风险控制变量。有了第三方物流的介入，虽然银行的权益得以保证，但操作流程更为复杂、成本更高。

国内动产担保物权相关法律的不完善，导致供应链金融业务在很多操作和预期损失估计方面存在不确定性。同时，监管部门对供应链金融的认识很大程度上停留在传统的流动资金授信层面，只按照传统流动贷款的方式来对供应链金融业务进行管理，对供应链金融的风险特征、信贷技术以及核心价值了解有限，相关的规范、引导和监管工作比较欠缺。

18 广西中小企业融资既有的制度创新

18.1 信用担保机制创新

中小企业融资难的一个重要原因是企业自身信用的缺失。目前世界上已有一半的国家和地区建立了中小企业信用担保体系，该体系已成为各国政府改善银企关系、强化信用观念和改善中小企业融资环境的重要手段。众所周知，信用担保是一个高风险的行业，尤其是对中小企业的信用担保。因此，中小企业信用担保体系应主要由政府推动，确立明确的政策目标，这样才能体现政府的政策意图，引导社会资源的优化配置，促进中小企业的发展。根据其他国家的经验，政府的担保计划明确规定了担保对象的规模和性质，重点支持那些通过正常融资渠道不能获得贷款和融资的企业，并因地制宜地规定了担保的重点。完备的信用担保机制要求为中小企业信用担保机构建立一套完善的风险分散和规避机制。风险是客观存在的，如何在担保机构、金融机构和企业之间分散风险，是担保运作中必须面对的问题。必要时要建立再担保制度，既是对担保人所承担的担保风险的担保，也是对风险责任的第二次分摊。这是为了弥补担保机构自身信用资源的不足而向再担保机构分散和转移已担保的风险。再担保制度通常以担保机构承担主要风险、再担保机构分担部分风险为原则，以联合担保基金来增强担保机构的风险承受能力，从而为中小企业提供更多的担保资源和更大的担保空间。

中小企业信用担保为弥补市场失灵而存在，它所承担的风险是商业机构不愿或无法承担的，这决定了信用担保资金出资主体应当是政府，而且只有政府持续出资才能保证信用担保机构的持续稳定经营；同时，政府是企业税收的主体，政府出资的信用担保机构通过担保的杠杆效应支持科技型中小企业的发展，而中小企业发展反过来又扩大了税源，政府也是最大的受益者之一。政府出资包括资本金出资和对担保机构代偿进行补偿两方面，国家应建立相关的利益机制对政府出资进行保障。

政府作为制度供给的主体，可以对中小企业信用担保进行立法，为科技型中小企业信用担保的正常运行提供法律保障。一方面，政府利用法律来调整科技型中小企业信用担保有关各方的利益关系，引导中小企业信用担保在市场经济体制下运作；另一方面，法律又成为政府干预中小企业信用担保的手段，使政府在法律允许的范围内干预和管理科技型中小企业信用担保。如广西壮族自治区政府 2004 年下发了《关于加快民营经济发展的决定》（桂发［2004］16 号），鼓励建立和完善多层次、多元化、多形式的信用担保体系，并规定政策性信用担保机构每年用于中小企业、民营企业的担保额度，应占当年担保总额的 50% 以上；广东省政府《关于加快我省中小企业信用担保体系建设的意见》（粤府办［2004］76 号）对广东省信用担保体系建设的宗旨、政府角色、担保机构扶持政策等内容进行了详细规定等。政府监督管理就是主管部门对科技型中小企业信用担保机构的担保运作情况和实际效果进行评价和审核，以便有效地防范、控制和化解经营风险，同时也为担保机构提高运作能力和运作效率提供参照标准和发展方向，保证担保业的可持续发展。中小企业信用担保在我国尚属新生事物，同其他利益主体的良好互动关系还没有有效建立起来，迫切需要政府利用自身的优势，协调担保机构与社会其他部门的关系，为中小企业信用担保的发展创造良好的环境。

浙江率先提出了"桥隧模式"和"路衢模式"，并首先尝试了"融资平台浙江模式创新"。传统的三方担保模式主体包括银行、担保公司、企业三方，而"桥隧模式"构建起信贷市场和资本市场间的桥梁和隧道，使得中小高科技型企业的贷款申请能够通过担保公司的信贷担保和风险投资公司的相应承诺和操作，提高应对银行风险控制的要求，顺利地实现贷款融资，从而满足中小企业进一步发展的需要和风投的投资目的。与传统的三方担保模式相比，这个新模式中出现的第四方，为中小企业担保贷款建起"第二道风险控制防线"。在这里，担保公司成为沟通信贷市场贷款和资本市场风险投资的中介、桥梁。首创这一模式的是浙江中新力合担保有限公司，此模式一经实施，便受到了社会各界的极大欢迎。"桥隧模式"之后，浙江中新力合担保公司又推出"路衢模式"，"路衢模式"就是形象地将各种金融资源（担保、信托、投资）、各个市场主体（担保公司、信托公司、银行证券业、中小企业、投资者等）和政府主体通过四通八达的网络连接起来，构建起条条大路、座座大桥，为中小企业融资提供有效的途径。2008 年 9 月，杭州西湖区政府与中新力合担保有限公司合作，推出了全国首只小企业集合信托债权基金——"平湖秋月"，这是对"路衢模式"的首次实践。此次合作使杭州西湖区 20 家科技型小企业以略高于银行 1 年期基准贷款利率的融资成本获得了贷款。2009 年 1 月底，杭州市针对文化创意类小企业成功发行了"宝石流霞"集合信托债，受益企业近 30 家。之后，各地纷纷效仿，积极通过"路衢模式"的应用解决中小企业融资问题。

为切实缓解浙江省中小企业融资困难，2006 年，浙江省中小企业局和国家开发银行浙江省分行根据浙江实际情况，在调查研究和反复论证的基础上签署"浙江中小企业成长贷款合作协议"，建立浙江省中小企业成长贷款融资平台（以下简称平台），开创了开发性金融支持浙江省中小企业创业创新发展的新局面。平台作为国家开发银行向中小企业贷款的承接载体，充分整合了政府、国家开发银行、担保机构、中小企业的资源，建立了完善的组织架构和有效的控制体系。平台从 2007 年 4 月正式开始运作，截至目前，已经组织召开了 16 次融资项目评估会议，审议通过了 262 个中小企业融资项目，累计发放贷款 4.1 亿元。据初步统计，平台运作半年多来，至少新增就业 4000 余人，新增销售收入 14 亿元，新增利税总额 1.2 亿元。平台的合作模式在全国尚属首例。拥有良好的风险控制体系，是平台成功运作的一大亮点；为中小企业及时提供资金支持，是平台持续运作的基础。平台的建立为浙江中小企业开辟了一条崭新的融资渠道，得到了国家开发银行总行的认可。其他省份借鉴浙江模式推出了类似的融资平台，以期为其区域内中小企业的发展提供良好的金融支持。

18. 2 商业银行服务创新

自2005 年7 月中国银监会出台《银行开展小企业贷款业务指导意见》以来，国家开发银行以及工行、农行、中行、建行四大国有商业银行的分行，民生银行、招商银行等都展开了小企业贷款试点工作，纷纷设立中小企业信贷业务部门，制定适合中小企业的信贷政策，简化信贷流程，扩大经营行中小企业贷款审批权限，因而对中小企业的贷款发放速度明显加快。同时，广西壮族自治区政府也完善了对银行业年度业绩的评价制度，评价将不仅看银行贷款规模总量和增量，也要看贷款增量的月度均衡性以及小企业贷款增量、欠发达地区贷款增量在贷款总增量中的比重，以激励国有商业银行加大对小企业信贷的支持力度。广西国有商业银行和股份制银行建立小企业金融服务专营机构，完善中小企业授信业务制度。同时，金融管理部门规定近几年各国有商业银行和股份制银行对中小企业中长期贷款的规模和比重，并要求逐年提高。由于小企业不良贷款率要明显高于大中型企业，对小企业贷款风险相对较高，政府相关部门对商业银行的小企业贷款业务提供相关优惠政策，予以激励，如对银行的营业税与所得税实行一定的优惠、实行贷款业务补贴、对小企业不良贷款损失给予适度风险补偿等。

中小企业已成为广西经济社会发展的重要支柱和推动力量。这样的经济格局，也决定了当地金融机构必须创建以中小企业为主要对象的金融服务模式。各金融机构针对中小企业发展特点，也推出了不同的政策促进中小企业的发展。比如，工行推出了新的融资产品——"网贷通"，不仅手续简便、速度快，还可根据销售淡旺季，随时取用还款。"网贷通"即工行与中小企业客户一次性签订循环贷款借款合同，在合同规定的有效期内（合同最长可达2 年，合同项下单笔提款的期限不超过1 年），客户可通过网银或电话银行自助进行提款和还款业务申请，贷款最高额度可达3000 万元。事实上，"网贷通"只是工行中小企业信贷业务创新的一个缩影。建行继推出"速贷通"、"成长之路"业务和中小企业额度抵押贷款后，其金华分行于 2011 年初首开国内中小企业无抵押贷款先河。不仅工行、建行、交行、民生银行、浦发银行等也积极在广西寻求打开信贷绿色通道。浙商银行首创的中小企业贷款"风险摊薄模式"被当地经济界人士称为"解决中小企业融资难问题的破题之作"。同时，商业银行进一步完善信贷的财产抵押制度和抵押物认定办法，拓宽抵押物的内容。如将中小企业应收账款、仓单、知识产权、股权等做质押，可不同程度地缓解中小企业贷款抵押不足的矛盾。广西中小企业融资难问题的解决主要应该发挥市场功能，依靠市场手段进行运作。银行等金融机构针对中小企业的融资需求进行金融产品创新和融资方案设计，通过在信贷市场上寻找多个参与者或利益相关者，建立一种特殊机制来缓解中小企业信贷融资困境的做法更加切实可行。在物流业高速发展、仓储管理日益成熟的今天，从金融仓储入手为中小企业提供融资方案成了最佳思路。金融仓储服务模式凭借制度创新，集合信息、资金、金融产品等多种资源，突破了不动产的束缚，充分利用中小企业生产经营过程中的存货和流动资产进行融资，为中小企业融资的理念和技术瓶颈提供了解决方案，使中小企业信贷市场不再可望而不可即。

广西积极实施微小企业培育工程，为商业银行推荐优质微小企业客户。2005 年以来，按照政府重点抓好销售收入 500 万元以下微小企业培育工作的部署，广西全面启动了微小企业培育工程，即建立微小企业培育信息库，并从资金支持、人才培训、创业辅导等方面予以重点扶持，培育微小企业上规模。在此基础上，充分利用中小企业工作部门的职能优势，积极向银行业金融机构推荐微小企业培育信息库中业绩优、成长性好的微小企业，促进银企合作。此举有效解决了银行业金融机构向微小企业贷款过程中的信息不对称问题，实现了银行与微小企业的互利双赢。同时，搭建平台，推动中小企业开发性融资。

广西积极支持村镇银行、社区银行、小额贷款公司等金融机构的发展。我国村镇银行、社区银行还处于研究起步阶段，小额贷款公司多数实力弱小，但不久的将来它们会成为解决小企业融资难的中坚力量，在起步阶段十分需要国有商业银行和股份制银行的支持。如以股权形式投资村镇银行、社区银行，提供管理经验，适当增加小额贷款公司贷款额度等。促进村镇银行、社区银行快速发展，使小额贷款公司在小企业贷款上发挥更大作用。发展村镇银行、社区银行是我国金融体制和机制的重大创新，是缓解中小企业融资难的重要途径，应加快出台相关政策，确保村镇银行、社区银行发展，真正发挥改善中小企业融资环境的作用。早在 2007 年，银监会副主席唐双宁就明确要求全国各银监局推广浙江经验，鼓励银行业金融机构大胆创新管理方式和信贷机制，提高中小企业金融服务水平和风险管理能力。草根银行经营方式灵活，适应中小企业的融资需求，无疑能成为中小企业融资的重要渠道。与传统的商业银行不同，小额贷款公司的主要服务对象是区内的中小企业客户，一般来说，这些企业处于生命周期的起步和探索阶段，规模较小，营业收入低，很难提供符合银行要求的担保和抵押。因此，小额贷款公司控制风险的核心原则是控制客户源头，对所有的客户知根知底，对贷款人情况百分之百掌握。同时，从源头上着手对客户进行定位也是小额贷款公司独特的业务经营模式和可持续发展的战略性基础。

18.3　民间资本运用创新

中小企业因种种原因无法从银行取得贷款时就会寻求民间融资，这在一定程度上缓解了中小企业生产经营资金短缺问题，但由于民间融资手续不规范，利率随意性大，给社会带来一些不安定因素，也给中小企业正当融资带来一些负面影响。因此，必须正确对待和处理民间融资在经济金融运行中的积极作用和负面影响，不断加强政策引导，鼓励金融创新，强化监督管理，促进社会资金融通，加快民间融资的健康有序发展。

一方面，民间金融是发展健全的金融市场所不可或缺的，它的形成和发展特别有利于金融市场上的竞争、监控体系、法治结构以及信用文化等几种基础性体制的建立。另一方面，民间金融具有正规金融机构所不具备的四个优势，一是制度优势。正规金融机构的贷款行为有时会受到行政力量等非市场因素的影响，贷款基准利率也是管制利率，而民间融资中的借贷行为和利率都是市场化的。可以说，民间金融是一种纯粹的市场金融形式和市场金融交易制度。二是信息优势。正规金融机构贷款中的信息不对称现象是经常存在的，有的借款人为了得到贷款甚至不惜编造虚假的财务数据或实施其他造假行为，而民间融资中的当事人由于彼此之间比较了解，与融资相关的信息极易获得且高度透明。三是成本优势。民间金融由于一般没有抵押或担保，对信用和私人关系的依赖程度远远高于银行信贷。四是速度优势。民间融资无烦琐的交易手续，交易过程快捷，融资效率高，能尽快达成交易，使借款人迅速、方便地筹到所需资金。民间金融的这些独特优势，成为其能够和正规金融长期共存、形成互补效应的重要原因。

民间金融泛指个人之间、企业之间、个人与企业之间的借贷行为以及各种民间金融组织的融资活动，属于非正规金融范畴。实践证明，在许多国家和地区，非正规金融对于高新技术企业融资具有非常重要的作用，甚至在一些已经实现了金融自由化的国家和地区，非正规金融仍然不同程度地存在着。在发展中国家，民间金融广泛存在，尤其当正规金融机构无法满足高新技术企业发展形成的融资需求时，民间金融更为活跃。台湾地区的调查数据显示，在 20 世纪 60～90 年代，以高新技术企业为主的民营企业借款来源中，民间市场的比例高达 35% 以上；有关学者对 100 家温州民营企业的融资状况调查发现，企业在初创期 75% 以上的资金来源于自身积累和民间借贷。由于民间借贷手续简便、信用借款为主、支付方式灵活，相对于金融机构复杂的借款手续来说，更加适应高新技术企业融资的"短、小、频、急"的特点，因此理应成为高新技术企业拓展融资渠道的重要考量因素。但是，我们的调查显示，广西仅有 8.6% 的被调查企业将民间借贷作为其最主要的融资方式，远远低于内部积累以及银行或信用社贷款，民间借贷并未在广西融资中占有非常大的比重，尚未成为广西企业一种有效的融资方式。

在广大的民间个人投资者眼中，广西最具投资价值的行业是教育产业与高新农业，其次为新能源、环保、生物科技、计算机设备、新材料，投资者对于这些行业的关注度均达到了 45% 以上。其中，投资者认为最应重点发展的行业依次为新能源（认同率 39.43%）、软件（认同率 32.53%）、生物科技（认同率 28.91%）、网络通讯（认同率 27.71%）、房地产（认同率 27.71%）、环保产业（认同率 26.5%）、光电子与光机电一体化（认同率 19.28%）、新材料（认同率 19.27%）、医药保健（认同率 16.86%）、高新农业（认同率 15.66%）。

从民间投资主体的偏好上看，其更愿意在中小企业的成长期进行投资，以降低投资风险。调查也表明，广西的投资主体偏好的投资阶段多集中在成长期，达到了 64.37%；其次是企业的扩张期，为 35.63%；选择在种子期的投资者也有 27.59%，而选择在成熟期和上市筹备期的分别只有13.79% 和 14.94%（见表 18-1）。

表 18-1 　　　　2014 年投资主体对中小企业各个阶段的投资偏好　　　　单位:%

种子期	成长期	扩张期	成熟期	上市筹备期	其他
27.59	64.37	35.63	13.79	14.94	0

从民间投资主体的偏好上看，39.29% 的投资者选择在提供一部分贷款或担保资金的同时投入一部分资本购买中小企业的股权的方式进行投资，36.9% 的投资者希望依靠专业的风险投资机构来进行风险投资，通过直接投资进行投资的投资者有 28.57%，只有 17.86% 的投资者选择以提供贷款或贷款担保的方式进行投资。同时，92.22% 的投资者认为有必要成立专业的风险投资机构，认为风险投资机构作为风险投资的发起者和投资工作的枢纽，有能力分析和作出对中小企业的投资决策，负责风险投资的运营，在投资后监测风险企业并参与管理，对投资者负责，使不同类型投资者的利益得到保护。而被调查的投资者中超过半数认为最需要风险投资机构的是银行。可以看出，中小企业领域的投资者依然希望拥有一个完善的投资、风险管理机制。此外，投资者在对被投资企业进行考察并进行投资决策时，最先考虑的因素为市场前景，其次为技术因素、团队管理、盈利模式、财务状况、竞争对手情况、高新技术企业结构治理、资信状况、投资地点等，对于中介服务质量则不考虑。在退出资本方式上，投资者认为最好的方式是公开上市，其次为二次出售以及管理层回购，也分别有28.57% 和 21.43% 的投资者选择兼并和破产清算。

2010 年 5 月 7 日国务院正式公布了《关于鼓励和引导民间投资健康发展的若干意见》，鼓励和引导民间资本进入铁路、金融、国防科技工业等 6个准入领域、18 个具体准入行业。在出台"新 36 条"两个月之后的 7 月22 日，国务院发布了《鼓励和引导民间投资健康发展重点工作分工的通知》，进一步明确中央部委和地方政府在鼓励和引导民间投资健康发展方面的分工和任务。广西政府部门在"新 36 条"出台后，采取了一系列措施，以积极的姿态来鼓励和引导民营企业抓住此次良机。国务院"新 36 条"是改革开放以来我国出台的第一部促进民间投资健康发展的综合性政策文件，是国务院非公经济 36 条文件、促进中小企业发展 29 条文件的深化和发展。"新 36 条"的出台，机会难得，机遇难求。抓紧研究制定实施意见和相关具体举措，鼓励和引导民营企业抓住机遇，全面启动民间投资，积极调整优化产业结构，加快推进民营经济转型升级，促进经济平稳较快发展。实施意见草案对拓宽民间资本的投入领域和范围、地方金融创新扩大民间投资以及改善政府对民间投资的服务等方面做了规定，鼓励与引导民间资本进入市政基础设施、金融、能源以及战略性新兴产业等领域，希望由此促进广西经济的转型升级。建立民间融资监测机制，引导民间金融组织转化为规范化运作的民营金融机构，建立多元化的中小企业融资体系，形成金融竞争的态势，从而改善金融服务，降低企业融资成本，从根本上改善目前中小企业贷款难和融资难问题。

18.4 政府职能模式创新

在现代市场经济运行过程中，由于规模、信息获取以及信用等级等方面的原因，中小企业在激烈的市场竞争中处于劣势，特别是在发展的起步阶段。因此，加大政府对中小企业融资的支持力度、建立和完善中小企业融资体系是一项十分重要的工作，是一项伟大的系统工程。尽管融资本身是一个比较专业化的活动，但它涉及的面非常广泛，这就决定了政府对中小企业的融资服务内容十分庞大，不仅涉及中小企业融资体系本身的建设，而且涉及法律服务体系、管理服务体系、技术咨询服务体系等内容，以此来形成政府对中小企业融资服务的网络，为中小企业融资提供各种制度保障和技术支持①。

由表 18 - 2 可知政府在中小企业融资过程中的重要作用。2009 年 9 月

---

① 高正平．中小企业融资新论［M］．北京：中国金融出版社，2004．

国务院下发了《关于进一步促进中小企业发展的若干意见》（国发［2009］36 号），明确要求各省（市、区）政府、各部委等采取更加积极有效的措施，解决中小企业融资难、减轻企业负担等问题，促进中小企业发展。广西结合实际，认真贯彻中央精神，制定了改善中小企业融资环境的一系列促进中小企业发展的措施。这些措施如果能够有效实施，将极大地改善中小企业的融资环境，进一步促进中小企业发展。近几年，广西各级政府部门在解决小企业融资难问题上做了大量富有成效的工作，如大力发展信用担保贷款公司，开展小额贷款公司试点，促进国有商业银行、股份制银行成立中小企业融资服务机构，建立集合信托债权基金，启动中小企业"e融行动"，探索中小企业贷款保证保险等，为中小企业搭建融资新平台，努力寻求解决小企业融资难问题的方法。为切实缓解中小企业融资困难，广西中小企业局和国家开发银行广西分行根据广西实际情况，在调查研究和反复论证的基础上推出开发性金融，开创了开发性金融支持中小企业创业创新发展的新局面。

表 18－2　　　　　　中小企业融资过程中的政府金融服务

	重要程度	全体	国有	集体	私营与股份	三资
信息服务	1	66.4	67.0	65.3	63.9	74.2
	2	16.7	17.7	16.2	22.0	8.1
	3	6.6	5.6	7.4	6.3	6.5
	合计	89.7	90.3	88.9	92.2	88.8
中介服务	1	4.4	3.9	4.4	3.1	8.1
	2	22.8	21.1	25.8	18.8	17.7
	3	14.6	18.3	11.2	17.8	15.3
	合计	41.8	43.3	41.4	39.7	41.1
咨询服务	1	4.2	3.9	3.1	7.9	5.6
	2	27.9	24.1	28.5	29.3	36.3
	3	34.6	37.1	32.6	37.7	32.3
	合计	66.7	65.1	64.2	74.9	74.2
其他重要服务	1	18.3	18.5	19.7	19.9	7.3
	2	25.1	29.9	20.9	24.1	32.3
	3	35.2	31.0	38.5	30.8	37.9
	合计	78.6	79.4	79.1	74.8	77.5

注：易国庆. 中小企业政府管理与政策支持体系研究［M］. 北京：企业管理出版社，2001.

模式一：由广西科技厅指定广西生产力促进中心作为指定借款人（贷款平台）对国家开发银行科技型中小企业贷款承担统借统还责任，负责按国家开发银行核准的贷款投向和运作方式运用和管理资金，从项目筛选、评审到贷后管理等支持高科技项目，保证贷款资金按要求使用和足额偿还国家开发银行贷款本息。国家开发银行每年将一定额度贷款通过"分批借款，分批还款"方式贷给广西生产力促进中心，由其委托商业银行转贷给有关科技型中小企业，科技型中小企业作为最终用款人使用并向贷款平台委托的商业银行偿还每笔贷款本息。广西科技厅在国家开发银行广西分行开立风险准备金账户，按贷款余额的5%缴存风险准备金，以弥补发生贷款风险而造成的损失，同时对科技型中小企业融资提供担保（如图18－1所示）。信用平台可由已拥有100多家高新技术企业会员的广西民营科技促进会来组建。

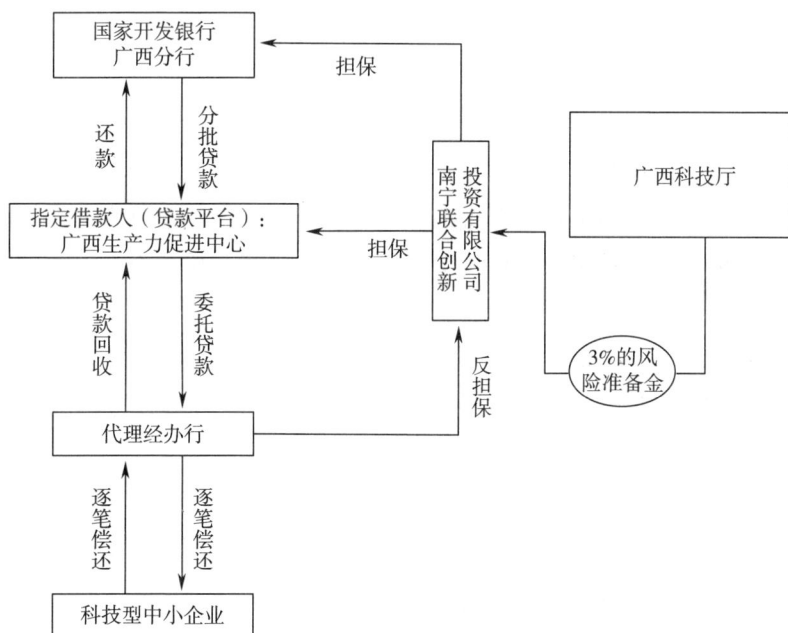

图18－1　开发性金融支持广西科技型中小企业融资模式一

该模式的优点体现在：（1）充分发挥广西生产力促进中心作为广西科

技厅的直属事业单位，长期为政府有关部门提供信息、开展调研、代行职能，熟悉本地产业结构调整方向、高新技术企业发展规划及其经营管理情况的优势，解决开发性银行与科技型中小企业信息不对称问题，降低信息收集和处理的成本，防范信贷风险；（2）有利于在自治区层面为广西区域内所有科技型中小企业提供融资服务，项目数量多，有利于优选；（3）有利于利用广西民营科技促进会在科技型中小企业信用体系建设中的前期成果，促进广西科技型中小企业信用体系建设。

但这种模式也有一定的缺点：（1）面太宽，从监管距离和信息收集来看不方便管理，成本较高；（2）由于都是从科技系统的机构转换过来的，因此，其人员基本上都是自然科学类的专业技术人员，金融、财务、企业管理等方面的知识和经验相对不足；（3）政府直接为科技型中小企业融资提供担保，不利于担保机构市场体系建设。

模式二：由南宁（或桂林）高新区管理委员会指定高新区创业服务中心作为指定借款人（贷款平台）对国家开发银行科技型中小企业贷款承担统借统还责任，负责按国家开发银行核准的贷款投向和运作方式运用和管理资金，从项目筛选、评审到贷后管理等支持高科技项目，保证贷款资金按要求使用和足额偿还国家开发银行贷款本息。国家开发银行每年将一定额度贷款通过"分批借款，分批还款"方式贷给高新区创业服务中心，由其委托商业银行转贷给有关科技型中小企业，科技型中小企业作为最终用款人使用并向贷款平台委托的商业银行偿还每笔贷款本息。广西科技厅按贷款余额的5%将资金注入南宁联合创新投资有限公司（南宁高新技术产业开发区管理委员会联合10家企业法人共同发起组建的广西第一家风险投资公司），为科技型中小企业贷款提供担保，担保资金存入国家开发银行广西分行（如图18－2所示）。

该模式的优点体现在：（1）充分发挥高新区创业服务中心作为高新区管委会直属的科技企业综合孵化器非常熟悉企业经营者及其经营管理情况、了解高新区内重点产业的发展及其龙头企业的优势，解决国家开发银行与科技型中小企业信息不对称问题，降低信息收集和处理的成本，防范信贷风险；（2）高新区内都有相应的贷款担保机构即南宁联合创新投资有限公司，方便贷款机制的运作；（3）高新区内有专门的部门负责对园区内

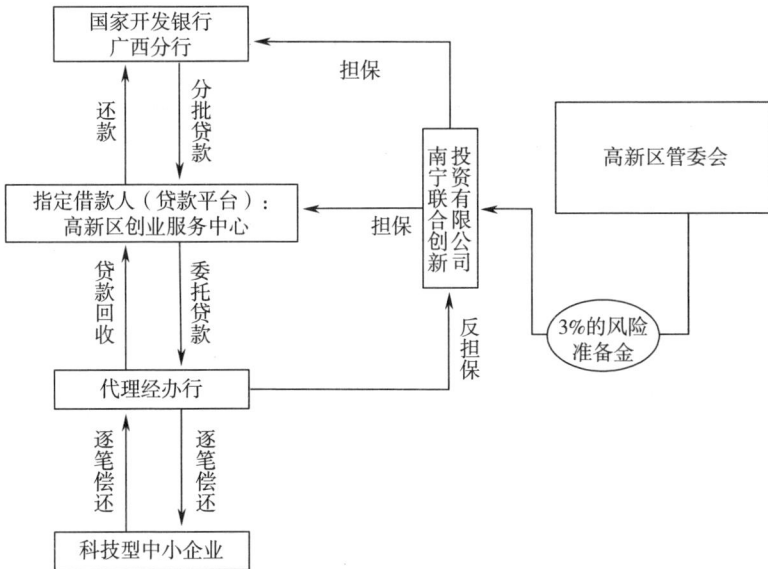

图 18 - 2 开发性金融支持广西科技型中小企业融资模式二

企业进行全面的动态管理，有利于促进高新区内企业信用体系和新的投融资体制建设。

这种模式的缺点有：（1）面太窄，服务的仅仅是高新区内企业，较易导致项目少，选择贷款企业的余地小；（2）创业服务中心的人员在财务、金融、企业管理等方面的知识和经验不足；（3）以政府担保机构为担保，推动担保机构市场体系建设的作用较小。

模式三：将第二种模式的担保机构更改为民营担保机构，模式其他内容不变。由广西科技厅选择担保规模合适、信用度较高的商业性担保机构，并按贷款余额的5%将资金注入此担保公司，为科技型中小企业贷款提供担保，担保资金存入国家开发银行广西分行（如图 18 - 3 所示）。这样不仅能够降低国家开发银行广西分行的贷款风险，而且能够催生广西科技型中小企业担保机构的新生力量，推动广西科技型中小企业担保市场体系的建设。

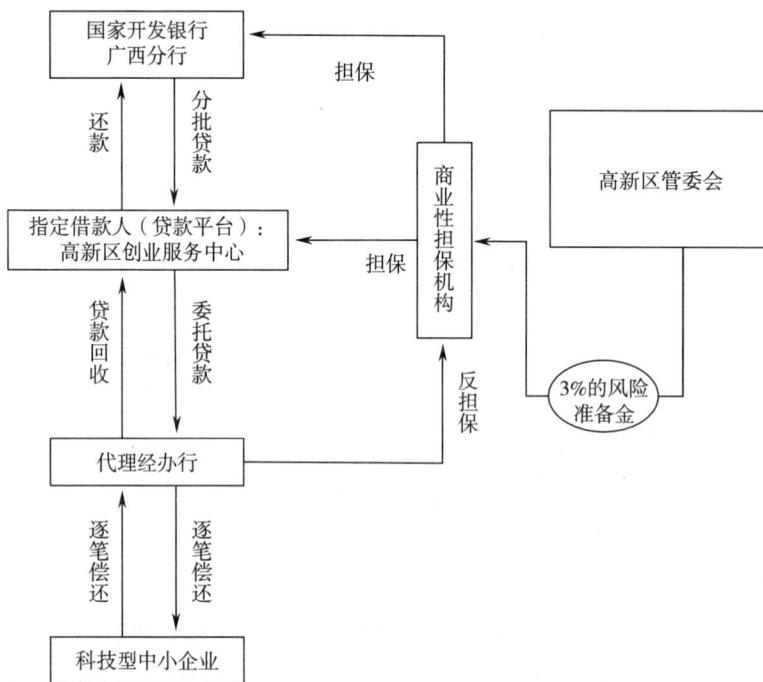

图 18-3　开发性金融支持广西科技型中小企业融资模式三

18.5　建立中小企业信用能力评价指标

广西中小企业的信用能力可以由两方面表达，即资产财务能力和持续发展能力。资产财务能力是指企业信用能力当前的、静态的、定量的方面，它反映企业资金、财产和品牌等资产实力和企业偿债、营运、盈利、增长的财务状况，它是企业未来信用实现的现实前提。持续发展能力指企业信用能力未来的、动态的、定性的方面，反映企业家和管理团队经验、知识和技能及其结构等方面的人才状况、技术状况和战略、组织、创新、运行等管理能力，它是企业未来信用实现的基本保证。

企业信用能力按形态可分为经济、守法和社交三种信用能力，按状态可分为直接和间接两种信用能力，按时态可分为历史、当前和未来三种信用能力。经济、守法和社交三种信用能力分别为实现对外经济交往信用和遵纪守法信用以及对社会和内部职工人本正义信用的能力。直接信用能力是指企业自身所具有的信用能力，可分解为资产财务能力和持续发展能力。而间接信用能力则是指企业建立在过去信用品牌上的社会资源利用能力。历史、当前和未来三种信用能力分别为过去某个时点的信用能力、目前现实信用能力和未来某个时点上的信用能力。历史信用能力对企业未来信用能力评价无意义，当前信用能力与资产财务能力对应，未来信用能力与持续发展能力对应。

企业信用能力可分为资源获取、利用和开发能力。资源获取能力是指资本能力，包括物质资本、人力资本和技术资本以及品牌资本现实占有数量和质量；资源利用能力是指经营能力，包括人力效率和资产效率；资源开发能力指发展能力，包括资本、技术和市场的增长状况以及支撑企业发展的战略、组织、创新和运行等方面的管理能力。其中，资本（包括资金和财产）结构、运行效益和效率、市场增长状况等可归入资产财务能力，其余的可归入持续发展能力。

综合上述框架分析，可得广西中小企业信用能力评价因素理论分析总框架（如图 18-4 所示）。

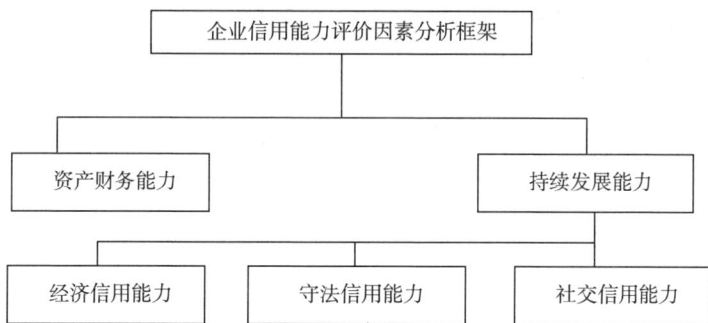

图 18-4 企业信用能力评价因素理论分析总框架

（1）资产财务能力评价因素构成分析

资产财务能力作为信用实现的物质基础，是表征企业基于经济实力和财务状态之上的偿债能力和发展基础，所以对企业资产财务能力可从经济实力和财务状态两个维度分析。

经济实力即企业占有的经济资源数量和质量。从数量方面看，企业的经济资源分两个层次，一是企业占有的资产总量——资产总额，二是企业所有的资产总量——净资产；从质量方面看，企业的经济资源是指能够用于实现经济信用的资产，即企业股东所有的、在现实中可用于履行债务和运行发展的净资产总量——有效净资产（净资产—不可变现资产—不可处分的资产）。由于有效净资产在财务报表中未反映，故经济实力的评价因素可初步选定为总资产和净资产（除去无形资产）。

财务状态即企业营运状况的财务反映，表明企业实际上的偿债能力和运行效率，一般从财务结构、偿债能力、运营能力、盈利能力和增长能力五个维度考察。财务结构反映企业资产、负债之间及其内部的结构，健康的财务状况首先基于合理的财务结构。偿债能力反映企业的债务偿付能力。其中，短期偿债能力反映企业即时债务支付能力，长期偿债能力反映企业连续债务支付能力。运营能力反映企业资金与产品的转换速度。盈利能力反映企业资产增值效益和效率。增长能力反映企业资产、资本增长和市场开发效率。结合国内外理论研究和实务应用中选取指标的上述重点，我们对财务状态五个维度的财务指标进行如下初选：

财务结构：资产负债率、固定资产比率、营运资本比率（营运资本/总资产）、长期负债比率、存货应收账款占比（存货＋应收账款/流动资产）、有形净资产比率（有形净资产/资产）。

偿债能力：流动比率、速动比率、现金比率。

运营能力：资本周转率、存货周转率、应收账款周转率、总资产周转率。

盈利能力：销售利润率、总资产利润率、净资产利润率、主营业务利润率。

增长能力：销售收入增长率、净利润增长率、净资产增长率。

概括经济实力和财务状态评价因素分析结果，可得到资产财务能力的评价因素体系（如图18－5所示）。

（2）持续发展能力评价因素构成分析

企业持续地发展源于其核心竞争力的存在，核心竞争力表现在两个层面上，即精神层面的文化和操作层面的能力。两者相互依存，互为补充。

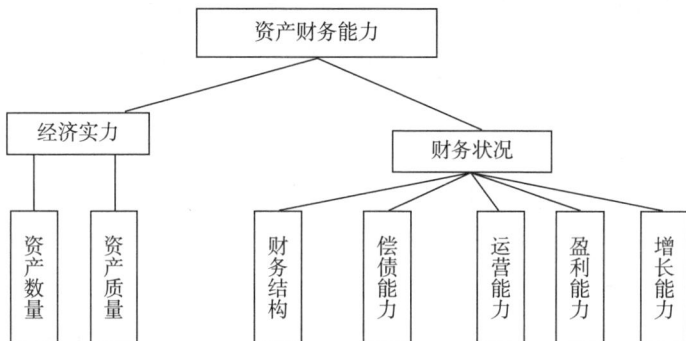

图 18 – 5　财产财务能力评价因素体系

前者集中体现在企业品质中，而后者则表现为企业的持续发展能力。持续发展能力从纵向来看由如下六个方面构成：

人员能力素质。企业由全体员工组成，员工是企业创造力的源泉，所以全体员工的能力素质是企业持续发展的最基本的基础，包括企业家学历、从业年数、管理年数、团队专业结构、平均从业年数、平均管理年数、平均学历水平、职工平均文化水平。

战略决策能力。企业持续发展首要解决的问题是战略问题。如果一个企业没有科学可靠的战略目标和规划作为导向和愿景，则持续发展的过程很可能在盲目中中断。战略决策能力可从战略制定、战略实施两个方面评价。

内部管理能力。内部管理是企业正常而有效运行，实现战略、阶段目标的基本保证。内部管理能力可用治理结构、组织结构、制度体系、制度运行四个指标评价。

市场开发能力。在市场经济中，市场是企业生存的土壤。企业竞争型市场开发的能力及其效率对企业的生存和发展固然重要，但对企业持续发展而言更为重要的是其引导型的市场开发能力。市场开发能力可用市场开发人员占比、近三年人均销售额和近三年销售总额增长趋势三个指标评价。

创新应变能力。市场充满变数，市场经济充满竞争，适者生存是优胜劣汰的原则。这就要求谋求持续发展的企业具有在理念、管理、技术和市场等方面不断创新的应变能力。创新应变能力可用近三年年均研发经费、研发经费收入占比近三年增长趋势、专职研发人员占比、技术（产品）创新周期、新产品销售收入占比趋势等指标评价。

资源整合能力。任何企业的发展都依赖一定的资源，但由于自身资源无论在质量还是在数量上都是有限的，或是零散的，甚至有时是匮乏的，持续发展必定要求企业具备整合内部和外部资源的能力。资源整合能力可用政府关系、银行关系、公共关系、内部关系等指标评价。

从横向来看，持续发展能力是由经济信用能力、守法信用能力和社交信用能力构成。经济信用能力全面体现在上述纵向六个能力方面，守法信用能力集中体现在人员能力素质和内部管理能力两个能力方面，社交信用能力主要体现在人员能力素质、内部管理能力和资源整合能力三个能力方面。

综合持续发展能力纵横两方向的分析，可以建立持续发展能力的评价因素体系（如图18－6所示）。

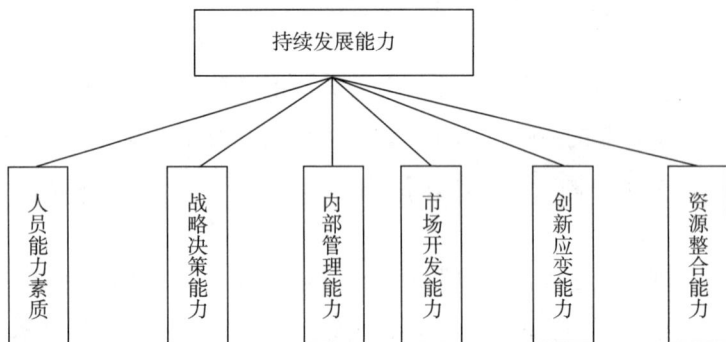

图18－6　持续发展能力的评价因素体系

（3）广西科技型中小企业信用能力评价指标体系设计

为结合广西科技型中小企业发展现状，确立广西科技型中小企业信用能力评价因素，我们课题组共发放500份调查问卷，将上述理论遴选出的企业信用能力评价因素作为问卷问题进行设计，收回的210份有效问卷共对其因素重要性进行了评价。经过问卷分析，筛选重要因素，组成广西科技型中小企业信用品质评价体系，并采用专家分析法确定了各指标权重

（如图 18 - 7 所示）。其中，资产财务能力评价体系共有九个指标，持续发展能力包含七个评价因素。

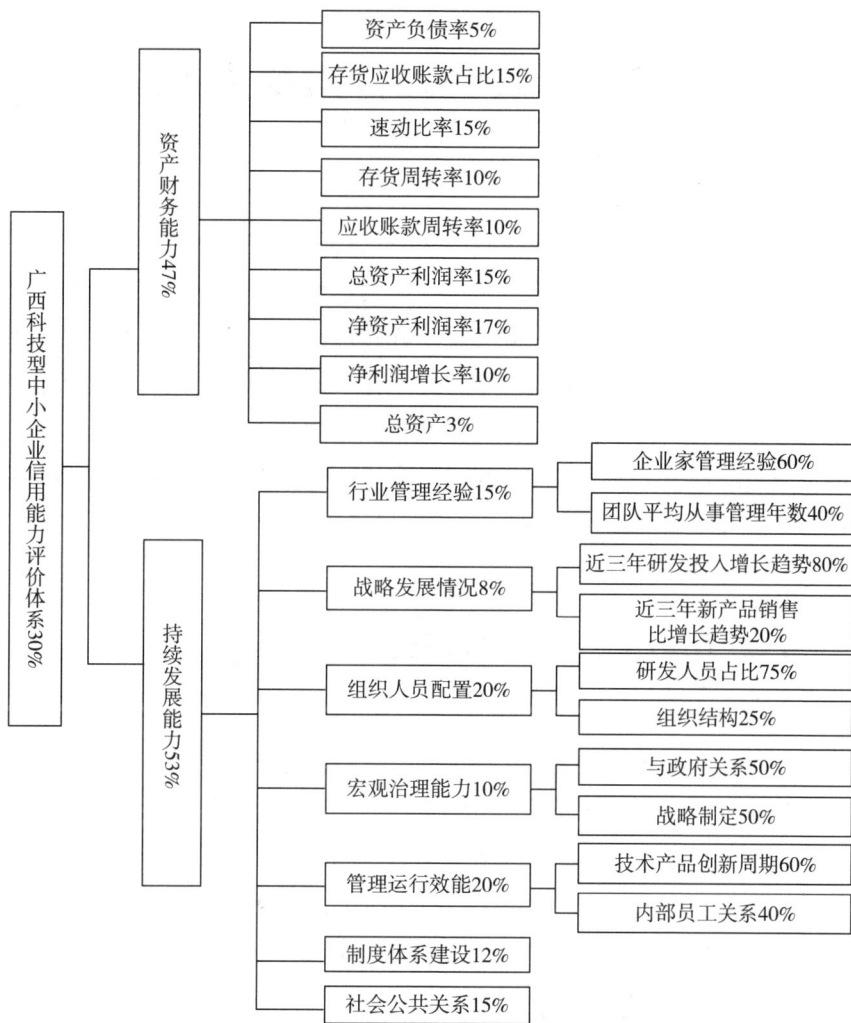

图 18 - 7 广西科技型中小企业信用能力评价指标体系

19　供应链金融运作的成功案例

供应链金融服务模式以其独特的优势赢得了多方的欢迎，该模式也逐渐在国内外的实践中不断发展壮大。在国内，浦发、民生、招商等银行已争相推出各自的供应链金融服务方案，并在国内展开了推广宣传。深发展是国内开展供应链融资业务比较早，且运作较成熟的银行。在国际上，供应链金融服务模式主要采取合作共赢的方式，物流企业参与到由银行所主导的供应链融资服务中，为商业银行开展供应链融资提供仓储、价值评估和监管等服务。

19.1　UPS 的成功经营模式

目前国际上最大的船运公司马士基、世界上最大的快递物流公司 UPS，其第一位的利润来源均已经是供应链金融。当前世界快递巨头 UPS 的核心业务已不仅仅局限于快递，货物流、信息流和资金流已经构成 UPS 商务活动的三个要素。在 UPS 从事的金融服务活动中，供应链融资业务是重要的组成部分和利润来源。

19.1.1　UPS 供应链融资模式的运作特点

（1）收购银行，金融机构内部化

UPS 为了推进金融仓储服务，于 2001 年 5 月并购了美国第一国际银行，并将其融入 UPS 资本公司。2002 年，UPS 成立了 UPS 供应链解决方案公司，将 UPS 的业务扩展到以物流、金融、供应链咨询为核心的全方位第四方物流管理。2004 年，美国康涅狄格银行委员会通过一项由第一国际银行集团提出的申请，把它的名称变更为 UPS 资本商业信贷。UPS 资本商业信贷成为 UPS 资本公司的组成部分，专门为中小企业提供信贷、贸易和金融解决方案。与此相应的是德国邮政公司回购德国邮政银行，并通过后者在 2000 年 1 月并购了 DSL 银行。这两大巨型物流企业收购银行的目的如出一辙，即希望通过此举建立起一个强有力的供应链解决方案，通过金融、货物和信息的联合，使顾客能更好地提升它们的供应链。

（2）依托自身传统的物流服务，发展金融服务业务

UPS 依托自身良好的信誉和强大的金融实力，结合自己对物流过程中货物的实际监控，在为发货方和货主提供物流服务的同时，也提供金融性的服务，如开具信用证、仓单质押、票据担保、结算融资等。通过对 FIB 的并购，UPS 资本公司能够向广大中小企业的传统业务领域融入金融力量，从而创造出新的利润空间。通过了解客户的目标、运作策略和供应链结构，UPS 资本公司开创性地重新定义了金融服务提供商的职能，其面对中小企业客户提供的供应链融资解决方案主要集中在国际贸易领域，下面以 UPS 的物流金融核心业务——典型的增值服务和垫资业务为例来说明物流企业利用自身产业资本所提供的供应链融资服务模式。

①物流的增值服务。UPS 资本公司作为中间商在大型采购企业和数以万计的中小企业出口商之间周旋，在两周内把货款先打给出口商，前提条件是揽下其出口清关、货运等业务和得到一笔可观的手续费，这样小型出口商得到及时的现金流；而拥有自己银行的 UPS 再与大型采购企业进行一对一结算。同时，UPS 资本公司还为中小出口商提供为期五年的循环信用额度，并确保该公司规避客户赖账的风险。

②垫资服务。在 UPS 的物流业务流程中，当 UPS 为发货人承运一批货物时，UPS 首先代提货人预付一半货款；当提货人取货时，则交付给其全部货款。UPS 将另一半货款交付给发货人之前，产生了一个资金运动的时间差。在资金的这个交付前的沉淀期内，UPS 等于获得了一笔不用支付利息的资金。UPS 用这一资金从事贷款，而贷款对象仍是 UPS 的客户或限于与快递业务相关的主体。这笔资金不仅具有交换的支付功能，具有资本与资本运动的含义，而且这种资本的运动是紧密地服务于业务链的。

19.1.2　UPS 资本公司提供供应链融资业务具有的优势

（1）降低银行风险

从目前物流的发展趋势来看，物流企业越来越多地介入到客户的供应链管理当中，因而往往对于买卖双方的经营状况和资信程度都有相当深入的了解，因此，在进行信用评估时，不仅手续较银行更为简捷方便，而且其风险也能够得到有效降低。此外，金融仓储业务的主要风险来源于买卖双方对银行的合谋性欺骗，一旦银行在信用评估时出现失误，就很可能陷入财货两空的境地。而在金融仓储服务模式中，由于货物一直在物流企业手中，这一风险显然已经大大降低。

（2）融资快速方便

物流客户通常在其产品装箱的同时就能凭提单获得物流企业预付的货款，物流运输和融资业务的办理是并行的，而物流银行一般必须在货物装运完毕后再凭相应单据向银行要求预付货款。比较而言，显然前者更为简捷方便。

（3）货物易于变现

在传统银行融资业务中，有时为了实现债权，需要处理货物的是金融机构，而在金融仓储业务中则是物流企业。金融机构一般都没有从事商品贸易的工作经验，与商品市场也缺乏必要的沟通和联系。因此，在货物变现时常常遇到很多困难。而物流企业，尤其是一些专业化程度很高的物流企业，对于运输的货物市场有深入的了解，而且由于长期合作的关系，与该行业内部的供应商和销售商往往有着千丝万缕的联系，因此在货物变现时能够享受诸多的便利。

19.2　深发展供应链金融的成功运作

在金融业全面开放的大背景下，各银行直接的竞争渐趋激烈。深圳发展银行率先推行"供应链金融"模式，这一套营销理念和设计技巧被称为"1＋N——基于核心企业的供应链金融服务"。2005 年 6 月，深发展正式确立了公司业务"面向中小企业、面向贸易融资"的战略方向和策略，目标是用3年时间奠定其在中小企业贸易融资领域的优势品牌地位，同时在5~8个行业或商品领域中取得领先的金融服务能力。深圳发展银行围绕供应链金融开展了一系列活动，从制度、体制、信息和产品开发方面助推供应链金融的成长。

19.2.1　从"1＋N"到供应链金融的飞速发展

（1）完善制度支持平台

作为首倡贸易融资、供应链金融的细分领域引领者，深发展一直以来也是此方面制度建设的领先者。该行根据巴塞尔协议（2004年6月）关于商品融资、债券评级等的要求，结合本土市场实际和贸易融资的实践经验，在国内率先制定了区别于传统授信标准的自偿性贸易融资授信、评级授权制度体系，真正做到分析企业经营的行业、商品、交易对手、结算方式、过往记录和回款控制等交易细节，切合企业经营规律来作出信贷决策。这一改进大大拓展了供应链上依附于核心企业的中小企业的融资路径。

（2）搭建物流金融平台

在企业供应链中，物流公司发挥其在货物运输、仓储、质物监管等方面的专长，银行则基于物流企业控制货权、物流与资金流封闭运作给予中小企业授信支持，从而形成了互利互惠的物流金融平台。

2005年深圳发展银行与中国对外贸易运输公司、中国物资储运总公司和中国远洋物流有限公司签署了总战略合作协议以来，已有数百家企业分享到了物流金融平台的融资便利与物流增值。截至2006年9月末，三家合作物流公司从中新增物流与质押监管货值累计将近500亿元。自深发展正式确定全行业公司业务"面向中小企业、面向贸易融资"，实施战略转型后，该行的供应链金融业务量和扶持客户数呈现加速增长的趋势。深发展通过非核心业务外包、优势互补，在物流金融平台上实现了企业、物流公司和银行多赢的局面。除了与三大物流巨头有战略合作外，深发展已与大连、天津、深圳、青岛、湛江等国内大型港口及200家以上的第三方物流公司签约合作。

(3) 改进信息管理平台

深圳发展银行已与多家行业协会及其行业权威商务网站建立长期合作关系，一些最新的行业政策和动态信息，尤其是市场走向、价格波动信息等，深发展能够第一时间获知并在全行共享。在银行内部，该行开发的贸易融资业务管理系统切合贸易融资特别是质押融资的商务模式，基于物流、资金流的业务流转关系，实现了操作流程的电子化监控，作业效率大大提高。

(4) 创新组织体系平台

深发展将"1 + N"贸易融资作为发展方向，及时在内部进行了改革，最为独特的就是撤销了公司银行部（对应国内业务）、国际业务部（对应国际业务），而成立了贸易融资部，专注于供应链金融业务的拓展。此外，深发展开始推行贸易金融的事业部制，将以前按地域划分业务范围变为按行业划分。一个事业部掌握一个行业、行业内主要企业及产业链的相关信息，制定产业链整体发展规划，负责与核心企业谈判，再根据具体情况进行产品开发和营销，进行贷款审批。

2005 年，深发展根据不同区域经济板块的特点，建立起区域模块。北京、上海等为"总部经济"，广州、青岛、大连、天津等为"港口经济"，广西地区为"块状经济"，一些集中经济较为突出的省会城市则以传统业务为主。如今，广州分行的"能源金融"，佛山分行的"有色金属"，上海分行的"汽车金融"和大连分行的"粮食金融"，西南的重庆、昆明、成都分行的"农产品金融"等已形成品牌。

(5) 整合产品支持平台

深发展 2006 年正式整合推出"供应链金融"服务，口号是"如水智慧，泽润财富"。"深发展供应链金融"品牌旗下整合了应收、预付和存货全供应链环节，横跨国内、国际与离岸三大贸易领域的数十项供应链融资产品和以离岸网银为主的电子结算产品。经过贸易融资领域的长期探索，深发展正从以提供单项产品服务为主的银行，转变为提供整体服务方案的专业化贸易融资银行，具体产品包括出口退税池融资、进口全程货权质押授信业务、出口应收账款池融资业务、动产质押融资、先票款后货、未来提货权质押融资、国内保理、担保提货等。

深发展供应链金融服务运用最充分的市场，有全国的钢材市场、汽车市场、华南的能源市场和华北的粮食市场等，尤其是在华南能源市场上的成功引起了新加坡以及欧美银行的关注。

深发展的供应链金融服务已经渗透到国民经济的各个重要行业，成为国内银行界贸易融资业务的领先者。整合以后业务进步显著，该行贸易融资客户和业务量均取得50%的成长，全年累计投入近4000亿元资金发展供应链金融服务，而不良率继续维持在1%以内的优异水平。

19.2.2　深发展供应链金融业务的特色

（1）创新金融服务，提升供应链价值

人民银行《中国信贷人权利的法律保护》报告显示，2005年全国中小企业总额近11万亿元的存货、应收账款，由于现行法律限制、难以设定信贷担保而闲置，造成相当部分中小企业"捧着金饭碗要饭吃"。中小企业融资难直接影响到产业链的正常运转，同时供应链中核心企业因其强势地位，在交货、价格、账期等贸易条件方面对上下流配套企业的苛刻要求，也是导致中小企业流动资金不足的主要原因。供应链中任何一个节点的资金链断裂都会直接影响供应链的正常发展和竞争力。

为了充分解决供应链中中小企业资金流动性失衡问题，提升产业链价值，深发展供应链金融应时而生。供应链金融从核心企业入手研究和判断整个供应链，着眼于灵活运用金融产品和服务，一方面，将资金有效注入处于相对弱势的上下游配套中小企业，解决供应链失衡问题。另一方面，将银行信用融入上下游配套企业的购销行为，增强其商业信用，改善其谈判地位，使供应链成员更加平等地协商和逐步建立长期战略合作关系，提升产业链的竞争力。

深圳发展银行已经整合了三大类40多项产品到供应链金融中来。对任何一个供应链节点企业，都可以从预付类、应收类和存货类三个途径选择合适的融资产品，既可以按照传统的信用评级体系给予授信，也可以考察企业的具体交易结构并落实货权或应收账款转让等担保措施后给予授信。

（2）非核心业务外包，做大供应链金融

深发展为中小企业量身定制的动产及货权质押授信业务，十分适合中小企业动产、存货及账单在资产结构中占有较大比重，而传统授信担保品往往难以取得的特点。在该业务模式下，借款人将自有的动产（包括库存原材料、库存产品、库存商品等）或货权（如提单、仓单）质押给银行，银行通过对质押物实施监管或控制，开展流动资金授信业务（包括直接贷款、开立银行承兑汇票、商业承兑汇票保贴等业务）。大批获得深发展该类授信的商贸、物流和生产型企业得以实现经营规模的迅速扩张，同时优化了自身的财务运行模式，节约了财务费用。

由于动产的强流动性和我国法律对抵（质）押担保生效条件的规定，银行在抵（质）押物的物流跟踪、仓储监管、抵（质）押手续办理、价格监控乃至变现清偿等方面面临巨大挑战。在尽量避免对物的流动性损害的前提下，对流动性的物实施有效的监控，将是金融产品设计的核心理念。而将一系列与银行业务相关的物控环节外包给特定专业公司，将是此类业务发展的必由之路。与专业的物流监管公司合作，协助银行实施物控，将赋予银行物流金融产品更强的生命力。

物流企业在动产抵（质）押物监管及价值保全、资产变现、商品行情和货运代理等方面具有优势。作为金融产品非核心业务外包的合作伙伴，物流企业除了对贷款后的抵（质）押物提供全面的监管服务外，还将为银行提供一系列面向提高抵（质）押物的授信担保效率的增值服务。目前各合作方正在积极探讨和尝试开展以下方面的深度合作：对授信对象所处行业的发展前景及抵（质）押物的价格走势开展分析，抵（质）押物的价值评估，抵（质）押设定过程中的登记、公证、保险，进口商品的报关、报检、质检等手续的代理，银行不良资产项下抵（质）押物的处置变现等。这些专业化的服务在降低抵（质）押担保授信业务的交易成本、提高业务效率的基础上，为银行的物流金融服务提供了业务风险防火墙，拓宽了银行对供应链的授信范围，最终为供应链节点企业提供了更加便捷的融资机会。

社会分工的细化程度从某种意义上反映了经济发展的水平，同时某一行业所伴生的辅助行业及中介机构的成熟度从一个方面决定了主行业的发展层次和空间。非核心业务外包使深发展的供应链金融服务实现了更大范围的拓展。据了解，除了与物流公司的深度合作外，深发展还在积极探索与相应供应链信息、保险、担保、法律等服务商的异业合作，不断强化和丰富供应链金融支持平台的功能。

（3）供应链金融合作，营造共赢空间

深发展供应链金融物流监管业务外包，为供应链融资提供了便利，对深发展来说不仅降低了融资业务风险，拓展了业务范围，同时也有利于深发展将精力集中在需求研究和金融产品创新上。对于物流企业来说，与银行深度合作、开展物流金融服务业务更是为自身创造了新的增长空间。

在现代物流业务中，基础性的物流操作如仓储、运输，其利润率已经越来越低。现代物流的主要利润来源已经转向各种增值服务，如物流方案设计、包装分装、多式联运等。近年来，物流金融服务日益成为物流服务的一个主要利润来源。不管是世界最大的船运公司马士基，还是世界上最大的快递物流公司UPS，其第一位的利润来源都已经是物流金融服务。这些跨国公司依托良好的信誉和强大的金融实力，结合自身对物流过程中货物的实际监控，在为发货方和货主提供物流服务的同时，也提供金融性的服务。

在国内市场，目前金融物流给物流企业带来的最大益处是可以加深与供应链的合作，提升物流企业的竞争优势。在供应链管理模式发展下，企业逐渐转向强调跨企业界的整合，使得顾客关系的维护和管理变得越来越重要。物流管理已从物的处理提升到物的附加值方案管理，可以为客户提供金融融资的物流供应商在客户心中的地位也会大幅度提高。

19.3 供应链金融产品创新模式

19.3.1 工商银行滨州沾化支行推出金融套餐服务助力小企业

为促进小企业快速稳健发展，拓宽其融资渠道，工商银行滨州沾化支行根据当地小企业的实际状况，积极寻求探索，以迎合小企业对金融需求的多种"口味"，为其提供相应"套餐"服务。

该行组织市场营销部相关人员，对周边小企业重点调研分析，制定措施，针对小企业抵御风险能力的不同差异，努力克服各类困难和挑战，提高统一认识和应对能力，进一步加大工作力度，完善工作措施，提升小微企业金融市场占比。继续本着"积极营销、扩大宣传、择优选择、严控风险"的经营理念，在确保存量贷款稳定的情况下，重点加强对新客户的营销。深入县城及各乡镇经济园区，加大宣传力度，积极挖掘优质客户资源，开展针对性、专业化营销服务，不断拓展客户群体。

丰富业务品种，满足不同需求。结合小企业资金需求"短、频、急"的特点，根据各企业的不同需求，积极探索，适时增加贷款品种，先后开办了回购性保理、商品融资、进口押汇、国内订单融资、国内信用证、国际信用证和卖方融资等多种业务，较好地满足了企业需求。同时，针对小企业管理参差不齐的问题，推出网上银行、账户管理、信息咨询、理财顾问等新型服务手段，帮助企业提升管理技能和水平。

19.3.2 中国银行"融资＋避险"释缓出口企业困境

2014 年以来扶摇直上的人民币已经升值约 2%，人民币快速升值和汇率剧烈波动正在"吃掉"外口型中小企业的利润，令众多中小企业措手不及：一方面面临资金短缺、融资难的"内忧"，另一方面还要忍受人民币汇率波动风险的"外患"。当前，外向型中小企业的这种煎熬局面已经引起商业银行的关注。其中，作为具有外汇优势的中国银行，在向中小企业和小微企业战略转型的过程中，其"融资＋避险"的"金融组合拳"或将减缓外向型中小企业的经营压力，使其渡过难关。

中国银行泉州分行除了给企业提供短期流动资金贷款之外，还针对出口应收账款业务提供了出口商业票据贴现、出口押汇等贸易融资产品，使得公司在未收到货款的前提下提前取得银行融资，解决短期流动资金不足。

另一方面，中国银行泉州分行通过远期结售汇业务，在帮助公司锁定汇率的同时锁定收益和成本，从而规避汇率风险。通过远期结售汇产品来帮助客户锁定采购成本或销售收益，这样企业才敢于接订单。

截至 2014 年 3 月 31 日，中国银行"中银信贷工厂"新模式项下中小企业授信客户数为 51489 户，较年初新增 6871 户；新模式贷款余额为

2748 亿元，较年初新增 320 亿元。

19.3.3　农业银行锐意创新　助渝小微企业成长

2014 年，农业银行重庆分行锐意改革创新，针对小微企业金融需求，增强产品创新意识，加大产品创新力度，推出并完善了智动贷、厂房贷、应收账款融资、发票融资、存货融资等一大批小微企业专属产品，支持其发展壮大。

针对小微企业客户需求，重庆分行推出了简式贷产品，直接为客户授信，同时可办理各类贷款、贸易融资、票据承兑、贴现、保函、信用证等表内外融资业务。作为小微企业金融产品体系中的"拳头产品"，目前此款产品贷款余额达 70 亿元，累计支持了 2000 多家小微企业。

金穗微企联名卡是重庆分行与重庆市微企协会联合推出的一款银行卡产品。该卡集合了借记卡与信用卡功能，可对微企业主提供最高 5 万元的授信额度，满足微企客户临时性资金周转需求。金穗微企联名卡持卡人还可享受农业银行及重庆市微企协会提供的各种专属服务和优惠，目前已有 800 多个客户用上了这款产品。

重庆分行创新"银商合作"模式，与重庆市总商会、浙江商会、温州商会、福建商会等进一步合作，与广西商会、上海商会、广东商会等达成了合作意向，通过商会平台支持了 200 多家外省籍在渝企业。同时，该行推进"银行和市场合作"模式，按照"一市场一策"的营销理念，深化小微企业金融服务，满足不同企业融资需求。

重庆分行通过创新设立专营"信贷工厂"，做好小微企业金融服务，如依托产业链条，支持大中型企业集团上下游的小微企业；依托创业园区，支持拥有核心技术、市场前景明朗的优质科技型小微企业；依托知名商会、国家级园区，支持有特色的优质小微企业。

截至目前，重庆分行小微企业贷款余额占全辖各类贷款的 14%，获得"2012 年度重庆市小微企业服务先进示范单位"称号，被当地多家主流媒体评为"重庆市小微企业金融服务最佳中资银行"。

19.3.4 长安银行积极创新担保方式，满足小微企业"多"需求

在小微企业融资领域，我们听到最多的呼声是"希望银行的融资产品可以更灵活些，更有适用性些"。小微企业的资产沉淀于原材料、机器设备、生产过程、产成品、应收账款等，催生了多样化的融资需求。

长安银行坚决破除"抵押物崇拜"，根据小微企业的行业分布特点，设计了分别适用于供应链、商贸流通、工业园区、科技型企业的融资产品。针对供应链企业，开办了仓单质押、应收账款质押、供应链核心企业保证等业务，帮助上下游小微企业盘活存货和应收账款；针对市场经营户，提供租赁权质押、市场方保证、三户联保等担保方式，以"市场＋商户＋银行"的整体合作模式弥补个体信用不足，通过给予市场整体授信提供高效的批量服务；针对产业园区和工业园区，推出三户或五户联保、第三方企业保证担保等产品；为科技型中小企业设计了专利权质押、注册商标权质押、著作权质押等融资产品。

同时，长安银行立足地方经济发展需要，结合当地优特产业，不断研发推广差异化金融产品。2012 年在陕北矿产资源丰富地区推广"煤保贷"，在茶叶种植和加工企业集中的陕南地区推出"富硒贷"业务，为解决当地小微企业融资难题发挥了积极作用，创造了银企共赢的良好局面。

19.3.5 齐鲁银行推出"担保池"创新信贷机制

据统计，山东省济南市目前有 20 多家异地商会，它们联系着万余家外地来济南投资的企业。由于大部分异地商会会员企业的主要资产及部分经营在外地，大大增加了银行信贷风险的压力，这也成为异地商会会员企业融资难的主要原因。

针对这种情况，作为山东省本土商业银行代表的齐鲁银行创新推出"担保池"授信模式。"担保池"授信是针对商会、协会等有较为紧密社会组织关系的会员企业推出的一种群体性授信模式。齐鲁银行通过与商会联合建立互助贷款"担保池"的方式，实施商会先期推荐、银行后期审查授信的合作机制，通过商会、本行两级准入的会员企业在获得一定授信额度的同时，按照授信额度的 10% 缴存资金进入"担保池"，然后通过"担保

池"资金为获准授信的所有会员提供集合式、整体授信担保。

这种"担保池"授信模式创新了信贷机制和担保机制，实现了授信会员企业的复合式审批和"独立担保＋担保池"的双重担保，破解了商会企业贷款信息不对称、担保难、抵押难的问题，让小企业在资产不足的情况下顺利获得贷款，同时也能降低银行的信贷风险，增加商会的凝聚力和威望。此外，在融资速度上，银行为商会会员企业整体授信后，还能免除以往企业单个贷款中的烦琐程序和手续，为急需资金的中小企业开辟了一条融资的快捷通道。

19.3.6 大宗商品贸易在线融资发展遇到瓶颈

以钢铁、有色金属、铁矿石、煤炭、塑料、浆纸等为代表的大宗商品电子商务综合服务平台在经历了多年的发展之后渐渐走向成熟，并对行业深入发展带来深刻影响。

由于大宗商品行业供应链运行涉及资金量庞大，对物流、仓储运输资源占用率高，大宗商品电子商务的运行规律与传统零售业个人消费电子商务有巨大的差别，而且在实际操作过程中，大宗商品电子商务更多地表现出传统商务为主、电子为辅的特性，在整个电子业务框架中，金融作为一条主线贯穿整个业务流程。

从资金流层面而言，大宗商品第三方支付平台至今依然未成气候，目前所能接触到的大宗商品第三方支付平台实现模式皆是与银行合作、三方资金监管的方式。在电子商务综合服务平台所有业务产品中，能够将整个业务流程贯穿起来的要素还是金融服务。最为常见的如现货质押（仓单融资）、集中代理订货、保理等金融服务模式，金融创新实质为大宗商品深入发展以及大宗商品电子商务解决方案的首要考虑问题，而加强资金安全监管、降低大笔交易资金风险、行业整体信用体系的梳理也是近几年银行与企业共同努力的方向。

从业务层面而言，上游的生产厂商、中游的贸易商、下游终端用户都对传统的营销模式产生了新的预期。这种情况在全球经济发展趋缓，国内经济政策性调整、钢铁等大宗商品行业整体低迷的情况下越发显得迫切。微利困局下，兼并重组在所难免，整个产业链企业都在谋求新的突破。

19.3.7   威海市商业银行建"硅谷银行"，培育小微企业科技增长极

2012 年以来，威海市商业银行以山东半岛蓝色经济区建设为契机，结合当地科技型小微企业"优扶计划"，在全省率先开展科技支行试点，创新体制机制，优化服务流程，丰富金融产品，着力为科技型中小企业加油助力，正在成长为培育蓝色经济区小微企业科技增长极的骨干金融力量。

借鉴"硅谷银行"模式，为中小企业首设科技支行，是威海市商业银行重要的业务板块之一。在此背景下，威海市商业银行充分发挥独特的区位优势，不断深化政银企合作机制，积极探索产学研有机结合的新途径，2011 年在借鉴"硅谷银行"模式的基础上，按照"政府＋银行＋担保＋创投"的模式，成立了山东省首家科技支行。

针对科技型中小企业拥有核心技术、产品市场前景好，但是固定资产相对较少的特点，威海市商业银行不断加大创新力度，灵活组合融资额度、融资期限、担保方式等要素，有针对性地推出"智领通"等独具特色的系列产品和服务。

"智领通"包含知识产权质押、股权质押、合同能源管理、应收账款质押和订单融资等融资方式，涵盖了项目贷款、流动资金贷款、保函、票据等主要业务品种。"智领通"的推出，使威海市商业银行在科技型中小企业中赢得了较高的市场份额和良好的口碑，一大批产品有技术、经营有效益、市场前景好的科技型中小企业成为威海市商业银行的忠诚客户。今年 4 月，"智领通"系列小企业金融产品被银监会评为全国"小微企业特色产品"。

与此同时，威海市商业银行不断丰富担保方式，将知识产权、股权等纳入担保物范围；通过联保联贷、链式融资等方式，将"共同监督""信用光环"等元素有效嵌入产品组合；建立银保合作平台，并加强与多家担保机构的合作，由其对贷款进行"联合担保"。

第六部分 对策建议

在供应链管理过程中，供应链自身要求信息流、资金流和物流"三流"服务。商业银行可以为供应链上核心企业提供资金流管理解决方案，电子商务服务商为供应链多方主体提供信息共享的技术解决方案，而物流企业服务商则承担着货物运输监管的角色。从供应链金融角度来说，银行向供应链上下游企业授信融资的基础变量是信息流和物流，通过资金流把供应链参与主体整合在一条链上。"三流"的有序衔接，是供应链金融业务运行安全和有效的重要保证。因此，需要在商业银行、电子商务服务商和物流服务商之间建立起多元化的异业联盟运作模式，即由政府主导，银行、物流企业和第三方电商企业共同参与的产业联盟，形成功能互补、协作共赢型组织。共同建立起电子化供应链综合服务平台，实现客户、银行与其他合作各方的信息共享和工作流程对接。政府是推动多方协作和平台整合的重要支柱。此外，由政府提供的一些公共信息平台，如统一的动产和应收账款担保登记系统、企业资信信息系统等，对于供应链金融业务的发展同样非常重要，需要整合到供应链综合服务平台。电子化供应链综合服务平台为供应链上各环节的企业提供信息共享、服务共享的一站式金融服务，是一个将信息流、资金流和物流进行信息协同和统筹清算的管理系统。供应链金融中银行、物流和借款企业基本完成各节点的信息化、网络化建设，但数据相互流转的公共供应链金融综合服务平台尚需多方努力合作，共同构建，这也是供应链金融发展的方向。

20 构建完善的中小企业融资机制

在经济新常态背景下，打造完善的中小企业融资机制，是解困中小企业融资难、实现结构调整和转型升级的重要手段，是供应链金融得以成长壮大的基础。广西政府相关部门、各级金融机构等都发挥了自身的优势，促进和改善中小企业融资体系建设，在对中小企业融资风险的防范和反应机制等方面，出台有效的政策支持；同时，在其他配套设施方面，如信用评级体系和担保体系，这些体系的构建为打造广西供应链金融服务提供了坚实的基础。

20.1 政策支持机制

针对中小企业融资难的问题，广西管理当局一直在积极努力，创造有利于中小企业发展的融资环境。2004 年以来，自治区人民政府为贯彻落实党的十六届三中全会和自治区党委八届全会的精神，加快民营经济的发展，出台了《广西壮族自治区党委自治区人民政府关于加快民营经济发展的决定》。2008 年广西党委、政府修订通过并公布施行了《广西壮族自治区私营企业条例》、《广西壮族自治区个体工商户条例》。2009 年针对广西民营企业受到国际金融危机的严重冲击，遇到诸多困难，自治区人民政府陆续出台了《广西壮族自治区人民政府关于进一步加快非公有制工业经济发展的意见》、《广西壮族自治区人民政府关于支持台资企业发展若干政策措施的通知》、《广西壮族自治区人民政府关于进一步支持中小企业融资的意见》三部文件；2010 年出台了《广西壮族自治区人民政府关于进一步促进民营经济发展的若干措施》，2012 年出台了《广西壮族自治区人民政府关于印发加快推进微型企业发展工程实施方案的通知》。2013 年，区工商局下发了《2013 年全区工商系统服务非公有制经济发展工作方案》，通过降低非公经济市场主体准入门槛等 11 项措施支持全区非共有制经济发展。这些政策的出台为广西中小企业发展明确了指导思想，同时放宽了其市场准入，在技术、财税、信贷、等方面给予大力支持，修改、废止或调整现行各种不利于民营经济发展的地方性法规和政策。

虽然广西在发展非公有制经济制度方面进行了重大突破，但中小企业面临的形势依然复杂严峻。广西可采用政府对放贷银行进行补偿的方式，鼓励商业银行在信贷规模上向量大面广的小企业重点倾斜，以此帮助小企业克服融资难的问题，并出台中小企业贷款风险补偿办法，由省级财政预算安排小企业专项扶持资金，并由市、县配套的财政资金组成风险补偿资金，用于对金融机构当年新增小企业贷款而产生的风险进行补偿。

政府应出台政策逐步改善中小企业的舆论环境、政策环境、成长环境、社会环境和服务环境，推动中小企业再创发展优势、促进协调发展，更好地发挥中小企业在推动全省经济和社会全面发展中的重要作用。可借鉴"浙江模式"，由国家开发银行、中小企业发展促进中心和优秀担保机构联合打造"广西中小企业成长贷款融资平台"。鼓励担保机构为中小企业提供贷款担保，解决中小企业贷款难的问题，并出台中小企业信用担保机构小企业贷款担保风险补偿办法，一方面有利于进一步规范小企业贷款担保风险补偿资金的使用和管理，另一方面也有利于切实缓解中小企业融资困难。可提高小企业贷款担保风险补偿标准，最高补偿以不超过 50 万元为限，同时明确补偿对象是为小企业贷款提供担保服务的中小企业信用担保机构。政策支持是中小企业发展的外部环境支持，通过制度创新、金融创新等方式在一定程度上解决了中小企业融资难的问题，推动中小企业迅速发展，管理当局的政策支持是非常必要的。①

---

① 邵小玮，徐锋 . 后危机时代中小企业融资路径选择——以浙江省为例 [J] . 中国乡镇企业会计，2010（4）.

20.1.1 中小企业支持机制存在的不足

(一) 管理机构服务有待提高

在管理机构设置上，没有形成统一集中的地方金融管理部门，因此很多市场和业务上的监管政出多门，实际上造成了一定程度的管理混乱。没有统一的管理机构，也没有地方金融发展总体规划和指导纲领，金融业发展存在一定的盲目性，也难以为地方金融机构的发展提供宽松的政策和高质量的服务，创造良好的外部环境和高效的市场平台。

尽管随着依法行政的不断推进及机关效能建设的加强，行政审批事项减少了很多，政府效能也得到了大幅度提高，但仍有一些政府机关工作人员没有真正转变角色，服务态度差，企业对"门难进、脸难看、事难办"的现象还时有反映。政府职能部门对民营企业协会和行业协会支持力度不够。民营企业协会对民营企业有着天然的亲和力，协会发展完善有助于增强产业集群的向心力，促进中小企业组成松散型联合体，形成合力，增强市场整体竞争力。政策配套和政策倾斜不合理，如近年来，广西出台了一系列扶持民营经济发展的政策，但有一部分政策难以实施，可操作性不强，配套也不完善，如放宽市场准入条件中，民营资本可以进入金融行业，但真正实施却没有可依据的细则。在制定各项优惠、扶持政策时，当前政府对中小企业考虑仍不足。在财税政策上，一些中小企业也得不到公平的待遇。据部分中小企业反映，一些优惠政策是"锦上添花"，而不是"雪中送炭"。

(二) 对地方资本市场的培育发展滞后

在直接融资上，政府对地方资本市场的培育支持不够。当地政府对民间融资仍缺乏有效的组织规范。出台一些地方性政策，明确规定私募公司的性质、募集方式和程序等细则，使其成为中小企业一条有效的融资途径。但政府目前对这一市场的支持和规范力度明显不足，对个人借贷等非正规融资途径也没有积极引导和规范，民间借贷的合法利益得不到有效保护，一定程度上阻碍了民间资本进入中小企业融资领域。

(三) 风险投资市场支持力度不够

在风险投资基金形成初期，各地政府起着重要的作用。政府作为主要出资人，联合当地有实力的企业以及金融机构共同组建风险投资公司，投资入股有市场、有潜力的中小企业，同时扶持和培育私人风险投资，逐步引导风险资本的市场化运作模式，并提供相应的配套措施和优惠政策支持。但是，政府对于地方中小企业的风险投资力度仍然不够。结合目前广西中小企业的特点，应该建立面向传统产业的中小企业创业投资公司和创业投资基金，解决创业资金的融资问题。

（四）信息处理、风险控制能力不高

中小企业融资困难主要是由于信息不对称。中小企业信用度低，因而政策性机构的作用应集中体现在通过其积极的信息收集、调查和分析，有效识别企业风险，从而将具有前途的企业与前景不佳的企业区别开来，起到信用甄别作用。通过对企业的监控和帮助，降低其道德风险，减少其失败概率，起到风险控制作用。但政策性机构由于既难以吸引和留住高素质的人才，又缺乏经营的动力与压力，加之经营时间短，因此相对于商业性机构，不论在其已经积累的信息，还是搜集、处理信息的通道、经验、能力、动力和压力方面，都不会更优。在此情况下，其参与非但不能解决信息不对称，而且可能会导致一些本来可通过商业性机构消除、减少的风险，却由于盲目贷款或担保在整个社会体系内重新形成和积累。

20.1.2　多方合力解困中小企业融资难

（一）积极实施微小企业培育工程，为商业银行推荐优质小企业客户

按照省政府重点抓好销售收入 500 万元以下微小企业培育工作的部署，全面启动微小企业培育工程，即建立微小企业培育信息库，并从资金支持、人才培训、创业辅导等方面予以重点扶持，培育微小企业上规模。在此基础上，充分利用中小企业工作部门的职能优势，积极向银行业金融机构推荐微小企业培育信息库中业绩优、成长性好的微小企业，促进银企合作，有效解决银行业金融机构向微小企业贷款过程中的信息不对称问题，实现银行与小企业的互利双赢。

（二）政府创业投资引导基金

在中小企业融资中，发挥政府的引导作用非常重要。政府创业投资引导基金是由政府设立、用于扶持创业投资企业发展的政策性基金，具有非

营利性质。其投资对象大多是创业期中小型高新技术企业。一般通过阶段参股、跟进投资、风险补助等方式投资，如贷款风险补偿基金。小企业贷款风险补偿基金是鼓励和促进银行业金融机构增加小企业贷款的政府引导性专项扶持资金。扶持对象主要是年销售收入在 500 万元以下，且金融机构贷款金额在 200 万元以下的生产型、科技型、就业型等各种所有制形式的小企业。小企业贷款风险补偿基金能发挥地方财政资金的放大效应和导向作用，激励银行业金融机构加大小企业信贷支持力度。早在 2005 年，浙江省就率先推出了该模式。扶持民间资本设立商业性创业投资企业（即风险投资企业），引导社会资金对初创期企业进行投资。政府创业投资引导基金能有效降低社会创业投资资本的投资风险，激发社会资本对创业企业的投资热情，发挥政府资金的杠杆作用。

（三）政府扶持资金创新模式

2008 年 9 月，全国首只中小企业集合信托债权基金——"平湖秋月"在杭州银行正式发行，首期规模 5000 万元，债期 2 年。这是政府参与帮助中小企业渡过资金难关，是政府扶持资金资本化的一种创新。该基金的基本运作模式是：由信托公司发起募集资金，由地方政府在其管辖区域内筛选出优良的中小企业，信托基金将资金投向这些企业，发行的 5000 万元信托产品由西湖区财政扶持资金和社会资本等共同认购。这是一个"一石三鸟"的模式：政府扶持资本金高效实用、中小企业获得贷款、社会民众也将获得回报率较高的理财产品。这样采取"同一冠名、同一担保、分别负债、捆绑发行"的模式，为国内中小企业提供了一个快速融资的绿色通道，最大限度地保证了政府扶持资金的安全，做法值得借鉴、易于复制。

（四）中小企业集合债

小企业局与省金融办、银行一起推出新型融资模式——集合债，即由一个机构作为牵头人，几家企业一起申请和担保，并通过券商进行捆绑式发行债券，解决了单家小企业发债时，由于所需额度较小，资信评级、发债担保等成本较高而很难获得批准的问题。[①] 如 2010 年 10 月 10 日，浙江省中小企业局与中国中小企业协会联合签署"浙江省百亿中小企业集合

---

① 严华好. 浙江省中小企业融资现状研究和政策建议 [J]. 浙江金融，2009（8）.

债"战略合作框架协议。根据协议,首次在浙江省发行中小企业集合债名称统一为"10浙中小债",总额度是100亿元,将分期发行。整个浙江省有三四百家中小企业受惠。浙江省采用创新的模式,直接与资产管理公司合作,取消二级担保,减少了担保费。此次浙江省中小企业集合债的年综合成本比银行贷款低20%~30%。

（五）税收优惠、技术创新等支持

对重大的中小企业大型投资项目实行多种形式的投资补贴,对实际投资达到1亿元以上的,按1%进行现金投资补贴,并在税收、财政、人才、土地方面给予最大的优惠。

企业总部、采购中心和研发中心迁至广西的全国知名中型企业,3年内按其所缴纳营业税、增值税和企业所得税的留成部分的同等金额50%的标准给予奖励。对返乡投资的中小企业,实行招商引资同等待遇。

落实国家结构性减税政策及其他各项税收优惠政策,加大"营改增"政策落实力度。对县级以上各级政府财政等部门奖补民营企业的财政性资金,在具备资金用途明确、专项资金管理办法完备、企业对该资金单独核算等条件的情况下,可以不作为征税收入,在计算应纳税所得额时从收入总额中减除。资产重组过程中涉及的不动产、土地使用权在企业内部转让不征收营业税。

支持中小企业为了技术创新和扩大生产进行的固定资产更新投资;财政补贴部分企业用于开发新技术、新产品、新工艺发生的研发费用,未形成无形资产计入当期损益的,按照研发费用的50%加计扣除;形成无形资产的,按照无形资产成本的150%摊销。

20.2　中小企业融资风险防范机制

20.2.1　中小企业融资面临的风险形式

（一）政府方面的风险

政府方面的风险集中表现在两个方面:（1）对外交往方面所产生的风

险。政府对外政治、经济主张的变化，外交摩擦，对外经济贸易冲突，甚至对外战争等因素，影响中小企业融资的外部环境和内部环境，有可能因其环境的恶化而导致中小企业偿付能力被削弱。（2）对内经济政策的调整与改变所产生的风险。政府通过财政政策、货币政策、产业政策、税收政策等经济政策来调控经济运行，在具体政策的贯彻与落实上，可能对部分中小企业经营活动形成制约或限制，最终导致这部分中小企业不能按预期计划运用资金和偿还资金。

（二）银行方面的风险

银行方面的风险主要来自以下几个方面：（1）信息不对称所引起的风险。相对于申请贷款企业而言，银行处于信息劣势。银行在没有完全掌握中小企业资产管理、经营情况、贷款用途、未来收益等可靠信息的情况下，盲目发放贷款会形成风险。（2）贷款利率提高所引起的风险。由于银行提高贷款利率，增加了中小企业的融资成本，企业不堪重负，引发其偿债难的可能性，增加银行坏账的可能性。（3）贷款时机不当所形成的风险。由于银行贷款办理程序烦琐或办事效率不高，无法将贷款及时发放给企业，导致企业不能及时正常运用贷款，无法实现资金的最高使用效率，蒙受损失，进而导致企业偿付能力下降。（4）银行经营管理者的道德法律意识差所形成的风险。某些银行经营管理者在向企业发放贷款时，向企业"吃拿卡要"，间接地提高了企业的贷款成本，或者与中小企业经营管理者串通一气，恶意侵占银行信贷资金，导致贷款无法正常收回。

（三）担保公司方面的风险

企业在申请银行贷款时，在没有资产抵押或是抵押资产不足情况下，担保公司提供一定的担保资金，融资企业需要支付担保公司一定的费用。担保公司方面的风险主要反映在三个方面：（1）担保公司经营状况恶化，或担保资金实力不足，导致银行担保贷款回收的落空；（2）担保过程程序烦琐，贻误担保贷款发放时间，使企业不能及时用款，造成经济损失，导致企业贷款不能按期归还；（3）担保费用过高，使企业融资成本上升，企业利益所得被侵蚀，导致企业债务危机，增加企业偿债的负担。

（四）资产评估机构、公证机构等社会中介机构的风险

企业融资一般需要资产评估机构对其资产出具资产评估报告和验资报

告，对其产权的归属及相关事务出具公证书。这方面的风险主要体现在三个方面。一是资产评估机构、公证机构人员的业务水平有限，无法出具翔实、可靠的资产评估报告、验资报告和公证报告，导致银行发放贷款的依据不充分、贷款决策失误；二是资产评估机构、公证机构等融资中介机构收费过高，使企业融资成本过高；三是资产评估机构、公证机构的一些人员违反职业道德，忽视国家法律法规，有意出具虚假内容的验资报告、公证书，构成信贷资金损失的直接原因。

（五）中小企业方面的风险

中小企业方面的风险即偿还债务的能力的变化，导致其变化的风险主要表现为以下四个方面：

①经营风险。中小企业融资的经营风险是指企业经营过程中因经营方式不当等原因而造成的一些风险，一般包括对现金管理不严，造成资金限制或不足，没能充分发掘资金的利用潜力；应收账款周转缓慢，造成资金回收困难，加大资金压力；存货控制薄弱，造成库存积压；资金呆滞；重钱不重物，资产流失浪费严重等现象。

②财务风险。中小企业融资的财务风险可分为资金性财务风险和收支性财务风险。资金性财务风险是指企业在特定时点，资金流出量超出资金流入量而产生的预期不能偿付债务本息的风险。防范此类风险只要合理安排资金流量即可，对收益影响不大。而收支性财务风险是指企业在收不抵支的情况下，出现不能偿还到期债务本息的风险，此风险属整体风险，对全部债务的偿还均会产生不良影响。

③管理风险。中小企业融资的管理风险是指由于中小企业典型的所有权和经营权高度统一的管理模式，以及中小企业管理者的管理能力和管理素质较差、管理思想落后等管理因素所造成的企业融资运作中的风险。这种管理模式忽视财务管理的核心地位，进而造成财务管理混乱、财务监控不严、会计信息失真等现象。

④资金风险。中小企业融资的资金风险是指随着中小企业融资金额的增加，其融资成本相应地增加，从而导致企业费用水平上升，进而企业的总税前资金利润率下降，甚至导致企业经营产生的利润额不足以抵消融资成本的现象，造成中小企业的自有资金利润率下降的风险。

⑤诚信风险。中小企业融资的诚信风险是制约其融资的关键所在，中小企业的诚信风险主要表现在：首先是注册资本的不实，中小企业往往串通中介，从而造成实际资产与上报资产的不一致；其次是财务缺乏透明性，国家税务部门及相关管理部门很难了解公司的实际运营情况，并且金融机构也很难提高对中小企业的满意诚信认可度，于是提供给中小企业融资的可能性就大大降低了。

20.2.2　中小企业融资风险防范机制

不仅是提供融资服务的主体，而且融资主体及当地政府在识别了中小企业融资过程中所存在的各种主要风险的前提下，应为避免其风险采取相应的防范措施，以避免损失或将损失限定在最小范围内。在融资风险防范方面，政府、商业银行、中小企业采取的措施主要如下：

（一）政府方面的风险防范措施

（1）成立风险办。政府、银行、企业共同实施"广西式救市"。广西在拉动投资的同时，出台一系列政策，频繁出手救市，力挺中小企业。经贸委、银监局等部门联合做好行业龙头企业资金链安全保障工作，要求各地成立风险办，拯救危难企业。各地建立应急互助基金，为资金周转困难且发生资金链断裂的企业提供应急资金。

（2）政府与银行签订协议。通过"两加一减"支持中小企业发展。政府与银行机构签订进一步支持中小企业发展的合作协议。"一加"为加大信贷投放力度。各银行机构都纷纷加大信贷投放规模，帮助企业共渡难关。另外"一加"为加快金融创新。拓宽中小企业可供速效担保的范围，加快金融产品和金融服务的创新。"一减"为减少企业的贷款成本。目前很多中小企业资金紧张，资金缺口很大，主要是产品滞销积压的流动资金很多，银行降息降低了企业的借贷成本，降低存款准备金率增加了银行的货币供给。

（二）银行方面的风险防范措施

银行相对于申请贷款的中小企业存在着信息劣势，无法充分了解到中小企业的实际资产管理、经营收入、债务组合等情况。为加强风险防范，针对各种具体的情况，各商业银行在中小企业贷款的具体业务操作上采取以下措施。

（1）融资安全线管理，即对小企业客户逐个核定相对安全的授信控制额度，全面掌握信息，如实评价小企业还贷能力，客观衡量贷款的风险，以防止对目标企业授信过度。例如，授信额度＝房地产价值×70%＋机器设备价值×50%＋存货×60%＋应收账款×60%。

（2）建立合理的贷款定价机制，即在法律法规和人民银行政策允许范围内，根据市场利率状况、筹资成本、贷款期限、贷款目标收益等方面，对不同的客户采取不同的利率，也就是"一户一价"的定价方式；而且，可以根据企业的性质、质量等方面进行贷款利率方面的优惠。比如，对于优良企业，可以在一般期限贷款利率基础上下浮10%，对企业和业主、股东不动产提供抵押担保从而风险度较低的企业可以下浮20%，对生产性现金流量充足、销售货款回行率高的开户企业实行与存款基数相适应的贷款0.54%的特惠利率。

（3）对中小企业审核方式方面的改进：淡化单一的按财务报表方式审核的方式，专门制定针对财务制度不健全的中小企业信用评级方法，利用一些新的指标来判断企业信用级别，比如，法定代表人及股东的品行、企业自有资金、货款归行率、日均存款余额、销售纳税额、生产经营活动合法性、经营效益稳定性、发展阶段成长性、现金流量充足性、信贷担保安全性、经营者行为和信用可靠性。而且，考虑企业生产经营周期，根据企业现金回流状况确定企业的还贷期限，防止贷款周期与企业经营周期相脱节，防止"短贷长用"。

通过灵活运用以上各种操作方式，商业银行在一定程度上防范了对中小企业贷款的风险，不仅自身获得了一定的收益，而且也满足了一部分中小企业的资金需求。

（三）中小企业方面的风险防范

融资对中小企业至关重要，会带给中小企业更多的投资资金，缓解中小企业的资金压力，促进其发展。与此同时，因增加了融资成本，也增加了中小企业的经营风险。在融资过程中，中小企业力争做到以下方面。

第一，要有风险意识。在社会主义市场经济体制下，中小企业成为自主经营、自负盈亏、自我约束、自我发展的独立商品生产者和经营者，中小企业必须独立承担风险。中小企业在从事生产经营活动时，内外部环境的变化，导致实际结果与预期效果相偏离的情况是难以避免的。因此，必须树立风险意识，即正确承认风险，科学估测风险，预防发生风险，有效应付风险。

第二，建立有效的风险防范机制。中小企业必须立足市场，建立一套完善的风险预防机制和财务信息网络，及时地对财务风险进行预测和防范，制订适合中小企业实际情况的风险规避方案，通过合理的筹资结构来分散风险。如通过控制经营风险来减少筹资风险，充分利用财务杠杆原理来控制投资风险，使中小企业按市场需要组织生产经营，及时调整产品结构，不断提高盈利水平，避免由于决策失误造成财务危机，把风险减少到最低限度。应建立财务预警机制，随时监控筹资风险，把风险水平降到最低点。

第三，确定适度的负债数额，保持合理的负债比率。负债经营能获得财务杠杆利益，同时中小企业还要承担由负债带来的筹资风险损失。为了在获取财务杠杆利益的同时避免筹资风险，中小企业一定要做到适度负债经营。根据国家有关部门统计，目前我国中小企业资产负债率普遍过高，一般在70%左右，有的在80%以上。为了增强抵御外界环境变化的能力，我国中小企业必须着力补充自有流动资本，降低资产负债率。

第四，根据中小企业实际情况，制订负债财务计划。根据中小企业一定的资产数额，按照需要与可能安排适量的负债。同时，还应根据负债的情况制订出还款计划。因此，中小企业利用负债经营加速发展，就必须从加强管理、加速资金周转上下工夫，努力降低资金占用额，尽力缩短生产周期，提高产销率，降低应收账款，增强对风险的防范意识，使中小企业在充分考虑影响负债各项因素的基础上谨慎负债。

第五，针对由利率变动带来的筹资风险，应认真研究资金市场的供求情况，根据利率走势，把握其发展趋势，并据此作出相应的筹资安排。在利率处于高水平时期，应尽量少筹资或只筹急需的短期资金。在利率处于由高向低的过渡时期，也应尽量少筹资，不得不筹的资金应采用浮动利率的计息方式。在利率处于低水平时，筹资较为有利。在利率处于由低向高的过渡时期，应积极筹集长期资金，并尽量采用固定利率的计息方式，降低负债利息率。

20.3　中小企业融资反应机制

广西中小企业局在解决中小企业融资问题上起很大的作用，对中小企业的发展起到了引领、促进的作用。在解决中小企业融资问题上，中小企业局内设处室——中小企业融资担保处。该处职能主要为：指导和推进支持中小企业发展的投融资服务体系建设，指导协调和落实国家和省有关扶持中小企业融资担保的政策措施，改善中小企业投融资环境；审批全省融资性担保机构设立与变更，指导、监管担保业的发展；推进中小企业信用制度和信用体系建设，完善信用征集与评价体系；指导中小企业开展产权交易，促进中小企业产权流转；承担省融资性担保业务，指导监管联席会议办公室的日常工作。另外，积极发挥中小企业服务中心的作用。其职能主要是：研究提出中小企业服务体系发展政策措施，推进中小企业信用制度建设，指导中小企业依法经营，维护其合法权益；接受政府及其他部门委托，为中小企业的创业、辅导和发展提供全面的社会服务；负责协调、筹建省级中小企业行业协会；指导中小企业专业园区和创新基地建设。

中小企业是国民经济的重要组成部分，也是地区经济活力的体现。中小企业在稳定经济、吸纳就业、出口创汇和提供社会服务等方面发挥着重要作用。近年来，广西政府着力加强和改善中小企业融资服务，完善中小企业融资反应机制，促进中小企业健康发展。

第一，大力实施中小企业成长计划，为金融机构提供融资信息。积极开展成长性中小企业评价，评价认定了成长性中小企业，建立了成长性中小企业培育信息库。启动"三年万家"微小企业培育工作，重点培育年销售收入在 500 万元以下的微小企业发展成为规模以上企业，建立了微小企业培育信息库。同时，与金融机构建立"千家成长万家培育"中小企业融资平台，向银行业金融机构推荐业绩优、成长性好的中小企业，有效地促进了金融机构和中小企业信息不对称问题的解决。

第二，探索多形式的信用担保体系，推进中小企业担保融资机制创新。积极开展"抱团担保"，与国家开发银行签署开发性金融合作协议，组建中小企业发展促进中心。在全省筛选出一批优质担保机构，向中小企业发展促进中心推荐中小企业贷款项目，并承担相应的担保责任，再由中心统一向国家开发银行申请贷款。在风险控制方面，由中心与担保机构共同建立贷款风险准备金。开展银保合作，搭建银保合作平台，着力解决银保合作中存在的困难和问题，引导和推动担保机构与银行业金融机构加强合作。同时，建立担保行业资信评级制度，开展担保机构资信评级工作。推进"互助型担保"，实现互助型与商业型担保机构共同发展。

第三，开展小企业贷款风险补偿，建立鼓励银行放贷的激励机制，实行微小企业贷款风险补偿政策，由省和市、县财政按1∶1配套出资，设立微小企业贷款风险资金，引导和鼓励银行业金融机构加大对微小企业的信贷支持力度，对银行业金融机构增加微小企业贷款的，进行一定比例资金补助。由于实施了鼓励措施，银行对微小企业的信贷服务热情明显提高，微小企业资金紧张的状况有所缓解，有力地促进了微小企业创业发展。

第四，构建多层次的投融资服务机构，拓宽中小企业直接融资的渠道。建立全省中小企业直接融资项目库，在全省范围内选择一批符合产业政策、业绩优良、成长性好的中小企业进入直接融资项目库，通过资金支持、培训辅导、信息服务等扶持措施，加大直接融资后备资源培育力度。成立中小企业上市联合培育机构，联合深交所成立"中小版上市企业联合培育中心"，建立了由地方政府、监管部门、交易所、中介机构等有关各方共同参与的资本市场综合培育体系，为中小企业上市创造和谐的外部环境。

针对电子商务企业因缺乏信用记录、缺少抵押品而融资困难的实际，可通过网络自愿共同组成一个联合体。联合体成员间协商确定授信额度，向银行联合申请贷款，然后再由银行确定联合体授信总额度及各成员额度，每个借款人均对其他所有借款人因向银行申请借款而产生的全部债务提供连带保证责任。该模式使那些缺乏信用记录、缺乏抵押品的中小企业可以凭网络交易记录和信用评级满足银行的资信评估要求，依托网络交易关系组成的联合体获得银行贷款。

第五，推进地方金融机构改革，加快中小企业金融产品和服务创新。

为缓解中小企业与银行信贷部门的矛盾，银行在实际业务中可采取"信贷工厂"模式进行灵活性操作。"信贷工厂"意指银行像工厂标准化制造产品一样对信贷进行批量处理。它在审批效率、担保方式等方面具有更灵活的特点，特别是在信贷审批流程上，该模式根据中小企业"短、频、快"的融资需求特点，将贷前调查、审批、授后管理等流程全部纳入标准化、工厂式的"流水线"运作，各分工小组各司其职、简化手续，使业务流程在整体机制上协调一致、高效运转。

同时，深化农村合作金融机构改革，坚持服务"三农"、服务中小企业的基本方向，加大政策支持力度，加强风险防范，全省农村合作金融机构的综合实力和风险防范能力明显增强，经营状况显著改善。大力推进地方中小商业银行改革重组，鼓励城市商业银行引进国内外战略投资者和优质民营资本入股，建立地方财政、企业法人、外资金融机构、自然人多元投入的股权结构。通过深化地方商业银行改革，使这些中小商业银行把主要服务对象定位为中小企业，加快了产品和服务创新，为中小企业提供特色融资服务。

21   推进供应链金融参与主体的建设

供应链金融服务模式作为一种新型融资模式，它的出现为中小企业、银行业和仓储业的发展注入了新鲜的血液，市场应积极有效地推动该模式的运作，使其更好地为社会经济发展服务。供应链金融模式的发展离不开该模式中各主体的积极推动和有效配合，同时也离不开政府等外部环境的营造和政策引导。只有全社会共同努力，积极参与，整个供应链金融服务模式才能获得健康发展。

21.1   完善中小企业自身建设

21.1.1   转变观念，提高认识①

长期以来，中小企业由于观念转变还不到位，在拓展相关业务时遇到一系列问题，具体表现在以下几个方面：部分中小企业对自身货物被第三方监管的过程存有疑虑，有的还担心其仓库被第三方监管，会影响企业的对外形象，从而影响企业的经营；部分中小企业认为仓储融资过程过于复杂，或者由于自己对融资过程不熟悉，故更倾向于通过互保或民间借贷等方式进行融资；大多数中小企业对物流管理的重要性认识不充分，将物流仍看成是成本支出的主要领域，对于物流活动搞"大而全、小而全"的运

---

① 本部分内容参考：吴金旺. 我国金融仓储业发展的环境分析与对策建议［J］. 浙江金融，2010（3）. 童天水，刘涛. 创新商业模式服务中小企业浙江金储的理论与实践［J］. 浙江金融，2010（3）.

作方式，物流社会化程度较低，直接影响了供应链金融运作的业务范围。可以看出，在开展供应链金融服务模式过程中，中小企业在主观愿望和意识形态上仍存在羁绊，因此，我们建议中小企业改变旧观念，正确认识供应链金融服务模式在融资方面的积极作用，积极推进业务的开展。首先，中小企业应树立物流金融思想，与第三方物流企业建立战略联盟关系。在供应链金融服务模式中，物流企业的加入是该模式得以实施的前提，因此中小企业要改变传统的物流思想，善于利用物流企业金融桥梁的作用，解决融资问题。这就要求中小企业与物流企业建立战略联盟关系，取得物流企业的信任，减少双方的信息不对称，这样不仅可以有效地解决融资问题，还能减少中小企业的物流成本。借助第三方物流企业的力量，将有助于与金融机构建立长期的信贷合作关系。其次，中小企业还应积极探索与金融机构建立长期有效的合作机制。金融机构是信贷融资的最终决策者，因此增强金融机构对中小企业的信用度是中小企业取得融资的关键。通过与金融机构建立长期有效的合作机制，可以有效减少因信息不对称造成的逆向选择和道德风险，降低交易费用，增强金融机构对中小企业的信任，从而促进融资业务的开展，保障企业的经营活动和健康发展。

供应链金融模式对企业的筛选是以国家对于中小企业发展的指导思想的三个原则为依据，遵循标准化的操作，并结合企业的实际情况进行的。供应链金融模式下对企业的审查和传统信贷业务有很大不同，其对中小企业的审查更强调企业的成长性、经营管理团队、产品及其技术含量、市场等。在供应链金融服务模式下目标企业的筛选初步定位为技术含量高、产品适销对路、有发展前景、有盈利能力、有利于增加就业机会或暂时处于困境但有发展潜力的中小企业。由此可见，中小企业需要不断完善自身的规章制度，包括产权制度、财务制度、内部管理制度等，不断实现经营管理的规范化；适时调整企业的产品结构，加快技术进步，提高产品技术含量，不断创新产品，满足市场需求，提高企业的市场竞争力，实现可持续发展，不断增加盈利水平，从而满足该模式下银行对企业的筛选标准，扩大企业融资方式，从根本上解决企业的融资难问题。

21.1.2　完善中小企业的信用评级制度和征信系统

中小企业信用评价体系是金融机构设立标准筛选企业的基础，也是供应链金融服务模式顺利开展的重要组成部分。目前执行的企业信用评级指标体系，从评级方法、评级指标的选择以及指标的权重，都是基于大企业而制定的。国内中小企业整体规模小、财务制度不健全等限制因素，导致目前缺乏一套专门为中小企业制定的信用评价体系来客观全面地评价中小企业的信用状况。因此，目前银行用现有的信用评价体系评价中小企业的信用等级在一定程度上存在不适用、不公平的问题，没有真实反映中小企业的发展状况和发展前景；而且，信用评级体系中存在着对中小企业信用评估不利的因素，因此在一定程度上造成中小企业信用等级被低估的问题，从而进一步加剧了中小企业融资困难。

如何正确给出中小企业的信用等级，制定出一套适用于我国中小企业的信用评级体系，全面客观地评价中小企业的信用状况，解决中小企业在融资过程中遇到的信用评级不公正的问题，已成为目前中小企业融资过程中亟待解决的问题。供应链金融服务模式作为整合金融资源解决中小企业融资难的一种金融创新，以中小企业为服务对象，而对中小企业进行选择的依据便是中小企业的信用评价体系，因此构建中小企业的信用评价体系是必要的。中小企业信用评级制度的制定有助于供应链金融服务模式的顺利运作，同时进一步提高资金运作的市场透明度，能更有效地对企业经营管理和资金运用情况进行监督和管理，而且有利于银行的信贷风险控制。

在国家层面整合诸多中小企业信息的基础上，结合新中小企业划分标准，在已形成的整合数据库基础上，单独划分出中小企业类别，如此有利于社会各类主体依据划分后的数据库对中小企业进行更为客观的信用征集与信用评级，从而形成长效的中小企业征信机制。监管层可出台专门的条例，开发小企业评级等服务，辅助银行优化信贷决策。针对中小企业的信用评级，引导商业银行在授信过程中，除了参考外部评级外，更多地依靠人民银行、中小企业所在地地方政府掌握的基础信用信息数据库，结合对中小企业信息的实地调研，进行更为客观的信用再评级。

以政府为主导，推进中小企业信息网建设，建设中小企业"专精特新"电子商务平台。做好重点行业和中小企业运行监测，配合统计部门加强对中小企业和非公有制企业主要经济指标的统计分析。国家应探索建立全国统一的全面信用数据平台，在对企业隐私和商业机密提供法律保障的同时，为各部门信息的联通或共享等征信行为提供法律基础和法律规范。同时，我国须加强政府各部门之间的协调，解决信息互通中存在的行政性和技术性瓶颈。近期可在现有法律框架下，着重税收、工商、海关等对补充验证小企业经营状况和信用表现最为重要的非金融类信息，探索合作模式和技术解决方案，降低征信中心和金融机构获取此类信息的成本。以中小企业征信系统互联工程为基础，加速推进公共征信系统全面升级改造，提高中小企业征信平台的运行质量和系统安全。建议以社会信用体系建设纳入单位工作责任制目标考核为契机，提高全国小企业信用建设发展水平。依法规范各部门数据报送格式、指标、范围、时效，各部门要建立准确、及时的信息更新机制，建立健全信用信息数据征集的长效机制，将数据征集工作与政务公开、部门年度目标责任制考核结合起来。按照国家有关要求，加快实现中小企业基础信息的在线实时交换和比对修正，提高数据的准确性、全面性和实时性，从源头上支撑中小企业信用信息的征集。

公共征信系统是社会信用体系建设的基础工程。这几年，国家有关部门和地方开展了各种形式的探索和试点，央行、工商、税务、海关依托信息化手段，相继建设了专业性的征信监管系统。建议按照"联建共享"的原则，分阶段、分区域、分部门实现互联互通。联建共享公共征信系统，应充分应用现有的政务资源网和征信平台，减少重复投资，加强部门与地方、区域与区域、部门与部门之间的合作与交流，把信贷、纳税、合同履约、质量、环保、劳动、法院、进出口等各个方面的信用记录整合起来，逐步创造条件，建立全国性的、统分结合的公共征信系统，并依据有关法规，将相关信用信息向社会公众和信用服务机构有序开放。在中小企业征信平台应用上，进一步扩大信息共享范围。以应用促完善，以完善推进应用，在联合征信数据平台基本建成的基础上，继续扩大征集范围，将司法、劳动、建设、行业协会等领域的信用数据纳入到统一平台，努力将小企业信用发布查询系统建设成为数据权威、全面、及时，覆盖小企业的公共征信平台。按照"相互开放、相互补充、相互支持"的原则，加强联合征信数据平台与金融等部门的共享合作，防范金融风险。坚持独立和共享原则，在建设公共征信平台的同时，确保各部分业务系统网络和应用的独立性，在保证安全性和系统运行前提下共享信用数据库。

21.2 商业银行金融服务创新

在供应链金融服务模式的运作中，商业银行作为主导者，应从长远发展的角度、从信贷业务战略转型的高度认识金融仓储业务的重要性，并将其作为中小企业融资渠道的业务创新，作为提升银行核心竞争力和盈利能力的重要手段，将其定位于未来发展的精品业务之一。在组织架构上，银行应将供应链金融服务模式作为独立的中小企业业务主线，建立专门化的经营管理体制，整合行内资源专门负责该模式的产品设计、业务审查和贷后管理等工作，组织推动供应链融资业务的发展；在业务流程上，商业银行应改变银行传统授信管理模式，建立与供应链金融服务模式相适应的授信模式，并实现银行的中小企业融资信贷业务流程再造；在创新观念上，通过分析供应链各个环节的融资需求和风险特征，积极开展产品和技术创新，研发出满足中小企业需求的融资产品与金融服务，并与第三方仓储企业合作发展商品融资；当然，还包括商业银行在风险控制、人才培育等方面的努力。

21.2.1 加快发展供应链金融服务

从长远发展的角度来看，银行传统信贷业务所占比例正在逐渐缩小，因此银行要从长远发展的角度、从信贷业务战略转型的高度认识供应链融资业务的重要性，将其作为提升银行核心竞争力和盈利能力的重要手段，将其定位于未来发展的精品业务之一，从人力、物力、财力上给予倾斜，为供应链金融业务发展创造良好的环境；而且，银行还应改变传统的信贷观念，对自身进行准确的定位。在金融仓储服务模式下，进行动产质押贷款具有巨大的利润空间，而且风险也得到了很好的降低。因此，为了扩大自身的业务，增加企业利润，需要与大量具有成长性的中小企业共同扶持、共同成长，并与金融机构和企业建立良好的信任关系和合作关系，共同促进供应链金融的发展。

将供应链融资作为业务主线，建立专业化经营管理体制，是供应链金融业务发展战略的组织保障。总行应明确金融仓储主管部门，由该部门负责全行金融仓储业务发展和风险管理的统筹规划，制定供应链金融业务发展目标、营销计划、政策制度、产品创新和推广以及相关的考核评价体系，整合行内资源，组织推动供应链金融业务发展。一级分行和二级分行成立供应链融资部，专门负责供应链金融的产品设计、营销支持、业务审查和贷后管理等。在条件成熟时，按照事业部制建立垂直、独立的供应链金融服务模式的经营管理体系。

在供应链金融业务中，银行应树立市场战略意识，正视资源价值，注重培育先进授信文化，并进一步探索经营新模式。银行与金融物流企业之间加强合作联动，常做常新。客户授信和债项授信相结合，制定以销售收入、经营现金流为核心的贸易型企业授信办法，以满足该类企业经常性融资需求。对根据企业财务状况无法核定授信额度或单笔贸易额较大而授信额度不足的，在确保交易债项风险可控的前提下，可按照单笔业务风险值核定专项授信额度。调整贸易融资业务准入标准，强调交易条件，适当弱化企业资信要求。对能有效控制交易项下物权或应收账款的贸易融资业务，可不要求客户另行提供保证金或担保。

再造商业银行金融仓储信贷业务流程，一是集中审单，组建全国或区域性单证中心，运用影像工作流等技术，将各分支机构的单证进行集中处理，实现标准化操作和专业化管理，提高审单的质量和效率。二是实行授信项下核准制流程，在核定授信方案时明确授信使用条件和管理要求（如融资品种、交易条件、物流和资金流监管规定等），单笔业务不再履行信贷审批程序，由贸易融资部进行技术审查并对授信条件核准后直接办理，减少二次审批、部门交叉审批和集体审批，提高业务效率。

为了进一步推进银行信贷业务的开展，银行应制定理性的经营策略，结合供应链金融服务业务的特点，通过分析交易链各环节融资需求和风险特征，研发适合市场的金融仓储融资产品，并积极推进供应链金融业务，设立专门针对供应链金融业务的部门，设立仓储金融信贷业务的操作流程，让了解物流的专业金融人员去管理和操作。适应记账交易逐步取代信用证的趋势，创新应收账款融资产品。与仓储企业合作，发展商品融资。将信贷产品与结算、资金产品、风险管理工具等进行组合，为客户量身定做融资解决方案。同时，为中小企业搭建共享信息技术平台，为单证无纸化传输及贸易信息传递提供便利，为客户提供网上贸易融资服务。

供应链金融业务的创新进一步推动银行信贷业务朝着多样化、综合化和个性化发展，银行可以根据企业的需要及金融仓储的特点，为企业提供量身定做的各项新型业务，最大限度地满足中小企业客户的各种需求，推动供应链金融业务的推广。要推广各项新型业务，就离不开市场营销，市场营销需要点面结合，在市场调研基础上确定重点营销的目标客户，制定业务拓展计划及营销策略，依托重点客户实现业务量快速增长，进而将客户对象扩展到交易渠道可靠、履约记录良好、物流和现金流稳定的中小企业，扩大供应链金融业务融资客户群。

虽然物流企业的加入减少了银行与中小企业之间的信息不对称，降低了信贷风险，但是供应链金融服务模式从主体准入转向过程控制，对贷后管理提出了更高的要求，因此也就要求银行采取更多措施来防范信贷风险。首先，选择信用状况良好的金融仓储企业作为第三方，制定有效合理的信用评价指标体系和企业融资准入标准，加大对抵（质）押物品种的选择，提高供应链金融业务中的信用风险、市场风险、流动性风险、操作风险等管理能力，确保商业银行在增加利润的同时有效控制风险①。其次，商业银行应建立完善可靠的数据信息处理系统，从物流企业获得数据后要展开深入分析，尽量满足信贷决策所需的各种要求，改善信贷审核的风险程度。再次，银行还应逐渐引入先进的信用评级技术，供应链整体的贸易关系考虑对金融仓储业务进行动态的风险控制，以提高金融服务业务的风险管理和控制水平。最后，银行还应加强与物流企业的合作，尽快建立市场资金反馈体系，充分认识物流资金流动特性，及时监督和支持第三方仓储企业所用资金，减少资金投入的盲目性，避免市场物资库存造成的浪

---

① 吴金旺.我国金融仓储业发展的环境分析与对策建［J］.浙江金融，2010（3）.

费，并且主动提供高效率、低成本的物流金融服务工具①。

21.2.2　构建小企业金融服务的差异化监管体系

(一) 区域间的差别化监管

由于全国不同省、市、自治区经济发展各有特色，小企业资源分布差异巨大，银行业金融机构风险管控水平各不相同，资本充足率、不良贷款率及贷款专项准备情况不一，因此对不同区域的差别化监管确有必要。差别化监管体系下，银监会负责制定小企业业务发展监管政策和整体监管规划，督促和指导各级派出机构监管工作，并负责对重点区域、重点机构的重大监管行动的组织实施。各地银监局在总体规划和职责范围内，负责对银行业小企业业务实施合规性或扶持性监管，确定所辖机构监管目标规划及进度考核，及时向银监会报告并根据授权有效处置出现的问题，同时负责所辖机构的各项日常监管工作。

(二) 中小企业业务的差异化监管

根据中小企业业务实际，在尽职免责等监管环境建设等业务方面，探索差异化的具体措施。首先，探索允许商业银行在五级分类规定下，结合中小企业特点和自身实际制定中小企业贷款分类细则；推进研究银行业金融机构中小企业业务经济资本占用标准，按照零售业务计量中小企业业务经济资本占用，进一步激励商业银行开展中小企业业务。其次，进一步研究出台中小企业授信尽职免责相关规定，督促各商业银行出台可操作性的实施标准；完善小企业分岗位的岗位职责、失职问责和尽职机制，来提高从事中小企业业务人员的积极性。在目前市场条件下，由于大企业业务的利差能够得到保证，而单位成本较低，中小企业业务较高的利差无法覆盖规模上的差距，中小企业业务的回报与付出不成正比，因此应该采用独立考核与差异性的激励制度。银监会已经出台了一些规定，指出对中小企业业务营销人员应实行尽职免责，设定一定的不良贷款容忍度，要求摒弃对单笔、单户贷款责任追究的做法，考核整体质量及综合回报。但是，我国

---

① 宋焱，李伟杰. 物流金融：出现动因、发展模式与风险防范 [J]. 哈尔滨金融高等专科学校学报，2010 (4).

大部分银行业金融机构对尽职免责没有落实到位,多数银行尚未制定针对尽职免责的可执行的具体制度。小企业贷款坏账出现后分支行无法判断是否适用尽职免责,在大多数情况下仍会直接认定相关客户经理的责任,存在"监管者有容忍度,而总行没有容忍度"的情况。另外一些银行也反映当地监管人员仍然对小企业业务沿用了原有的兑现考核模式,没有体现"尽职免责"理念。在不良贷款容忍度方面,多数银行设定了分支行小企业贷款不良指标,但是这些容忍度都只有停留在分支行层面,没有落实到单个客户经理层面,对单个客户经理往往是"零容忍",在扣减薪酬外还要客户经理负责专职清收。下一步应该促使各银行业金融机构制定"失职问责,尽职免责"相关细则,在确保中小企业业务不良贷款可控的基础上,设定专门针对业务人员岗位的不良贷款容忍度。在出台中小企业授信尽职免责相关规定的基础上,激励商业银行和相关从业人员开展中小企业业务。最后,各级银行业监管机构对银行业金融机构中小企业业务发展规模、速度、质量、效率等进行定期或不定期综合评价。扶持小企业业务质效高、风险小的机构,支持其创新发展;限制小企业业务质效低、风险高的机构,并控制与引导其业务发展。另外,加大中小企业金融服务尽职有效工作宣传力度,创造良好的舆论氛围;探索适于本地的小企业服务监管及配套措施,改善中小企业服务的外部环境,提高各金融机构开展中小企业业务的积极性。

21.3 物流企业的全力配合与积极推动

物流企业作为供应链金融模式连接中小企业和银行的一座金融桥梁,它使该模式各个运作环节的资金流、物流和信息流畅通无阻。因此,物流企业的全力配合及推动是保证整个模式顺利运转的必要条件之一。

(一)转变观念,提高金融服务意识

针对我国目前第三方物流供应商功能单一、规模较小、资产实力薄弱的情况,我国物流企业应该努力参考并借鉴国外物流企业的运营方式和盈利模式,结合我国物流行业的发展环境,积极探索新的利润增长点,特别是加强各种增值服务研究和市场开发，整合供应链金融服务模式中的物流、信息流和资金流，不断增强金融服务意识，以提高我国物流企业的国际竞争力。

（二）努力扩大自身产业资本规模，打造仓储金融服务特色品牌

物流企业开展金融服务，必须要有强大的产业资本实力做支撑，相对国际上的大型物流企业，我国物流企业的规模相对较小，资产实力比较薄弱，无法充分开展供应链金融服务，虽然目前受到有关政策的限制，作为国际物流巨头主要利润来源的供应链金融服务在中国市场还尚未展开，但是国内物流企业应做好未雨绸缪的准备，积极提高自身产业资本规模和竞争力，时刻准备迎接国际竞争的挑战。因此，物流企业首先应制定切实可行的发展战略，不断提高资本实力，完善企业治理结构，提高内部管理水平，规范企业的运作，建立诚信意识，提高市场声誉；其次，物流企业还应着力提高自身的服务能力和营运能力，逐渐打造自身的金融服务品牌。只有这样，物流企业才能更好地发挥连接银行和中小企业的金融之桥的作用。

（三）全力配合商业银行，做好动产监管工作

针对我国目前的实际情况，我国物流企业受到法律法规和自身产业资本规模的限制，采取与国外物流巨头同样的金融服务模式势必难以进行，我国第三方物流企业在供应链金融服务模式中的作用更多地体现在为商业银行做好物资仓储、价值评估、监管和拍卖等服务上。因此，物流企业应充分发挥自身在物资仓储、价值评估和监管方面的专业优势，通过定期向银行发送监管信息，与政府、金融机构及中小企业相互协作，共同促进供应链金融服务业务的开展。

首先，物流企业应不断提高自身企业的电子化、信息化程度，增强可视化水平。物流企业为银行提供动产监管和信息服务职能时，离不开先进的信息平台。因此，为了更及时地搜集质押物价格和流动性风险等信息，物流企业要增强其信息化程度。一方面，需要物流企业不断努力，加强信息平台的建设；另一方面，也需要借助政府、银行和中小企业的力量，逐渐建立与供应链金融服务业务相关的数据库，收集宏观经济、相关行业、中小企业及质押物等信息，并对数据进行深度挖掘和分析，共同为信息平

台的构建做贡献①。例如，浙江金储就很注重网络化和信息化的管理，公司构建了业务和监管技术信息平台，参照银行严密的操作流程自主研发的综合业务系统也已投入使用，并取得了很好的效果。

其次，物流企业在对质押物进行动态监管时，也应加强对中小企业的信用风险管理和自身的风险管理。一是谨慎接受质押物，加强对质押物的动态管理，形成有效的风险防范意识和动态监管机制；二是加强自身的经营管理，强化员工的风险管理意识，并且与中小企业、金融机构形成良好的信任机制，更好地发挥金融桥梁的作用。

（四）加强物流产业内部协作，促进行业规范发展

随着物流金融和供应链金融的不断发展，对于质押物进行价值评估、监督控制的第三方物流企业已得到了很好的发展，但是相对于一般的物流企业，金融物流企业相对独立，且专业性极强。早在 20 世纪初，存货质押融资和应收账款融资业务就随着经验的积累形成了一定的行业规范，其中美国还颁布了统一的仓单法案，明确了仓单标准，建立了社会化的仓单系统，增强了存货的流通性。然而，在我国，由于金融物流服务业务出现的时间不久，因此，还缺乏一定的行业规范。因此，为了更好地开展供应链金融服务模式，需要从整体产业的视角不断推进金融物流企业的行业发展②。要做大做强金融物流行业，首先就得加强金融物流行业内部的合作与交流，并且可以借助政府的力量建立金融物流产业协助组织；其次，还要加强与金融业的外部沟通，协商动产质押的监管意见，不断提高自身的业务执行能力，并促进行业的健康有效发展。

（五）培养复合型人才，推进金融物流业的发展

供应链金融服务模式涉及多方主体，多方环节同时进行，因此，要促进物流企业的顺利发展，全方位复合型人才不可或缺。该模式下的物流企业不同于一般的物流企业，它具有极强的专业性，需要融合一般物流企业和金融业两个行业的知识。因此，为了推进金融物流企业的健康可持续发展，需要不断培育、储备既具有金融知识又具有物流企业知识的复合型人

① 姚星垣. 国外金融仓储的理论与实践［J］. 浙江金融，2010（3）.
② 姚星垣. 国外金融仓储的理论与实践［J］. 浙江金融，2010（3）.

才，而且还应加强对员工的职业道德教育，培育良好的企业文化，不断推进金融物流业的健康发展。浙江金储在这方面就一直以树立行业最高标准为目标进行管理，建立了专业、高效的人才培养机制。

21.4　政府的政策法规支持与观念思维引导

政府在推进供应链金融服务模式过程中应扮演好服务者的角色，遵循市场化、引导性的原则，通过创造良好的外部商务环境，为供应链金融服务模式中的参与方提供良好的服务，从而为供应链金融融资各方的发展和相互协作扫清障碍，促进该模式的健康发展。

（一）加大宣传和推广力度，促进供应链金融融资观念的形成

利用政府宣传机构和各种新闻媒体对供应链金融融资模式进行宣传和推广，一方面帮助银行推销其新型融资产品，另一方面也让广大中小企业了解供应链金融服务模式的服务方式、功能和特点，改变其向银行贷款的传统融资方式的思维定式，帮助中小企业逐渐养成通过供应链金融服务模式融资的习惯。

（二）完善相关政策法规

供应链金融融资是贸易融资的拓展，西方发达国家在供应链金融融资业务中已经有多年的实践经验，而且形成了一定的规范体系，这主要得益于相关法律法规体系的建立和政府制度的完善。例如，以美国为代表的西方发达国家关于存货和应收账款融资业务的相关法规已经相当成熟，几乎所有在存货和应收账款融资业务中能够涉及的业务行为，都能够找到对应的具体法律法规来清晰地对其进行约定和规范[1]。然而，目前国内针对贸易融资的法律还较少，更不用提有关供应链金融融资的法律了。因此，政府首先有责任也有必要通过立法来规范供应链金融融资中的行为，避免供应链金融融资中纠纷的发生，减少各方从事该模式的法律风险；其次，政府可通过制定各种鼓励供应链金融融资业务开展的法律政策，鼓励银行和

---

[1]　姚星垣. 国外金融仓储的理论与实践［J］. 浙江金融，2010（3）.

第三方物流企业积极开展金融仓储服务模式，打消中小企业通过供应链金融模式来筹集流动资金的顾虑；最后，政府通过制定各种鼓励中小企业发展的法律法规，形成良好的政策导向，也将进一步推动银行对供应链金融服务模式的开展。

（三）营造良好的外部商务环境，为各方的合作提供便利

政府可通过塑造良好的外部商务环境，针对供应链金融模式中的大量沟通交流环节，有针对性地出台各种措施，增进供应链金融模式中各方之间的相互信任和了解，减少融资活动中的摩擦，避免融资中可能出现的各种信用风险和其他风险，减少金融业务活动中的交易费用。

（四）对参与供应链金融业务的各方给予财政补贴

政府可以通过对参与供应链金融模式的各方给予财政支持、费用补贴和税收减免等政策，进一步刺激银行、仓储企业、中小企业各方参与供应链金融服务模式融资的积极性，加快推动模式的推广和业务的开展。

（五）推动融资体系和平台的建立

政府在推动中小企业融资体系和融资平台的建立时，针对供应链金融融资过程中所需要的大量协调和沟通环节，可以推动融资中介服务机构的建设，通过政府出资、民间资本主导等形式建立各种融资中介服务机构，针对我国物流企业规模不大、增值服务意识不强的现状，通过为融资提供货物仓储、监管、价值评估等服务，推进我国供应链金融服务模式的发展。为了更好地实现资金流和信息流的统一，政府还应扶持银行、物流企业和中小企业信息网络体系的建设，鼓励物流企业或金融机构逐渐建立与服务相关的数据库，收集融资企业和相关行业信息，不断进行数据挖掘和数据分析，促进整个服务模式健康有效地开展。

22   构筑全覆盖的供应链金融产品线

在近十年的供应链金融业务推广中，供应链金融已经初步建立起了自己的品牌，并形成了一些有特色的供应链金融产品。要以此为基础，充分发挥供应链金融业务发展过程中已经形成的比较优势，在持续优化和重点打造现有产品的同时，要积极研发和创新，形成完整的产品线，丰富供应链金融服务功能，并加大宣传和推广力度，形成品牌效应和规模效应，变优势为胜势。

22.1   构筑完整产品线

供应链金融产品要"全"，即专业化，要研发各类适销对路的产品，在具体营销中，因户施策，量体裁衣，通过标准化产品组合应用，形成"积木效应"。要在现有已开发产品的基础上，进一步完善供应链金融产品仓库，不断强化银行供应链金融品牌，包括但不限于订单融资、动产质押、仓单质押、国内保理、应收账款质押、保单融资、国内信用证融资、保兑仓、金银仓融资、汽贸融、网络银行 e 贷通等产品，使其涵盖整个供应链的各环节和全流程，真正实现"专业专注，融资融智"。

从供应链金融涉及的企业主体角度分析，可以考虑从以下几个方面推进产品研发与优化：一是供货商的融资产品，如可以开发以合同销售回款作为还贷来源的订单融资产品、基于贸易保险的保单融资等。二是购买商的融资产品，如国内信用证项下的赎单融资等。三是核心企业全面金融解决方案。除了综合授信支持外，还可以提供涵盖财务顾问、现金管理、账户透支、应收账款清收、结算、资信调查等内容的中间业务服务，以及综合考虑客户未来现金流、未来用款计划和客户收益目标进行存款与理财组合，实现流动性与收益性的负债类产品，真正提供全流程金融服务。四是针对网络经济的蓬勃发展，可以考虑推出电子商务供应链金融服务。通过线上供应链金融的对接嵌入，实现"资金流—物流—信息流"的所有环节在线申请、在线审查、在线融资、在线支付。五是研发对接国内贸易和国际进出口贸易的新型供应链金融产品。在产品研发和推广中，应重点考察核心企业与其上下游企业之间交易订单的可靠性、连续性，审核应收账款、存货的真实性、稳定性和可控性。

22.2　细化产品功能，使其更具针对性

供应链金融产品要"精"，即精细化，使某一产品变身为某一类产品，能够适用不同行业、不同需求的客户。对现有产品，要持续优化功能，打造相对于其他商业银行不同的特性，尤其是要发挥中小银行资金灵活的优势，研发和完善表内融资性产品。相对于表外融资产品，表内供应链融资产品可以使企业直接获得流动资金支持，而无须通过市场变现环节，是客户的优先选择。

以国内保理为例，国内保理业务为客户提供应收账款管理、保理预付款和信用风险担保等多种金融服务，具有较强的可操作性，是重要的供应链金融产品，已成为一般性流动资金贷款的主要替代产品。据统计，截至2014年末，我国规模以上工业企业应收账款就达82190亿元，如此庞大的赊销款，蕴含着巨大市场空间。但显然，不同行业、不同类型的企业对保理业务的需求是有差异的，因此应对国内保理产品进行必要的细化，更好地满足不同客户的需求，最大限度地挖掘产品潜力。例如，对成长期的中小企业、进入成熟期的大中型企业，营销传统的有追索权保理；对上市公司、跨国公司在华投资企业等存在优化财务报表的需求、收款保障需求高的客户群体，可以研发无追索权保理；对医药品批发商等每单应收账款金额较小但发生频率较高、资金回款要求急迫的客户群体，可以研发应收账款池融资，卖方批量转让应收账款，银行提供固定期限、固定金额的保理

预付款；对工程承包商，基于工程承包合同约定向项目业主提供施工建设服务而应向业主收取尚未入账的待结算工程款，包括已确认工程款、待确认工程款、BT 项目回购款等，可以研发工程保理。

22.3　深化与第三方机构合作

供应链金融业务要"合"，即集约化，要与第三方物流等机构合作，实现价值分享、风险分担。要整合银行和非银行资源，在现有合作机构、合作水平的基础上，扩大与第三方物流公司、仓储公司、信用保险公司、担保公司等的合作关系，深化、细化动产监管、增信及担保等服务内涵，提升供应链金融业务的可操作性和风险控制水平。

（一）与第三方物流企业合作。为了有效地防范信用风险，银行可以引进、扩大与第三方物流企业开展动产质押类融资的合作，第三方物流合作企业应经严格评估，实力强、管理规范、经验丰富，合作范围应涵盖质押动产的仓储、仓单质押、动态出入库管理、库存底线监管、动产处置等各个环节。

（二）与保险公司合作。为尽可能使供应链上信用等级不高但还款现金流有保障的成员企业获得所需融资支持，可以与保险公司合作，引进信用保险，为供应链融资项下交易对手增信。如信用保险保理，即由银行受让由保险公司向卖方提供买方信用保险的应收账款，向卖方客户发放保理预付款，应收账款到期，如果买方出现信用风险未如期付款，保险公司向银行支付赔款（运作流程详见图 22-1）。在信用保险的保障下，卖方企业将应收账款的风险转嫁给保险公司，卖方企业对保险公司拥有索赔权，将获得的保险赔偿金用于归还银行融资。对于被保险人（卖方企业）发生的保险责任范围内的损失，被保险人授权保险公司按照保险单规定理赔后将应付给被保险人的赔款直接全额支付给融资银行。

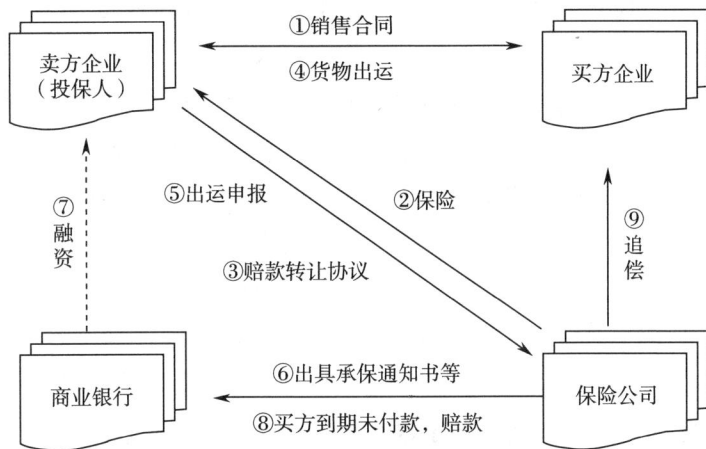

图 22 – 1　信用保险保理操作模式

22.4　优化供应链金融业务电子交易平台

供应链金融业务要"潮",即电子化,要顺应互联网时代电子商务潮流,与时俱进,实现实时交易、在线融资。互联网时代正在对传统的商业模式产生深远影响,2013 年"光棍节"一天阿里巴巴旗下淘宝加天猫近200 亿元的在线交易额值得商业银行深思。目前的互联网金融已脱离仅仅将网上银行作为渠道的阶段,更加尊重客户体验,强调互动,在安全性基础上更突出便捷性和效率。必须因势利导,转变传统经营方式,实现供应链金融业务电子化、网络化。要依托商业银行辐射全球、覆盖全国县域的强大的基础信息化业务处理系统的优势,在现有网上银行融资业务的基础上,尽快完善供应链金融的电子化服务手段,搭建全功能的线上供应链金融平台,构建对企业客户全方位、全流程的线上服务体系。

通过供应链金融电子交易平台,有效连接供应链核心企业、供货商、经销商、物流企业和银行,将供应链交易所产生的资金流、物流、信息流实时体现在电子交易平台上。供应链成员企业在商业银行的可用授信额度以及各自的原材料库存、商品流转、资金流向等可以在电子交易平台上一目了然，在线监管。企业不受物理网点的限制，通过网络就可以在线办理融资申请、应收账款审核转让、动产质押、放款、支付结算、统计分析等供应链金融全流程业务。如网络保理业务，可以将商业银行供应链金融电子交易平台与核心企业 ERP 系统对接，通过核心企业系统一点接入，全国供货商共享，在线受让供货商对核心企业赊销所产生的全部应收账款，在订单、发货出票、履约付款日等不同时点向供货商提供应收账款管理、保理预付款等服务。通过在线交易，优化业务流程，降低运营成本，提高服务效率，适应企业供应链管理和市场竞争的需要。

通过这种电子商务平台，核心企业将订单、收货、确认付款等信息进行及时的发布，供应商可以基于这些信息，向电子商务平台的成员银行提出不同阶段的融资请求，银行相应给予融资批复和出账，电子平台再将买方的结算支付导向供应商对应的银行还款账户，最终实现银行贷款的回收。处于供应链上每个节点的企业、物流公司、银行都能对供应链中上下游的业务询问或交易处理要求作出反应，根据这些节点的请求和反馈提前安排货物输送过程和资金安排，节点间信息流在整个商流过程中起到了事前测算流通路径、即时监控商流执行过程、事后反馈分析的作用。在环环相扣的商流过程中，通过联网的信息流简化了操作程序，减少了失误和误差，可使每个环节之间的停顿时间大幅度降低，从而降低了供应链内部交易成本，为银行的融资服务提供了一系列确定的介入时点。与此同时，商务平台运行的法律框架约束，也保证了平台上信息流的严肃性和精确性，降低了虚假交易背景下产生的授信风险。物流公司可以协助银行监控供应链各个环节的货物流转，提供中小企业动态融资需求信息，降低整体融资交易成本和风险。

在实务中，可以借鉴台湾的 C 计划。台湾的 C 计划其实是一项资金流电子化计划，是由政府主导的改善半导体产业和信息电子资金流管理的方案。该项计划由政府提供银行和企业之间的电子信息交换平台，将银行的信贷信息和大型生产厂商 ERP 中的财务信息实现实时交换，为银行及时掌握企业之间的贸易状况提供了方便，同时还可以根据申请人的预期现金流入和动态资金需求，制订出相应的融资方案，从而改善供应链上各企业之间应收账款融资、应付账款融资、财务预测、现金流量分析和对账销账等问题。该计划的主要特点是：首先，完全电子化信息交换；其次，银行根据核心企业发送的信息，设计出供应链上全方位、全流程的融资服务方案，从供应商收到订单开始提供融资，随着出票环节的推移和交货的递增，逐渐提高融资比例，最后将收取的货款用于归还融资款。由于台湾的主要银行和多家大型电子企业共同参与了该项计划，因此顺利完成了供应链各企业的融资需求与银行资金管理的畅通连接。C计划使中心厂（大企业）、供应商（中小企业）或是银行都能从此计划中获得20%～50%的成本节省以及获益提升。大陆供应链金融的深入发展可以借鉴台湾C计划的成功做法。

23   供应链金融业务风险防范措施

供应链金融业务的风险防范，应该从机制和流程两个方面着手，一方面要合理制定供应链金融业务部门的责、权、利，分级授权，并建立有效的监督机制；另一方面，要完善业务流程设计来保障供应链金融业务的内部控制到位，根据每项供应链金融产品的特点设计不同的操作流程，控制关键风险点。

23.1   严把企业准入关

首先，要选准核心企业。核心企业对供应链的运转起着决定性作用，核心企业业绩优良、管理出色则有利于提升供应链的整体协同能力，对供应链上下游成员企业融资也会产生积极的增信作用，但若其经营发生风险事项，也会向供应链成员企业蔓延传递，破坏性大，对其准入管理尤为重要。应督促核心企业定期提供自身和整个供应链的运营信息和交易结算记录，并对所有信息进行梳理和整合。从行业特征对核心企业自身的主营业务、财务实力、供销渠道、历史信用以及与上下游客户的交易量、结算方式、账期等现状与发展趋势加以分析和判断。同时，结合核心企业对上下游企业的管理能力、其他银行的授信情况、风险缓释条件等信息，对供应链整体运行质量加以审核，把好准入关。其次，对供应链中的成员企业，重点考察综合实力、财务指标、经营效益、交易成本、销售渠道等，客观地评价信用风险与市场风险，重点选择与核心企业合作紧密度高、合作期限长、核心企业积极推荐、经营现金流量稳定、履约记录良好的企业开展合作，规避融资风险。

23.2 细化业务操作流程

供应链金融业务风险控制的基础是流程控制，要做好贷前调查、贷中审查与贷后检查，制定详细、实用性强的业务操作细则，包括授信主体及其上下游企业之间合同协议审核、印章核对、票据、货运单据等的流转以及债权转让通知等事项要求；在贷后管理环节，应明确资金支付、质物监管、货款回笼等事项的操作流程、主要风险点和管理要求，使客户经理有章可循。要做到全流程风险防控，不留死角。例如，对应收账款类融资，关键是判断主合同的贸易背景真实性，确定应收账款是否基于真实的商业交易和企业的主营业务、双方交易的连续性以及付款记录的稳定性等，并与转让或质押应收账款的金额、期限、支付方式、合同各方的权利和义务等要素相匹配，在融资合同中要给予明确的约定。

在供应链金融业务中，一旦发现问题，如保理业务购买方货款未按期回笼，或出现超过一次的逾期或部分回款，应及时提醒融资企业（卖方）进行核实和督促。要制定供应链金融业务风险处置预案，根据供应链金融业务的融资结构、行业环境、供应链特征等预见可能风险事项，并区分风险类别，制定相应的处置预案，明确风险管理目标，防损减损。

23.3 优选物流合作方

要加强第三方物流监管机构的选择和动态管理，重点选择经营规模大、知名度高、资信好、仓储设备专业、信息技术先进、管理规范、监管程序严谨以及员工队伍稳定、经验丰富的物流机构开展动产监管合作。对物流合作机构应定期、不定期进行现场检查，重点检查监管方是否严格按照监管合同规定进行质物存放和出入库管理，出入库台账、手续是否完备，质押货物是否账实相符、足值，货物储存方式是否符合规定，日常管理是否到位等。对于检查中发现的不规范、不合规之处要督促整改，对不配合或整改后仍不达标的必要时要坚决退出。

23.4　强化抵（质）押物监管

作为第二还款来源，抵（质）押资产的足值、有效至关重要，相应的监管工作必须落实到位。首先，要做好资产的评估与选择。在企业提供的抵（质）押物清单中，应筛选有全国性公开交易市场、价格波动小、流通性强、变现容易、物理或化学状态稳定的资产，如土地、房产、金属类产品、化工中间产品等，且要求权属清晰，无法律纠纷。若采取应收账款质押方式，应选择实力强、合作关系稳定、履约记录好的付款方和债权债务关系清晰、主合同贸易背景真实、处于债权有效期内的应收账款。其次，要做好资产的市值管理。对采取商品等动产质押的，要建立质押物价格动态跟踪制度，专人盯市，跌价补偿，原则上应选择区域性、标杆性的市场交易所的交易价格作为市场参考价格，对动产实行警戒线管理，依据各商品的融资条件、质押物类型和价值稳定性的不同，设置价格波动警戒线。一旦质押率超过警戒线，应及时通知借款人存入保证金或补货，保证质押物的数量和质量达标。借款人若因销售需要部分提取质押动产，须将与拟提动产相对应的现金存入保证金账户或补充等值的质押动产。对质押货物，应每周双人现场对账、盘库，并通过监管方仓储公司的信息系统对质押动产动态监控。

强化管理，以流程控制为核心，提升风险防范能力。供应链金融业务参与主体多，业务流程复杂，而且供应链上各个企业相辅相成、依存度高，任何一个环节出现问题，都可能直接影响整个供应链的正常运行。这些特征决定了供应链金融业务的风险点、风险特征和风险防控手段与传统的融资模式有较大差异，包括核心企业信用风险、上下游企业信用风险、贸易背景真实性风险、业务操作风险、物流监管方风险、抵（质）押资产价格波动风险等。如果商业银行仅集中精力拼抢市场而放松了相应的风险识别、风险预警和风险处置机制建设，势必制约供应链金融业务的长期、健康发展。

参 考 文 献

[1] Barsky N P, Catanach A H. Evaluating business risks in the commercial lending decision [J]. Commercial Lending Review, 2005, 20 (3): 3-10.

[2] Berger A N, Udell G F. A more complete conceptual framework for Sme finance [J]. Journal of Banking and Finance, 2006, 30 (11): 2945-2966.

[3] Birnbaum H F. Form and substance in field warehousing [J]. Law and Contemporary Problems, 1948, 13 (4): 579-592.

[4] Boot A W A, Thakor A V., Udell G F. Secured lending and default risk: Equilibrium analysis, policy implications and empirical results [J]. Economic Journal, 1991, 101: 458-472.

[5] Burman R W. Practical aspects of inventory and receivables financing [J]. Law and Contemporary Problems, 1948, 13 (4): 555-565.

[6] Buzacott J A, Zhang R Q. Inventory management with asset based financing [J]. Management Science, 2004 (24): 1274-1292.

[7] Chopra S. Supply chain management: Strategy, planning and operation [J]. IIE Transactions, 2002, 34 (2): 221-222.

[8] Christopher M. Logistics and supply chain management: Strategies for reducing cost and improving service [J]. International Journal of Logistics Research and Applications, 1999, 2 (1): 103.

[9] Coase R H. The nature of the firm [J]. Economica, 1937, 4 (386): 405-412.

[10] Comptroller of the urrency, administrator of national banks, accounts receivable and inventory financing [R]. Controller's Handbook, 2000:

1 – 75.

［11］Cossin D, Hricko T. A structural analysis of credit risk with risky collateral: A methodology for haircut determination ［J］. Ecomomic Notes, 2003, 32 (2): 243 – 282.

［12］Cossin D, Huang Z, Aunon – Nerin D. A framework for collateral risk control determination ［Z］. Working Paper, European Central Bank Working Paper Series, 2003 (1): 142 – 147.

［13］Coulter J, Onumah G.. The role of warehouse receipt systems in enhance commodity marketing and rural livelihoods in Africa ［J］. Food Policy, 2002, 27 (4): 319 – 337.

［14］Dada M, Hu Qiaohai. Financing newsvendor inventory ［J］. Operation Research Letters, 2008 (36): 569 – 573.

［15］Demica, Steady supply: The growing role of supply chain finance in a changing word, Denica Report Series, January, 2007.

［16］Diercks L A. Identifying and managing troubled borrowers in asset – based – lending scenarios ［J］. Commercial Lending Review, 2004, 19 (3): 38 – 41.

［17］Duffie D, Singleton K. Modeling term structure of defaultable bonds ［J］. Review of Financial Studies, 1999 (12): 687 – 720.

［18］Dunham A. Inventory and accounts receivable financing ［J］. Harvard Law Review, 1949, 62 (4): 588 – 615.

［19］Eisenstadt M. A finance company's approach to warehouse receipt loans ［J］. New York Certified Public Accountant, 1966 (36): 661 – 670.

［20］Fenmore E. Making purchase—order financing work for you ［J］. The Secured Lender, 2004, 60 (2): 20 – 24.

［21］Friedman D M. Field warehousing ［J］. Columbia Law Review, 1942, 42 (6): 991 – 1013.

［22］Gabriel Jimenez, Vicente Salas, Jesus Saurina. Dermination of collateral. Working Paper, 2004.

［23］Gamble R. Longer chains, lower costs ［J］. Treasury&Risk Management, 2004, 14 (6): 40 – 46.

[24] Gertzof M. The changing face of asset – based lending [J]. Commercial Lending Review, 2000, 15 (4): 15 – 18.

[25] Guerrisi J. Making money more faster [J]. Supply Chain Management Review, 2001, 5 (1): 17 – 18.

[26] Guill G, Badell M, Puigjaner L. A holistic framework for short – term supply chain management integrating production and corporate financial flanning [J]. International Journal of Production Economics, 2007, 106 (1): 288 – 306.

[27] Gunasekaran A, Patel C, Tirtiroglu E. Performance measures and metrics in supply chain environment [J]. International Journal of Operations & Production Management, 2001, 21 (2): 71 – 87.

[28] Guttentag J. Mortgage warehousing [J]. The Journal of Finance, 1957, 12 (4): 438 – 450.

[29] Handfield R B, Nichols E L. Introduction to supply chain management: Prentice hall upper saddle river, NJ [M]. 1999.

[30] Harrington L H. Supply chain integration from the fnside [J]. Transportation and Distribution, 1997, 38 (3): 35 – 38.

[31] J. E. Stiglitz, A. Weiss. Credit rationing in markets with imperfect information [J]. American Economic Review, 1981 (73).

[32] Jarrow R, Lando D, Turnbull S. Markov model for the term structure of credit risk spreads [J]. Review of Financial Studies, 1997, 10 (2): 481 – 523.

[33] Jarrow R, Turnbull, S. Pricing derivatives on financial securities subject to credit risk [J]. Journal of Finance, 1995, 50 (1): 53 – 85.

[34] Jokivuolle E, Peura S. Incorporating collateral value uncertainty in loss given default estimates and loan – to – value ratios [J]. European Financial Management, 2003, 9 (3): 299 – 314.

[35] Justin Pugsley, Trade services and the supply chain, Global Trade Review, 2007, 11.

［36］Klapper L. The role of factoring for financing small and medium enterprises ［J］. Journal of Banking and Finance, 2006, 30 (11): 3111 – 3130.

［37］Koch A. Economic aspects of inventory and receivable financing ［J］. Law and Contemporary Problems, 1948, 13 (4): 566 – 578.

［38］Lacroix R, Varnangis P. Using warehouse receipts in developing and transition economies ［J］. Finance & Development, 1996 (9): 36 – 39.

［39］Lambert D M. The eight essential supply chain management processes ［J］. Supply Chain Management Review, 2004, 8 (6): 18 – 25.

［40］Laurence Neville, Suppl chain management: Towards strong chain, Euromoney, April, 2008.

［41］Mann R J. Explaining the pattern of secured credit ［J］. Harvard Law Review, 1997, 110 (3): 625 – 683.

［42］Merton R. On the pricing of corporate debt: The risk structure of interest rates ［J］. The Journal of Finance, 1974, 49: 449 – 470.

［43］Miller R A. Mas consultant's role asset – based financing ［J］. The CPA Journal, 1982, 52: 24 – 29.

［44］Poe T R. Subjective judgments and the asset – based lender ［J］. Commercial Lending Review, 1998, 13 (2): 67 – 70.

［45］Rutberg S. Financing the supply chain by piggy – backing on the massive distribution clout of united parcelservice ［J］. The Secured Lender, 2002, 58 (6): 40 – 46.

［46］Scanlan D. Ironing out the kinds in the financial supply chain, Asian Trad Finance Yearbook, 2004.

［47］Schwartz E, Smith J E. Short – term variations and long – term dynamics commodity prices ［J］. Management Science, 2000, 46 (7): 893 – 911.

［48］Shearer A T, Diamond S K. Shortcomings of risk ratings impede success in commercial lending ［J］. Commercial Lending Review, 1999, 14 (1): 22 – 29.

［49］Siskin E. Risks and rewards of asset – based lending to retailers

［J］. Commercial Lending Review, 1998, 13（1）：10 – 15.

［50］ Stefan B. Cost management in supply chains, Heidelberg：Springer, 2002.

［51］ Stevens G C. Integrating the supply chain ［J］. International Journal of Physical Distribution and Logistics Management, 1989, 19（8）：3 – 8.

［52］ Stulz R, Johnson H. An analysis of secured debt ［J］. Journal of Financial Economics. 1985, 14：501 – 521.

［53］ The Commercial Finance Association. Study concerning a possible convention on inventory financing ［J］. The Secured Lender, 2001, 57（10）：34 – 52.

［54］ Wei S, Jing L I, Dong L I. Business models and solution architectures for SMB financing in a supply chain ecosystem, E – commerce technology for dynamic E – business ［R］. The IEEE International Conference, 2004.

［55］ William D, Bradford, Chao chen. Creating government financing programs for small and medium – sized enterprises in China ［J］. China &World Economy, 2004（3 – 4）：324 – 331.

［56］ Wright J F. Accounting：Inventory – based lending ［J］. Commercial Lending Review, 1988, 4（3）：97 – 99.

［57］ 白马鹏. 供应链金融服务体系设计与优化 ［D］. 天津大学博士学位论文, 2008.

［58］ 白钦先, 薛誉华. 各国中小企业政策性金融体系比较 ［M］. 北京：中国金融出版社, 2002.

［59］ 白少布, 刘洪. 供应链融资意义下的企业收益 ［J］. 经济管理, 2008（19）：139 – 143.

［60］ 曹斌. 商业银行仓单质押贷款的流程分析 ［J］. 经济师, 2008（7）：202 – 203.

［61］ 陈佳贵, 郭朝先. 构筑我国小企业金融支持体系的思考 ［J］. 财贸经济, 1999（5）：16 – 20.

［62］ 陈建中, 肖甲山. 供应链融资模式下商业信用融资决策探讨 ［J］. 金融论坛, 2008（3）：10 – 12.

［63］陈祥锋，石代伦，朱道立．金融供应链及融通仓创新［J］．物流技术与应用，2006（3）：93－95.

［64］陈祥锋，石代伦，朱道立．融通仓与物流金融服务创新［J］．科技导报，2005，23（9）：30－33.

［65］陈祥锋，石代伦，朱道立等．融通仓系统结构研究［J］．物流技术与应用，2005（12）：103－106.

［66］陈祥锋，石代伦，朱道立等．融通仓运作模式研究［J］．物流技术与应用，2006（1）：97－99.

［67］陈祥锋，朱道立．现代物流金融服务创新——金融物流［J］．物流技术，2005（3）：4－6.

［68］陈祥锋．供应链金融服务创新论［M］．上海：复旦大学出版社，2008.

［69］陈晓红，陈建中．中小企业供应链融资［M］．北京：经济科学出版社，2008.

［70］陈禹．信息经济学教程［M］．北京：清华大学出版社，1998.

［71］储雪俭，梁虹龙．对发展物流金融中信贷风险防范的思考［J］．物流技术，2005（2）：106－107.

［72］储雪俭，詹定国．物流金融——长三角地区经济发展的新增长点［J］．物流技术，2005（3）：96－98.

［73］单华军．中小企业信用危机与融资壁垒［J］．统计与决策，2005（7）：132－133.

［74］冯耕中，李鹏．库存商品融资业务诠释［J］．中国物流与采购，2005（2）：24－26.

［75］冯耕中，苏潇，王尚书等．2006年物流金融业发展回顾与2007年展望［C］．中国物流发展报告（2006—2007），北京：中国物资出版社，2007：138－148.

［76］冯耕中．物流金融业务创新模式分析［J］．预测，2007，26（1）：49－54.

［77］冯耕中．一种不可估量价值的业务模式［J］．中国储运，2004（2）：23－24.

［78］郭斌，刘曼路．民间金融与中小企业发展：对温州的实证分析［J］．经济研究，2002（10）：35-39.

［79］郭涛．中小企业融资的新渠道——应收账款融资［J］．经济师，2005（2）：152-153.

［80］韩东东．供应链管理中的风险防范［J］．财经研究，2002（4）：155-157.

［81］何卫萍．供应链环境下物流金融若干问题的思考［J］．重庆科技学院学报，2009（7）：78-79.

［82］贺力平．合作金融发展的国际经验及对中国的借鉴意义［J］．管理世界，2002（1）：48-57.

［83］胡小平．中小企业融资［M］．北京：经济管理出版社，2000.

［84］胡跃飞，黄少卿．供应链金融：背景、创新与概念界定［J］．金融研究，2009（8）：76-82.

［85］胡跃飞．国内外供应链金融业务的发展比较［M］．内部资料，2007.

［86］湖北经济学院金融学院，中国社会科学院财贸所课题组．政策环境、金融结构与信贷技术——化解中小企业贷款难问题的系统解决方案［J］．财贸经济，2008（9）：176-183.

［87］蒋益辉．我国物流金融发展理论研究述评［J］．商品储运与养护，2007，29（4）：7-9.

［88］金俐．信贷配给论：制度分析［M］．上海：上海财经大学出版社，2006.

［89］金雪军，陈杭生．从桥隧模式到路衢模式——解决中小企业融资难问题的新探索［M］．杭州：浙江大学出版社，2009.

［90］金雪军，陈杭生等．桥隧模式——架通信贷市场与资本市场的创新型贷款担保运作模式［M］．杭州：浙江大学出版社，2007.

［91］金雪军，卢绍基．融资平台浙江模式创新——合政府与市场之力解决中小企业融资难［M］．杭州：浙江大学出版社，2010.

［92］靖继鹏，张向先，李北伟．信息经济学［M］．北京：科学出版社，2007：16-18.

［93］李碧珍. 融通仓：中小企业融资的新思路［J］. 商业经济，2005（3）：101 - 110.

［94］李娟，徐渝，冯耕中. 基于存货质押融资业务的阶段贷款最优决策研究［J］. 运筹与管理，2007（1）：9 - 13.

［95］李勤. 供应链融资对中小企业信贷配给的影响——基于不对称信息理论的分析［D］. 中国社会科学院研究生院博士学位论文，2010：101 - 104.

［96］李毅学，冯耕中，徐渝. 价格随机波动下存货质押融资业务质押率研究［J］. 系统工程理论与实践，2007，27（12）：42 - 48.

［97］李毅学，冯耕中. 2007 年物流金融业发展回顾与 2008 年展望［R］. 中国物流发展报告（2007—2008），北京：中国物资出版社，2008：136 - 145.

［98］李毅学，徐渝，冯耕中. 国内外存货质押融资业务演化过程研究［J］. 经济与管理研究，2007（3）：22 - 26.

［99］李毅学，徐渝，冯耕中. 国内外物流业务比较分析及案例研究［J］. 管理评论，2007，9（10）：55 - 62.

［100］李毅学，徐渝，冯耕中. 重随机泊松违约概率下库存商品融资业务贷款价值比率研究［J］. 中国管理科学，2007（1）：21 - 26.

［101］李毅学，徐渝，王非. 存货质押融资业务中外比较分析及案例研究［J］. 商业经济与管理，2007，189（7）：35 - 40.

［102］李毅学. 基于物流金融的存货质押融资业务质押率研究［D］. 西安：西安交通大学，2007.

［103］李志赟. 银行结构与中小企业融资［J］. 经济研究，2002（2）：38 - 45，94.

［104］梁虹龙，欧俊松. 物流金融初探［J］. 物流技术，2004（9）：7 - 8.

［105］林毅夫，李永军. 中小金融机构发展与中小企业融资［J］. 经济研究，2001（1）：10 - 18.

［106］刘春兰. 关于中小企业贸易融资的探讨［J］. 经济问题，2006（12）：38 - 39.

［107］刘曼红．中国中小企业融资问题研究［M］．北京：中国人民大学出版社，2003.

［108］刘梅生．关于开展物流银行业务的几点思考［J］．改革与战略，2008（6）：70－72.

［109］刘士宁．供应链金融的发展现状与风险防范［J］．中国物流与采购，2007（7）：68－69.

［110］刘璇，凌建平，李严锋．我国金融物流模式探析［J］．物流科技，2007（1）：5－7.

［111］刘元洪，罗明，刘仲英．供应链评价体系构架的研究［J］．商业研究，2005（24）：69－71.

［112］罗齐，朱道立．第三方物流服务创新：融通仓及其运作模式初探［J］．中国流通经济，2002，16（2）：11－14.

［113］罗正英．信誉链假说：中小企业融资能力的放大［J］．上海经济研究，2003（5）：33－39.

［114］罗正英．中小企业信贷资源占有能力提升的战略重点［J］．中国工业经济，2004（4）：82－87.

［115］马丽娟．企业委托代理供应链合作契约设计模型探讨［J］．商场现代化，2005（12）：89－90.

［116］马士华，林勇．供应链管理［M］．北京：机械工业出版社，2000：33－35.

［117］马晓霞．第三方物流企业融资模式分析与风险研究［D］．大连海事大学，硕士学位论文，2010.

［118］诺思，威廉姆森．制度，契约与组织——从新制度经济学角度的透视［M］．北京：经济科学出版社，2003.

［119］欧阳凌，欧阳令南．中小企业融资瓶颈研究——一个基于产权理论和信息不对称的分析框架［J］．数量经济技术经济研究，2004（4）：46－51.

［120］庞素琳，黎荣舟，刘永清等．基于信息不对称的银行信贷风险决策机制及分析 I——信贷风险决策机制［J］．系统工程理论与实践，2001，21（4）：80－83.

［121］庞素琳，黎荣舟，刘永清等．基于信息不对称的银行信贷风险决策机制及分析Ⅱ——信贷风险决策机制［J］．系统工程理论与实践，2001，21（5）：82 - 87.

［122］阙紫康．多层次资本市场发展的理论与经验［M］．上海：上海交通大学出版社，2007.

［123］尧阳，邓金娥．银行从事物流金融运作模式初探［J］．物流科技，2006，29（7）：120 - 122.

［124］任文超．物资、银行及其实践［J］．科学决策，1998（2）：18 - 20.

［125］谭敏．商业银行贸易融资业务的新发展——供应链融资［J］．经济研究导刊，2008（9）：61 - 62.

［126］汤曙光，任建标．银行供应链金融：中小企业信贷的理论、模式与实践［M］．北京：中国财政经济出版社，2010.

［127］唐少麟，乔婷婷．发展物流金融强化供应链整合——物流金融系列研讨之物流技术［J］．物流技术，2006（2）：99 - 102.

［128］唐少艺．物流金融实务研究［J］．中国物流与采购，2005（2）：18 - 21.

［129］唐少艺．物流金融——中小企业发展的助推器［J］．江苏商论，2005（12）：50 - 52.

［130］童天水．论仓储金融业务发展方略［J］．浙江金融，2009（3）：28 - 29.

［131］涂川，冯耕中，高杰．物流企业参与下的动产质押融资［J］．预测，2004，23（5）：68 - 77.

［132］王禅．基于供应链金融的中小企业融资模式研究［D］．天津财经大学硕士学位论文，2007.

［133］王朝弟．中小企业融资问题与金融支持的基点思考［J］．金融研究，2003（1）：92 - 97.

［134］王东华．中小企业融资"另辟蹊径"——从"桥隧模式"到"路衢模式"［J］．经济与管理，2009（11）：73 - 76.

［135］王光石，马宁，李学伟．供应链金融服务模式的探讨，可持续

发展的中国交通——2005 全国博士生学术论坛（交通运输工程学科）论文集（上册）［M］．北京：中国铁道出版社，2005.

［136］王建清．金融创新：应收账款融资［J］．西南金融，2000（7）：42－43.

［137］王开勇，王丰，彭良涛．金融物流在国际结算中的运作模式研究［J］．中国储运，2007（2）：118－120.

［138］王奇．供应链金融——"池融资"业务［J］．市场周刊，2008（6）：44－45.

［139］王树婷．基于物流金融的第三方物流服务创新研究［J］．商品储运与养护，2008（2）：30－32.

［140］王铁军．中国中小企业融资 28 种模式［M］．北京：中国金融出版社，2004.

［141］王文辉，冯耕中，苏潇．分散决策下存货质押融资业务的信贷合约设计［J］．复旦学报：自然科学版，2008（2）：266－272.

［142］王霄，张捷．银行信贷配给与中小企业贷款——一个内生化抵押品和企业规模的理论模型［J］．经济研究，2003（7）：68－75，92.

［143］王性玉，张玉芬．中小企业融资问题探析［J］．金融理论与实践，2004（6）：40－42.

［144］吴英杰．关于仓储质押贷款业务的几点思考［J］．东北财经大学学报，2004（1）：58－59.

［145］伍辉娥．基于非对称信息理论的金融仓储融资业务风险优化研究［D］．重庆大学硕士学位论文，2009：8－10.

［146］伍卫．对广西制糖业供应链融资模式的构想［J］．广西金融研究，2007（3）：29－32.

［147］武巧珍．中国中小企业融资［M］．北京：中国社会科学出版社，2007.

［148］晓斌，刘鲁．供应链管理与非对称信息［J］．北京航空航天大学学报：社会科学版，2003（1）：38－41.

［149］谢鹏，陈章跃，严慧敏．第三方物流参与物流金融运作的模式及其风险防范［J］．物流论坛，2008（10）：79－82.

［150］谢鹏. 物流金融运作模式探讨［J］. 福建金融, 2007（2）: 45 - 48.

［151］徐川, 冯耕中, 高杰. 物流企业参与下的动产质押融资［J］. 预测, 2004, 23（5）: 68 - 70.

［152］徐洪水. 金融缺口和交易成本最小化: 中小企业融资难题的成因研究与政策路径——理论分析与宁波个案实证研究［J］. 金融研究, 2001（11）: 47 - 53.

［153］徐鹏, 王勇, 杨金. 基于委托模式融通仓的银行对第三方物流激励和监督［J］. 管理科学, 2008（1）: 108 - 114.

［154］徐招玺. 基于存货质押贷款的物流金融服务契约精神研究［D］. 浙江大学硕士学位论文, 2008.

［155］闫俊宏, 许祥秦. 基于供应链金融的中小企业融资模式分析［J］. 上海金融, 2007（2）: 14 - 16.

［156］闫俊宏. 供应链金融融资模式及其信用风险管理研究［D］. 西北工业大学硕士学位论文, 2007.

［157］闫琨. 供应链金融: 银行中小企业金融产品的经营模式［J］. 农业发展与金融, 2007（5）: 52 - 54.

［158］杨光. 基于风险共担的供应链融资渠道研究［J］. 北方经贸, 2007（2）: 82 - 84.

［159］杨绍辉. 从商业银行的业务模式看供应链融资服务［J］. 物流技术, 2005（10）: 179 - 182.

［160］杨晏忠. 论商业银行供应链金融的风险防范［J］. 金融论坛, 2007（10）: 42 - 45.

［161］于萍, 徐渝, 冯耕中. 存货质押贷款中信贷人与物流企业的合约选择［J］. 金融与经济, 2007（10）: 25 - 27.

［162］于萍, 徐渝. 美国存货融资业务发展的启示［J］. 山东经济战略研究, 2006（12）: 49 - 51.

［163］于洋, 冯耕中. 物资银行业务运作模式及风险控制研究［J］. 管理评论, 2003, 15（9）: 45 - 50.

［164］袁冰. 供应链管理环境下贸易融资研究［J］. 黑龙江对外经

贸，2008（1）：68－69．

［165］曾文琦．关于仓单质押贷款业务的分析与实现研究［J］．中国西部科技，2005（12）：77－80．

［166］曾拥政．物流银行：中小企业融资途径的创新［J］．浙江金融，2008（6）：31－32．

［167］张媛媛．库存商品融资业务的贷款价值比的研究［D］．中国科学院博士学位论文，2006．

［168］张方立．供应链金融——值得关注的金融创新［J］．金融纵横，2007（20）：302－432．

［169］张家良．银行办理动产抵押贷款业务风险预防［J］．西南金融，2004（6）：37．

［170］张捷，梁笛．我国中小企业贷款约束的影响因素分析［J］．暨南学报：哲学社会科学版，2004，26（1）：40－44．

［171］张捷．中小企业的关系型借贷与银行组织结构［J］．经济研究，2003（6）：32－37．

［172］张静，梅强．解决中小企业融资难问题的思考［J］．现代经济探讨，2002（1）：68－70．

［173］张凯，董千里．物流银行金融服务创新解除中小企业融资障碍［J］．财经理论与实践，2008（1）：39－42．

［174］张平祥，韩旭杰．粮棉油贷款仓单质押的意义与建议［J］．山东金融，1997（6）：45－46．

［175］张钦，张亚红．基于交易成本分析的供应链治理［J］．淮阴工学院学报，2005，14（4）：43－45．

［176］张媛媛，吉彩红．基于质押贷款下的库存管理问题的研究［J］．数学的实践与认识，2006（5）：88－95．

［177］张媛媛，李建斌．库存商品融资下的库存优化管理［J］．系统工程理论与实践，2008，28（9）：29－38．

［178］张宗新．中国融资制度创新研究［M］．北京：中国金融出版社，2003．

［189］赵莉．供应链融资是解决中小企业融资难的有效途径［J］．山

东经济战略研究，2008（8）：60 – 61.

[180] 赵振智，于芳. 中国企业供应链管理问题探讨 [J]. 现代管理科学，2006（1）：13 – 18.

[181] 中国人民银行，世界银行集团，国际金融公司中国项目开发部. 中国动产担保物权与信贷市场发展 [M]. 北京：中信出版社，2006.

[182] 周惠中. 微观经济学 [M]. 上海：上海人民出版社，1997.

[183] 朱长征. 物流企业仓单质押业务风险控制探讨 [J]. 商业时代，2008（18）：5 – 20.

[184] 朱文贵. 金融供应链分析与决策 [D]. 复旦大学博士学位论文，2007.

[185] 邹小芃，唐元琦. 物流金融浅析 [J]. 浙江金融，2004（5）：20 – 21.

[186] 1980—2013 年《中国统计年鉴》.

[187] 1980—2013 年《广西统计年鉴》.

[198] 2000—2013 年《广西壮族自治区国民经济和社会发展报告》.

[189] 2005—2013 年《中国税务年鉴》.

[190] 2000—2013 年全国各省《国民经济和社会经济发展统计公报》.

[191] 2004—2012 年《广西金融运行报告》.

[192] 王钦敏. 民营经济蓝皮书：中国民营经济发展报告 No. 10（2012—2013）[M]. 北京：社会科学文献出版社，2006.

[193] 赵发兰，胡树林，李姝影. 班加罗尔知识管理模式及经验借鉴 [J]. 科技管理研究，2011（4）：129 – 132.

[194] 苏意君. 加快广西民营企业境外投资发展的对策探讨 [J]. 区域金融研究，2012（12）.

[195] 胡和立. 中国的工业化发展和现代化的希望在于民营企业做大做强 [J]. 中国民营科技与经济，2005（6）.

[196] 刘春香：美国硅谷高科技产业集群及其对中国的启示 [J]. 工业技术经济，2005（7）：35 – 37.

[197] 刘石敏. 从地方税收看广西民营经济发展 [J]. 税务与经济，2013（2）.

［198］谭建新．田纳西河流域开发对西江流域开发的启示［J］．广西经济，2010（7）：53－55．

［199］孙文．民营企业做大做强思路解析［J］．企业导报，2004（21）．

［200］李胜兰，周林彬，汪耿东．我国民营企业产权法律保护实证研究［M］．北京：中国人民大学出版社，2010.

［201］蒋艳．民营经济对广西经济社会发展贡献分析［J］．改革与战略，2007（4）．

［202］黄孟复．中国民营经济发展报告 No.3（2005—2006）［M］．北京：社会科学文献出版社，2006.

［203］胡大立，李生校，叶国灿．中西部地区民营经济发展问题经济［M］．北京：中国经济出版社，2005.

［204］张维迎．市场的逻辑［M］．上海：上海人民出版社，2010.

［205］朱欣民．区域经济跨越式发展应该从何入手—— 德国巴伐利亚州经验剖析［J］．工业技术经济，2004（6）：2－5．

［206］辜胜阻．民营经济与创新战略探索［M］．北京：人民出版社，2009.

［207］张玉明，刘德胜．中小型科技企业成长机制评价——指数构建与实证研究［J］．软科学，2009（11）．

［208］游坚平．企业成长力指标体系的构建［J］．人民论坛，2010（20）．

［209］李映霞．广西民营企业竞争力现状及其内因分析［J］．民营经济研究，2008（3）.

［210］陈鲁．广西民营经济承接产业转移的问题及对策［J］．改革与战略，2009（8）.

［211］刘亭，潘毅刚．东方风来好远航——浙江民营经济大发展大提升综述［J］．今日浙江，2012（3）.